호황 vs 불황

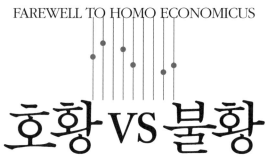

FAREWELL TO HOMO ECONOMICUS

호황 vs 불황

무엇이 경제의
라이프사이클을 움직이는가

군터 뒤크 지음
안성철 옮김

원더박스

< 추천의 글 >

경기순환의 비밀을 알려주는 책

홍춘욱(키움증권 투자전략팀장)

자본시장의 경제학자 입장에서 '경기순환'은 매우 중요합니다. 일단 1997년 외환위기나 2008년 글로벌 금융위기 같은 경제위기의 순간이 영원히 오지 않는다면 저는 당장 일자리를 잃을 겁니다. 그렇다고 해서 제가 경제위기를 반긴다는 뜻은 아닙니다. 증권사에 몸담고 있기에, 주가가 폭락하고 금융기관이 경영위기에 처할 때 고용 안정성이 크게 흔들릴 수 있으니까요.

그래서 저는 경제위기라는 말을 함부로 내뱉지 않습니다. '○○위기'니 '퍼펙트 스톰'이니 하는 말을 거침없이 내뱉는 사람들을 보면 아찔하기도 하고, 또 가끔은 혀를 쯧쯧 차기도 합니다. 왜냐하면 경제위기는 그렇게 쉽게 예측할 수 없으며, 또 위기를 경고하는 사람들이 죄다 사라질 때 귀

신처럼 찾아오기 때문입니다.

그 대표적인 예가 2008년이겠죠. 저는 모처에서 열린 콘퍼런스의 한 참가자가 "중앙은행들은 이제 경기를 안정화시킬 수 있는 방법을 발견했다"라고 선언할 때, 입을 쩍 벌렸던 경험이 있습니다. 그는 아마도 경기가 나빠질 때에는 중앙은행이 금리를 내리며, 반대로 경기가 좋아질 때에는 금리를 적절하게 인상해서 경기를 둔화시킬 수 있다고 믿었던 것 같습니다.

물론, 그 경제학자만 잘못을 저지른 게 아닙니다. 시카고대학의 로버트 루카스 교수(1995년 노벨경제학상 수상자)는 2003년 전미경제학회AEA 회장 취임사에서 "불황을 예방하기 위한 핵심적인 난제가 해결되었다"라고 선언한 바 있었으니까요. 그러나 우리 모두가 다 아는 것처럼, 2008년 가을 금융위기가 출현했습니다. 그것도 보통 위기가 아니었습니다. 시티뱅크나 뱅크오브아메리카 등 세계금융시장을 지배하던 대형은행이 구제금융을 받는 지경에 몰렸을 정도이니 '대공황 이후 최악의 위기'였다고 할 수 있습니다.

왜 2008년에 금융위기가 왔을까요?

이 책의 저자 군터 뒤크는 '1980년대 이후 지속된 대안정 국면이 2008년 위기의 진폭을 더욱 강화시켰다'라고 봅니다. 특히 육식동물과 초식동물 숫자에 대한 비유는 매우 인상적입니다(26~29쪽 참조).

생물학에서는 끊임없이 순환되는 '육식동물과 초식동물의 관계'가 잘 알려져 있다. 이 순환은 육식동물과 초식동물 사이의 상이한 번식주기 때문에 생겨나는 것이다. 이는 하나의 생명공동체가 주어진 환경에서 적절함을 넘어선 과소비를 하고, 지속적으로 그렇게 잘못된 방향을 바로잡지 않아서 몰락해가는 현상을 보여준다.

초식동물이 커다란 섬에서 번식한다고 가정하자. 초식동물의 수는 갈수록 증가하므로 육식동물은 더 쉽게 먹잇감을 얻을 수 있다. 따라서 육식동물의 수도 빠르게 증가한다. 그러다 초식동물의 번식이 한계에 부딪힌다. 그 한계는 먹이가 되는 식물이 섬에서 더 늘어날 수 없거나 육식동물에게 너무 많이 잡아먹히기 때문이다.

하지만 초식동물의 수가 더는 증가하지 않는데도 섬에는 새끼를 밴 육식동물이 계속해서 늘어난다. 따라서 초식동물의 증가가 정체되는 순간에도 육식동물의 수는 더 오랫동안 증가한다. 개체수가 점점 더 많아지는 육식동물이 적정한 수보다 더 많은 수의 초식동물을 잡아먹는 '과소비'를 하게 되는 것이다. 결국 시간이 지나면 양쪽 다 멸종위기에 처한다. 너무나 오랫동안 초식동물에 비해 육식동물이 더 많이 늘어나서 죽음의 '불황'이 오게 된 것이다. 이와 반대로 적은 수의 육식동물이 잡아먹히는 것으로는 초식동물의 증가를 막을 수 없을 정도로 초식동물이 빠르게 늘어났던 시절은 '호황'의 시기이다.

만약 육식동물이 미련하지 않고 사람처럼 지능이 있다면, 육식동물들은 초식동물의 수가 증가하지 않는 정도로만 자신들이 번식하도록 조절했을 것이다. 그렇지 않은가?

물론 전혀 그렇지 않습니다. 예전 아메리카대륙의 인디언들은 들소 떼의 규칙적인 흐름에 따라 멀리 내다보는 안목을 가지고 살았다고 합니다. 즉 미래를 위해 들소 떼의 숫자가 일정 수준을 유지하도록 관리하고, 또 기근을 잠시 참아내는 지혜를 가지고 있었습니다.

그러나 자본주의 시대 인간들은 그러한 균형과 절제가 없죠. 오히려 제한적인 합리성만 판칩니다. 오히려 이렇게들 외칩니다. "오늘 얻을 수 있는 것은 모두 가져가라. 내일 들소가 남아 있다는 보장이 있느냐." 2008년 미국 투자은행의 직원, 그리고 신용평가회사의 행동을 보는 것 같지 않습니까?

이런 식으로 서로를 전혀 배려하지 않고 움직이는 순간 인간 사회에도 자연 생태계와 마찬가지로 대단히 가혹한 순환이 발생하게 됩니다 (54~56쪽 참조).

언젠가 알 수 없는 이유로 돼지고기 가격이 상승한다. 축산 농가는 두 손을 비비며 기뻐한다. 그들은 소득이 올라가면서 당연히 더 많은 돼지를 사육하고 싶어 할 것이다. 그들은 평소보다 더 많은 새끼 돼지를 구입하고 그 결과 새끼 돼지의 가격이 가파르게 상승한다. 그리고 그들은 이제 암퇘지를 팔지 않는다. 따라서 암퇘지 공급이 줄어들고 도축할 돼지의 가격은 계속해서 상승하며 물류업체의 냉동창고가 텅텅 비기 시작한다. 이때 판매상인이 사재기에 나서며, 결국 가격은 더욱 상승한다. 소비자들은 돼지고기 대신 닭고기로 소비형태를 바꾼다.

그동안 더 많은 새끼돼지가 태어난다. 당연히 사료 값도 상승한다. 그렇게 많은 사료가 미리 생산되어 있지 않기 때문이다. 사료 값이 상승함에 따라 돼지의 사육비용도 상승한다. 이 모든 과정이 흐르기까지 수개월이 걸린다. 그 사이 소비자는 높은 돼지고기 가격에 고통 받으며, 점점 더 적게 소비하게 된다.

이전보다 소비가 줄어들자 돼지고기가 시장에 넘쳐난다. 가격은 즉시 하락하고 축산 농가는 손해를 보게 된다. 비싸진 사료 때문에 손해를 보면서 돼지를 사육해야 하기 때문이다. 반면 돼지 가격은 점점 더 빠르게 하락한다. 사료비용 때문에 축산 농가의 돼지 매도가 더욱 늘어나기 때문이다. 이제 돼지고기는 거의 공짜처럼 헐값에 거래된다. 소비자들은 이제 기뻐하며 돼지고기를 먹기 시작한다.

이제는 축산 농가가 돼지사육을 줄여버렸으므로 적은 수의 돼지만 자라난다. 그러나 소비자는 다시 돼지고기를 먹기 시작한다. 따라서 돼지고기 가격은 다시 상승한다.

이상의 과정은 계속 반복됩니다. 유명한 '돼지 사이클'을 이 책에서 읽으며, 인간이 국부적으로 영리하다는 게 얼마나 큰 재앙을 유발하는지 절실히 느껴지더군요. 어떻게 하면 이런 사이클을 막을 수 있을까요? 어려운 시기를 겪으면서 사람들이 점점 더 경제적으로 생각하기 시작하고 더 영리해짐에 따라 문제가 더 발생하고 있음을 감안할 때, 앞으로도 이런 사이클을 막을 수 있을 것 같지는 않습니다.

왜냐하면 돼지 사이클에서 국부적으로 현명하게 움직인 사람은 큰돈을 벌고, 또 사람들이 이를 잘 알고 있기 때문입니다. 예를 들어 어떤 축산업자가 남들보다 빨리 돼지를 성장시키는 방법을 개발했다고 생각해보죠. 라이신 같은 제품이 좋은 예가 되겠네요. 이 사람은 돼지 가격이 상승하는 시기에 엄청난 돈을 벌어들일 것입니다. 남들보다 빨리 돼지를 출하해 돈을 축적했고, 또 불황이 와서 남들이 도산할 때 버틸 수 있기 때문입니다.

이제 모든 사람이 같은 행동을 할 겁니다. 이 과정에서 자본력 있는 축산업자만 살아남으면서, 과점화가 진행됩니다. 물론 시장은 당장은 안정을 되찾을 수 있습니다. 그러나 대농장에서 집단 사육하는 돼지들에게 돌림병이라도 도는 순간, 이전보다 훨씬 더 큰 순환이 촉발되겠죠. 즉 이전의 짧은 안정이 장기적으로는 더 큰 변동을 촉발할 수도 있습니다.

『호황 vs 불황』이 담고 있는 내용은 매우 음울합니다. 아무리 노력해도 자본주의 경기순환은 막을 수 없으며, 또 경기순환을 길들이려는 노력이 더 큰 변동을 촉발할 수 있다는 내용을 담고 있으니 말입니다. 그러나 그러기에 또 기회가 있는 것 아니겠습니까? 주기적으로 찾아오는 경기순환의 존재를 인정하고, 불황에 대비하는 태도를 지니는 것. 더 나아가 불황에 강한, 나심 탈레브가 얘기했던 '안티프래질antifragile(경제는 살아 있는 유기체와 비슷해서 평소 작은 실패를 통해 스트레스를 받아야 큰 위기가 왔을 때 견딜 수 있는 강한 체질로 진화한다는 뜻)'한 자산에도 일정 부분 자산을 배분하는 것 등이 필요하리라 생각합니다.

이코노미스트로 일하면서 읽은 경기순환을 다룬 책 중에 『호황 vs 불황』은 감히 최고의 자리에 놓일 수 있다고 생각합니다. 그래서 재출간 소식이 무척 기쁘고 반갑습니다. 보다 많은 독자들이 이 책을 통해 경기순환을 이해하고 더 나아가 인간의 제한적 합리성에 대해 깨칠 수 있기를 바랍니다.

CHAPTER 3

무엇이 경기변동을 일으키는가

CHAPTER 4

경기에 따라 몸과 마음이 변한다

CHAPTER 5

경기에 따라 경제적 관점이 변한다

―――――――――― CHAPTER 6 ――――――――――

경제 이론의 최대 변수, 국면적 본능

―――――――――― CHAPTER 7 ――――――――――

호황기의 기업과 불황기의 기업

블랙박스 경영에서 탈피하라

CHAPTER 9

무엇을 할 수 있을까

CHAPTER 10

균형을 향하여

도판 출처

• 145쪽, 148쪽, 149쪽

Titel: Leitfaden fur die EEG-Praxis by Mitsura Ebe and Isako Homma(published by Urban & Fischer)

CHAPTER 1

안정적인 경제는 존재하는가

경제는 롤러코스터처럼 움직인다. 최근 들어 경제의 진폭이 훨씬 더 격렬해졌다. "세계는 멈출 수 없고 계속해서 빠르게 변화하는 상태다." 불변의 기준으로 삼을 것은 이제 아무것도 없으며 모든 것이 변화한다. 우리 모두 침몰하지 않기 위해서는 이에 적응해야 한다.

●● 　　　　만약 기존의 경제학 이론이 옳다면 가격, 시장의 수요와 공급 등 모든 것이 균형 상태에 있어야 한다. 그러나 현실도 그러한가?

그렇지 않다. 경제는 롤러코스터처럼 움직인다. 최근 들어 경제의 진폭이 훨씬 더 격렬해졌다. 우리는 이런 현상을 "휘발성이 증가한다"라고 표현한다. "세계는 멈출 수 없고 계속해서 빠르게 변화하는 상태다." 불변의 기준으로 삼을 것은 이제 아무것도 없으며 모든 것이 변화한다. 우리 모두 침몰하지 않기 위해서는 이에 적응해야 한다.

기대하는 연금을 제대로 받을 수 있기나 할까? 이러한 전반적인 불확실성 때문에 우리는 종종 이 모든 변화를 잘 버텨내지 못할지도 모른다는 두려움에 빠지곤 한다. 그리고 모든 면에서 점점 더 강한 스트레스를 받게 된다. 우리 아이들 세대에는 어떻게 될까? 아이를 낳고 기를 만한 여유를 누릴 수 있기나 한 것일까? 인구 구성에서 노인의 비중이 늘어나면서 인구 수는 오히려 줄어들고 있다. 그런데도 많은 사람이 더는 일자리를 구할 수가 없다.

호모이코노미쿠스는
없다

잠시 시간여행을 떠나서 과거를 돌이켜보도록 하자. 나는 1970년대에 사회생활을 시작했다. 당시에는 임금이 매년 6~7퍼센트 상승했고, 오랜 파업 뒤에는 10퍼센트가 상승한 적도 있다. 당시 사람들에게 '이윤'이라는 단어는 욕이나 마찬가지였다. 기업들조차도 조심스럽게 이 단어를 피했고 최대한 감가상각을 함으로써 자신들의 이윤을 숨기려 노력했다.

또한 그때는 미래에 대한 투자를 위해 도시마다 대형 대학을 새로 설립하는 등 기초과학 연구를 중요시했다. 당시 나는 강연을 마친 자연과학자가 종종 자신이 해낸 연구결과를 현실에서 어떻게 적용할 수 있는가라는 질문을 받을 때면 "절대 그런 일이 없기를 희망한다!"라거나 "내 연구결과 때문에 나를 비난할 일은 전혀 없을 거라고 확신한다"라는 식으로 대답했던 것을 기억한다. 그 당시만 해도 현실에 활용할 수 있는 것을 연구하는 사람은 대기업의 노예나 앞잡이로 과학자의 양심을 배반하는 사람이라는 의심을 받았다. 다시는 학문을 원자폭탄의 설계나 노동자 계급을 억압하는 데 사용해서는 안 된다는 분위기가 팽배해 있었던 것이다. 68세대 운동권 출신의 사회학자와 정치학자들은 분노에 찬 목소리로 기득권 폐지를 주장하기도 했다. 괴팅겐대학 캠퍼스에서 《한델스블라트

Handelsblatt》(독일의 유력한 경제 일간지)를 옆구리에 끼고 있다고 누군가가 나에게 시비를 걸어와 깜짝 놀랐던 일도 기억난다.

다시 한 번 이런 분위기를 잠깐이나마 느껴보도록 하자. 현재는 미래와 일자리, 자녀 교육 등에 대한 걱정이 우리를 억누르고 있다. 반면 그 시기에 살았던 사람들은 기술 발전을 통한 끝없는 성장을 믿었으며 그런 성장을 통해 자신의 미래가 최고의 이상향이 될 수 있도록 노력했다.

이제 당신에게 질문을 하나 던지겠다. 왜 모두 그 당시는 그렇게 생각했고 또 현재는 이렇게 생각할까? 왜 그때는 그렇게 긍정적으로 생각했으며 이상향을 꿈꿨을까? 그리고 왜 현재는 한탄이나 할 뿐 낙관적으로 생각하는 사람은 거의 없으며 이토록 절망하는가?

1960~1970년대 우리에게 '사회적 시장경제soziale marktwirtschaft'라는 이념이 생겨났다. 그러나 오늘날에는 신자본주의에 더 희망을 건다. 과거에 독일인은 세계적으로 성실하다는 이미지가 주를 이뤘지만 현재는 30일에 달하는 긴 휴가기간, 일과는 거리가 먼 게으르고 복에 겨운 투정만 일삼는 모습을 떠올리게 된다.

우리의 머리(이성) 또는 가슴(감성)에서 무슨 일이 일어난 것일까? 왜 같은 대상을 보면서 한때는 이렇게 생각하고 또 다른 때는 저렇게 생각할까? 그 대상이 같은 것이긴 한 걸까? 아니면 우리는 그때와 같은 사람들인 걸까? 왜 좋은 시절에는 아름다운 경제학 이론을, 나쁜 시절에는 가혹한 이론을 추구하는 걸까? 우리의 생각을 상황에 맞추는 것이 의미 있는 일일까?

경제학 이론에 따르면 인간은 경제적 목적만을 고려해서 행동하는 이른바 '호모이코노미쿠스Homo economicus'라고 한다. 엄격하게 합리적인 잣

대로 자신의 이익만을 생각하고 자신의 효용을 극대화시킨다는 것이다. 여기에 더해서 기존의 경제학 이론은 원칙적으로 모든 사람이 상당 기간 어느 정도는 안정적이고 정확한 선호체계와 효용함수를 갖고 있다고 가정한다.

그러나 이런 이야기들은 깔끔한 강의를 위해서 만들어진 단순한 이론이자 우화일 뿐이다. 인간의 감성은 그렇게 안정적이지 않다. 나는 감성으로부터 나와서 우리의 생각을 규정하는 것을 '국면적 본능$^{phasic\ instinct}$'이라고 부르겠다. 우리는 바깥세상의 형편에 따라서 신이 창조한 최선의 세상에서 살아간다고 생각하기도 하고 다윈이 창조한 것처럼 보이는 약육강식의 세상에서 살아간다고 생각하기도 한다. 신은 세상을 건설하려는 계획을 갖고 있지만, 다윈은 세상을 우연의 법칙이 지배하도록 내버려 둔다. 우리는 우리 감성이 각각의 시대를 어떻게 느끼는가에 따라서 어떤 때는 이렇게, 또 어떤 때는 저렇게 생각할 뿐이다.

이 책에서는 이런 현상에 대해 밝히고 설명하려 한다. 그래서 인간 사고방식의 세세한 변동을 보여주고 그 이유를 찾아갈 것이다. 나는 여러 시대에 따른 상이한 사고를 다음과 같이 나눈다.

- 신질서의 건설(신대륙 정착, '실리콘밸리')
- 풍요로운 시대의 이상향 생성
- 사치스럽고 약해진 구조의 몰락
- 모든 지원을 소비한 후의 생존투쟁

나는 이처럼 다른 시기마다 사람들이 어떻게 생각하고, 행동하고, 계획하는지를 살피려 한다. 이 책을 읽은 독자들은 경제학에 대한 시각을 바꾸게 될 것이다. 경제학은 공동체의 복지를 위해서 생겨난 학문일까 아니면 만인 대 만인의 전쟁터라고 보는 학문일까? 돈과 권력만 다루는 학문일까 아니면 명예와 윤리, 의미, 존엄성에 관한 것도 중요하게 다루는 것일까? 독일 헌법을 보면 '재산의 의무'에 대한 구절이 나온다. 사람들이 재산을 사용할 때는 공공의 복지에도 이바지해야 할 의무가 있다는 것이다. 그렇다면 이 헌법 조항은 경제 상황이 나쁜 시기에도 유효할까? 경제적 혹은 정치적 권력의 사용도 역시 공공복지에 이바지해야 하는가? 아니면 자신의 권력 유지에만 사용해도 좋은가? 또 성공도 의무인가?

이런 질문과 대답은 상황에 따라서 그 방향과 색깔이 바뀐다. 독자들은 어느 정도 경제적 상황에서 벗어나 자신이 객관적으로 사고하고 있다는 느낌이 들지 모르겠지만 우리의 사고방식 역시 어쩔 수 없이 상황을 따라가고 있다. 지배자들도 시기에 따라 바뀌어왔다. 어떤 시기에는 성직자, 또 다른 시기에는 전쟁 영웅, 그리고 또 어떤 시기에는 관료가 세상을 지배했다. 어떤 사람은 역사적 인물이 되려 하고 또 어떤 사람은 권력을 확보하려 한다. 시기마다 각각의 지배자를 대표하는 각자의 법칙이 있는 것이다.

'국면적 본능'이란 지배하는 자들의 관점과 사람들의 사고방식이 국면에 따라 변화한다는 의미다. 우리는 이윤, 분배, 마케팅, 윤리, 품질, 노동자 권리, 의무, 책임, 공공복지, 의사소통, 구조, 서비스, 고객만족, 직원 등에 대해 특정한 시기에 따라 다른 판단을 내린다. 즉 살아가는 시대가 건설하는 시기인지 즐기는 시기인지, 혹은 새로운 질서를 만들려고 하거나 투쟁하려고 하는 시기인지에 따라 세상을 다르게 본다.

스트레스는 순식간에 당신의 직장 상사를 완전히 다른 사람으로 변하게 해서 전혀 다른 행동을 하게 할 수 있다. 앞으로는 시장에서 단 하나의 거대 기업이 파산한 사실만으로도 10분의 1초 만에 미래 시장에 대한 신뢰가 완전히 바뀔 수 있다. 홈그라운드의 이점으로 3위를 차지한 월드컵 경기의 결과가 독일 경제를 급격한 변화로 이끌기도 한다. 그렇다. 우리는 호모이코노미쿠스가 아닌 것이다. 오히려 시대의 경향이 어느 쪽을 가리키는가에 따라서 레밍lemming(핀란드와 스칸디나비아 반도에 서식하는 들쥐의 일종으로 개체수가 너무 증가하면 집단자살 성향을 보인다–옮긴이) 떼처럼 이리저리 몰려다닐 뿐 아니라 쉽게 자극받을 수 있는 개인들이 모여 있는 커다란 대중 집단에 더 가깝다.

대중 집단은 원래 그렇다. 깊이 생각해보지도 않고 남들을 따라 한 번은 이쪽, 또 한 번은 저쪽으로 몰려다닌다. 그렇기 때문에 모든 것이 터무니없이 이리저리 흔들리는 것이다. 풍요로운 사회주의라는 숭고한 평등에 관한 꿈부터 그런 이념에 대한 극단적인 반대 이념으로서 낮은 능력을 가진 사람에게 혐오감을 느끼고 그들의 타고난 운명을 그대로 방치해야 한다는 사고방식에 이르기까지 우리의 생각은 상황에 따라 흔들린다.

따라서 자신이 전반적으로 합리적인 행동을 하는 호모이코노미쿠스라는 생각에 작별을 고해야 한다. 우리는 합리적이지 않다. 우리가 호모이코노미쿠스처럼 되어야 하지 않을까라고 생각해볼 수는 있다. 하지만 나는 이 책에서 그렇게 되는 것이 결코 쉽지 않은 일이라는 걸 보여주고자 한다.

온통 현명한 사람들 사이에 어떤 멍청한 사람이 있어서 그의 멍청함 때문에 전체가 피해를 보고 있다고 상상해보라. 전체가 그 멍청한 사람에 대항해서 무엇을 할 수 있을까? 현명한 사람들은 그 멍청한 사람에게 어떻게든 '제재'를 가해야 한다. 그렇지 않은가? 그것은 명확한 일이다.

그러나 또 다른 방법이 있으니 현명한 사람들 모두 똑같이 바보가 되어서 서로 동시에 피해를 입히는 것이다. 어떤 면에서 보면 이것이 더 간단한 해결책일 수도 있다. 논리적으로 완벽하지 않은가?

하지만 당신은 그렇게 생각하지 않을 것이다. 예를 들어 투르 드 프랑스Tour de France(7월 프랑스에서 열리는 프랑스 일주사이클 경기-옮긴이)를 보라. 자전거 경주 선수들이 복용하는 약물이 아주 효과가 좋아서 단 한 명의 약물 복용자가 약물을 복용하지 않은 모든 정직한 선수를 이길 수 있다고 가정해보자. 즉 그 선수가 다른 선수들을 속이고 그들에게 엄청난 피해를 입힌다면 그에 대항해서 사람들이 할 수 있는 일은 무엇일까? 그 사기꾼에게 '제재'를 가하는 것? 너무나 당연한 이야기이긴 하지만 다른 해결책도 있다. 모든 선수가 약물을 복용해서 모두가 모두를 속이고, 다른 모두와 자기 자신에게 해를 입히는 것이다. 이런 상황이 되면 각 선수가 얻을 수 있는 기회는 약물 복용 전과 정확하게 똑같아진다. 단지 그들 모두 약물의 후유증 때문에 정직한 선수들보다 더 일찍, 고통스럽게 죽어갈 것이고 사람들은 이제 자전거 경주를 보고 싶어 하지 않을 거라는 차이가 있을 뿐이다.

쾌락적 자극과 군중심리는 경제에 영향을 미친다. 그러나 경제학 이론은 여기에서 이상한 논리를 펼친다. 즉 선수들이 약물을 복용하는 것은 짧은 기간에는 영리한 혹은 '합리적'인 행동이지만 장기적으로는 그렇지 않다는 것이다. 그렇다면 여기에서 '합리적'인 것은 어디에 있는가? 합리성이라는 것은 현명함과 맞닿아 있는 영리함인가 아니면 욕심 많은 교활

함인가? '효용' 혹은 '장점'이라는 것이 주변에 대한 배려에서 나오는가? 아니면 남성 호르몬인 테스토스테론에서 나오는가? 이와 같은 질문은 경제학에서 진지하게 토론되거나 정의되지 않는다. 왜냐하면 현재의 경제학은 아직 복잡한 이론을 견뎌내지 못하기 때문이다.

경제학 이론에서는 인간을 쉽게 수치화할 수 있는 합리성을 가진 동물로 만들어버리지만 실제로는 그렇지 않다. 차라리 경제학 이론이 사람들에게 합리성을 가르치는 편이 더 낫다는 게 내 생각이다. 우리는 호모이코노미쿠스가 실존한다는 생각에 작별을 고해야 한다. 그런 다음에야 자신이 되고자 하는 새로운 어떤 것에 대해서 고민해볼 수가 있다(9장 참조).

여기까지가 이 책의 도입 부분이다. 이제 한 단계 더 깊이 들어가 보도록 하자.

먼저 한 가지 사례를 통해 당신이 레밍처럼 이리저리 몰려다니는 행동을 하는 인간이라는 사실을 깨닫도록 해주겠다. 이 사례는 높은 지능을 가진 인간이 아니라 동물에 관한 것이다. 그러나 이를 통해서 당신은 이리저리 움직이는 경제의 쏠림 현상에 대해 강력한 상상력을 얻게 될 것이다.

인디언은 마지막 들소까지
잡아먹지 않는다

생물학에서는 끊임없이 순환하는 '육식동물과 초식동물의 관계'가 잘 알려져 있다. 양쪽 동물 간 관계의 순환은 동물 세계에서 반복해 나타나는

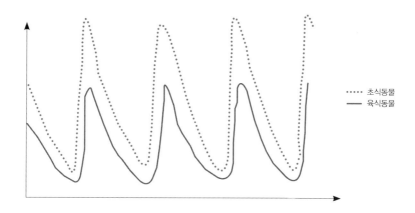

.... 초식동물
———— 육식동물

야생적 변화를 나타낸다. 이 순환은 육식동물과 초식동물 사이의 상이한 번식주기 때문에 생겨나는 것이다. 이는 하나의 생명 공동체가 주어진 환경에서 적절함을 넘어선 과소비를 하고, 지속적으로 그렇게 잘못된 방향을 바로잡지 않아서 몰락해가는 현상을 보여준다.

우선 육식동물은 초식동물을 잡아먹는다. 혹은 다르게 표현해서 사냥꾼이 사냥감을 잡아먹는다. 양측 개체수의 파동을 앞 그래프에서 볼 수 있다. 위쪽에 있는 곡선(초식동물)의 꼭짓점은 아래쪽에 있는 곡선(육식동물)의 꼭짓점보다 시간적으로 항상 약간 앞서 있다. 이 곡선은 다음과 같은 방식으로 생겨난다. 초식동물이 커다란 섬에서 번식을 한다고 가정하자. 초식동물의 수는 갈수록 증가하므로 육식동물은 더 쉽게 먹잇감을 얻을 수 있다. 먹이가 넘쳐나기 때문이다. 따라서 육식동물의 수도 빠르게 증가한다. 그러다 초식동물의 번식이 한계에 부딪힌다. 그 한계는 먹이가 되는 식물이 섬에서 더는 늘어날 수 없거나 초식동물을 너무나 많이 잡아먹는 육식동물 때문에 생긴 것이다.

하지만 초식동물의 수가 더는 증가하지 않는데도 섬에는 새끼를 밴 육식동물이 계속해서 늘어난다. 따라서 초식동물의 증가가 정체되는 순간에도 육식동물의 수는 더 오랫동안 증가한다. 개체수가 점점 더 많아지는 육식동물이 그들 공동체의 미래를 위해 적정한 수보다 더 많은 수의 초식동물을 잡아먹게 되는 것이다.

"육식동물 공동체는 과소비를 하고 있다." 따라서 점점 더 많은 육식동물의 새끼들이 태어나는 동안에도 초식동물의 수는 줄어든다. 시간이 지나면 초식동물의 수가 더욱 급격하게 줄어든다. 늘어난 육식동물이 모든 것을 먹어치워 버리기 때문이다. 이제 얼마 지나지 않아서 수가 더 많아진 육식동물은 먹잇감을 얻기 어려워진다. 그리고 모두 만족하기에는 양식이 너무 적어져서 육식동물은 새끼를 잘 낳지 못하게 된다. 이제 양쪽 모두 멸종 위기에 처한다.

너무나 오랫동안 초식동물에 비해 육식동물이 더 많이 늘어나서 죽음의 '불황'이 오게 된 것이다. 이와 반대로 적은 수의 육식동물이 잡아먹는 것으로는 초식동물의 증가를 막을 수 없을 정도로 초식동물이 빠르게 늘어났던 시절은 '호황'의 시기다.

비참한 순환의 마지막 단계에는 아주 적은 수의 초식동물만 살아남게 된다. 그 결과 육식 동물 또한 거의 멸종 상태에 이른다. 이후 얼마 남지 않은 초식동물은 섬 전체로 흩어지고 어느 정도 시간이 흐른 뒤에 그 수가 회복되기 시작한다. 시간이 좀 더 흐르고 나면 초식동물의 개체수는 다시 급속하게 증가한다. 뒤따르는 육식동물의 증가는 제2차 세계대전이 끝나고 모든 것이 새로 재건되던 시기와 비슷한 형태를 띤다.

자연에서는 대부분 육식동물보다는 초식동물이 더 빠르게 번식한다(은행 강도보다는 저축자가 더 빠르게 증가하는 것처럼). 이러한 현상을 생물학에서는 '제3볼테라^{Volterra} 법칙'이라고 부른다. 초식동물에게는 빠르게 증식하는 것이 무엇보다 중요한 종족 보존의 요소가 된다. 반면 육식동물은 각자의 영역이 필요하므로 그렇게 빠르게 증가하지 못한다.

　예를 들어 화학약품으로 정원에 있는 해충을 없애버리면 그 해충을 잡아먹는 많은 천적마저 죽이게 된다. 즉 '진딧물'이 죽는 것과 동시에 직접적으로는 그 의약품 때문에, 그리고 간접적으로는 먹이가 사라짐으로써 '무당벌레'도 죽게 된다. 천적과 그 천적의 먹잇감이 동시에 사라지는 것이다. 그러나 제3볼테라 법칙에 따르면 진딧물 집단이 먼저 나타나고 그다음에 무당벌레가 뒤따라 나타난다. 따라서 해충약을 살포하는 것은 오히려 정원의 상황을 더 나쁘게 만드는 결과를 초래한다. 해충이 익충보다 더 빠르게 다시 번식하기 때문이다. 이것은 사람들이 간섭을 통해서 나쁜 경향을 더욱 강화시키는 전형적인 사례다.

　만약 육식동물이 미련하지 않고 사람처럼 지능이 있다면 초식동물의 수가 증가하는 정도로만 자신들이 번식하도록 조절했을 것이다. 그렇지 않은가?

　아메리카대륙의 인디언은 언제나 들소 떼의 규칙적 흐름에 따라 멀리 내다보는 안목을 갖고 살았다. 그리고 그렇게 사는 것이 가능했다. 그들은 먹고사는 데 필요한 만큼만 들소를 죽였다. 때로는 들소 떼의 수가 너무 심하게 줄어들지 않도록 굶주림을 감수하기도 했다. 날씨와 자연의 변화 때문에 들소 떼의 개체수 변동을 완전하게 피할 수는 없었지만, 스스로 절제함으로써 그 변동을 줄이려고 최대한 노력했다. 당연히 인디언들은 어떤 변화도 없는 삶을 꿈꿨다. 그들은 들소들이 항상 적당할 정도로만 존재하는 영원한 사냥터를 꿈꿨다. 다시 한 번 강조한다. 겨우 적당할 정도로만! 그들은 사향을 얻거나 안심살만 먹겠다는 꿈을 실현시키려고 수백만 마리의 들소 떼를 죽이거나 하지 않았다. 인디언들은 현명했다!

들소 떼와 같은 사냥감을 '쾌락'을 위해서 죽이는 것은 상대적으로 쉽다. 그러나 그렇게 되면 사냥꾼(여기에서는 인디언) 또한 삶의 기반을 상실해서 멸종하고 만다. 제3볼테라 법칙이 다시 한 번 옳았다. 왜냐하면 여기에서도 들소 떼의 수가 인간보다 훨씬 빠르게 회복될 것이기 때문이다. 그렇기 때문에 인디언들은 육식동물처럼 행동함으로써 자연법칙의 재앙을 받지 않으려고 노력했다. 현명한 인디언들은 자신들을 자연과 일체화한 것이다. 그들은 들소 떼를 신성하게 여기고 그것을 가져다준 인디언의 신 마니투에 감사해야 한다는 사실을 알았다.

"네가 나중에 벌 수 있는 것보다 더 적게 지출하라." 이것은 합리적인 사람 또는 호모이코노미쿠스로 자라야 할 모든 아이가 들어야 할 이야기다.

캘리포니아를 여행하다가 몬테레이를 방문한 적이 있다. 독자들도 어쩌면 이곳을 배경으로 쓴 존 스타인벡의 소설 『통조림 공장 마을』을 알지도 모르겠다. 옛날에는 가장 적은 임금을 받는 노동자들로 넘쳐났던 이곳의 공장들이 지금은 모두 버려진 채로 서 있다. 낡은 안내판에는 이 지역의 역사와 더불어 1900~1950년까지의 정어리 어획고가 적혀 있다. 정어리 어획고는 꿈같은 성장률을 보이면서 엄청나게 상승했지만, 잘 알려진 대로 1950년대 중반의 아주 짧은 시기에 급격하게 줄어들었다.

"바다의 해류가 갑자기 바뀌었습니다. 그래서 더는 정어리를 잡을 수가 없었지요. 그런데 그 해류가 지금 다시 돌아왔습니다. 그래서 그때처럼 정어리들도 다시 돌아왔습니다."

여행 가이드가 우리에게 설명했다. 정어리 떼가 다시 돌아왔다. 그래서 사람들도 다시 그곳으로 간다. 몬테레이의 안내판에는 이 지역의 갑작스러운 몰락이 어쩌면 사람들이 과도하게 많은 정어리를 잡았기 때문일지도 모른다고 적혀 있다. 그러나 누가 그것에 대해서 알고 싶어 하겠는가? 몬테레이는 현재 바다와 직접 맞닿아 있는 공장들의 아름다운 폐허를 보려는 여행객들이 모여드는 '역사적 기념지'일 뿐이다. "모두 내리세요! 돌아보실 시간은 한 시간입니다! 화장실은 골목 왼쪽 끝에 있습니다."

"네가 오늘 얻을 수 있는 것은 모두 가져가라. 내일 그것이 또 있을지 누가 알겠느냐." 사람들은 이런 이야기를 큰 소리로 하지 않는다. 왜냐하면 공식적으로는 이것이 합리적이지 않기 때문이다. 그러나 사람들이 실제로는 이렇게 행동할 정도로는 합리적인 말이다. 그렇기 때문에 나는 공동체가 공공의 문제를 해결하는 데 최선이라고 생각하지 않는다. 우리는 다른 사람에게 피해를 주면서 자신의 이득을 취하는 개인이 있으면, 즉시 그 사람을 따라 하는 다른 사람이 있고 그럼으로써 그들 모두 함께 몰락하는 공동체의 모습을 종종 보곤 한다.

국가는
이성적일 수 있는가

인간은 자신의 행복을 추구하고자 보물이나 들소 떼, 일자리 등을 찾는다. 경기가 좋으면 일할 기회가 늘어나고 상품과 서비스도 증가한다. 이때 사람들의 수확, 즉 소득을 올릴 수 있는 가능성은 마치 저절로 늘어나는 것처럼 증가한다. 이제 일자리를 찾는 사람의 수도 늘어난다. 세계 여러 곳의 가난한 지역에서 온 이주자들이 이곳으로 모여들기 때문이다. 현지인들도 더 많은 일자리, 더 좋은 일자리, 더 높은 소득을 원한다. 그들과 이주자들은 같은 파이에서 서로 더 커다란 조각을 뜯어가려고 한다.

1960년대 독일인에게 일자리가 넘쳐났을 때, 그들은 이주 노동자들을 초청했다. 이때 당시 총리였던 루트비히 에르하르트는 유명한 연설(1963)을 했다.

"현재 처지를 넘어서 생활하지 마라!"

절제를 호소하는 연설이었다. 하지만 대부분의 사람은 그의 연설을 말도 안 되는 이야기로 치부하거나 무시해버렸다. 많은 사람이 독일로 몰려왔다. 처음에는 이탈리아에서, 다음은 유고슬라비아와 스페인, 나중에는 터키에서도 모여들었다. 미국은 지금도 여전히 라틴계 사람들이 별 어려움 없이 국경을 넘고 있다. 당시에는 전형적인 주부였던 독일 여성도 노동시장에 편입되었고 긍정적인 경험을 한 다음부터는 점점 더 일을 많이 하게 되었다.

그러나 언젠가부터 일자리가 늘어나지 않았다. 사람들의 욕심이 갈수록 커지자 너무나 많은 사람이 점점 적어지는 일자리를 나눠가져야만 했기 때문이다. 그러고는 마침내 경기가 하락했다.

한 경제 영역에서 한꺼번에 많은 사람이 일하려고 하면 소득 기회가 줄어든다. 그들은 '아직 먹을 수 있는' 모든 것을 먹어치운다. 그럼으로써 소득 기회는 더욱 줄어든다. 그것은 사람들이 전보다 덜 구매하고 기업에서도 전보다 더 적은 돈을 지급하려 하기 때문이다. 이제 악순환이 시작된다. 소득기회는 점점 빠르게 사라지고 실업자 수는 증가한다.

경제학에서는 최근처럼 어려운 시기엔 이런 재앙에 어떻게 대응해야 하는가에 대한 답을 찾으려고 노력한다. 존 메이너드 케인스 이론의 추종 자인 케인시안Keynesian은 국가의 지원정책과 이자율 인하를 주장한다. 필요에 따라서 정부는 부채를 늘리고 목적의식적으로 수요를 증가시키는 조치를 취해서 경제를 끌어올려야 한다는 것이다. 즉 새로운 일자리를 창출하거나, 공공사업 프로그램을 펼치거나, 새롭게 공무원을 임용하는 정책 등을 통해서 경제가 붕괴되는 것을 막을 수 있다는 주장이다. 불행을 당하면 공동체가 함께 돌봐줘야 한다는 논리다.

나는 케인시안의 이런 논리에 반대한다. 호황기에는 사람들이 낙관적인 감상에 빠져 분홍빛 미래에 대한 기대감으로 몽롱해진다. 그들의 정신은 현실을 벗어나서 환상에 빠져 있다. 그래서 자신의 처지보다 훨씬 더 높은 수준의 삶을 영위하려 한다. 이런 행태는 언젠가는 대가를 치르고 다시 수정되어야 한다. 따라서 경제가 다시 장기적으로 만족스러운 삶을 살 수 있는 수준이 되려면 소비가 다시 강하게 바닥으로 내려와야만 한다. 이때 경제 사정이 어렵다는 첫 번째 한탄이 터져나오자마자 국가가 개입해 경제위기를 약화시키려는 조치를 취한다면, 오히려 국민은 현재 누릴 수 있는 적절한 수준보다 더 높은 수준의 삶을 더 오랫동안 유지할 수 있게 된다. 하지만 이런 상태가 장기적으로 가능하겠는가? 물론 불가능하다. 그렇기 때문에 국민의 사치와 지나치게 높은 자산 소유 상태를 유지할 수 있게 하려는 국가의 조기 개입은 언제나 실패로 돌아가고 만다. 물론 케인시안의 주장도 완전히 틀린 것처럼 보이지는 않는다. 그러나 그들은 국가가 지원해야 하는 선이 어디까지인지를 분명히 말하지 않는다는 데 문제가 있다. 케인시안과 달리 케인스 본인은 절대로 '적자 지출deficit spending'에 대해 주장한 적이 없다. 그는 단지 경기순환에 반하는 국가적 차원의 수요 진작 정책을 요구했을 뿐이다. 좋은 시기에 비축금을 쌓아놓았다가 좋지 않은 시기에 필요한 투자를 하자는 것이었다.

내 식으로 표현하자면, 경기 상승과 함께 개인들이 이성을 잃기 시작해 자신들이 감당할 수 있는 것보다 더 많은 소비를 할 때 국가는 공무원을 채용하지 않고, 아우토반 다리를 짓지 않고, 새로운 무기체계를 허락하지 않는 등 약간의 개입을 해야 한다는 것이다. 국가는 이때 나중을 위한 자금도 적립해야 한다. 결국 불황이 닥쳐와 경제와 사람들이 꿈에서 깨어났을 때 경제 시스템의 충격을 줄이려면 호황기에 미뤄둔 투자를 해야 하기 때문이다.

케인스는 국가가 이성적이기를 원했다. 왜냐하면 경제와 개인이 이성적으로 보이지 않았기 때문이다. 그러나 설사 국가가 이성적이라 해도 그것만으로 충분한 걸까?

인디언은 "아주, 아주 많은 들소가 있다고 해도 평소에 먹던 만큼만 먹어야 한다"라고 말한다. 그러나 과소비를 하고, 임금이 상승하고, 이주 노동자들을 불러들이면서 생활할 때 과연 민주주의 사회에서 사람들은 이성적인 정부를 선택할까? 국민은 그저 가장 커다란 공약을 내세우는 정당을 선택할 뿐이다. 그리고 그들은 절대로 어려운 시기를 위해 저축하려 하지 않는다. 케인스는 모두 들뜨고 취해 있는 비이성적 시기에 정부가 이성적으로 정책을 펴나갈 것을 원했다. 그는 나와 같은 수학자였다.

그래서 나는 케인스의 생각을 잘 이해하지만, 그렇다고 해서 도움이 되는 것은 아무것도 없다.

그에 비해서 애덤 스미스의 고전 이론은 시장법칙을 가르친다. 스미스에 따르면 이 법칙만이 시장을 지배한다. 그 외에는 아무것도 시장을 지배할 수 없다. 고전파 경제학자에게 이성의 개입은 필요 없을 뿐만 아니라 효과도 없다. 많은 사람이 인간의 개입은 자연의 흐름을 지연시킨다고 말하지 않았던가. 국가의 개입은 불황기에 시장의 고통을 더 지속시키고 강화시킬 뿐이다(앞에서 언급했듯이 정부의 개입은 실제로 실패하고 국가 부채만 남겨놓는다).

애덤 스미스는 그의 유명한 '보이지 않는 손'이 시장을 현명하게 이리저리 이끌면서 균형 상태로 다시 데려다 놓는다고 주장한다. 지주는 탐욕에 따라 움직이지만, 그도 평소에 먹는 곡식보다 더 많이 먹을 수는 없다. 스미스는 1759년 첫 저서인 『도덕감정론』에서 인간에게는 자연적인 이기심과 강탈 욕구가 있음에도 다음과 같은 일이 일어난다고 썼다.

"보이지 않는 손에 이끌려서 그 이기심은 마치 지구에 사는 모든 주민이 균등하게 분포되어 있는 것처럼 생활에 필요한 재화들을 거의 균등하게 분배하게 된다. 그럼으로써 그들은 의도하지도 않고 알지도 못하는 사이에 사회의 이익에 이바지하는 것이다."

여기에서는 시장 자체가 균형 상태로 다시 이끌어주는 보이지 않는 손, 즉 이성인 것으로 보인다. 유명한 저서 『국부론』에서 스미스는 균형에 대해 더 상세하게 다룬다.

따라서 국부는 (노동능력이 있는) 주민의 수와 함께 증가한다. 생산요소, 즉 노동을 증가시키기 위해서는 노동에 대한 수요(그리고 임금수준)가 하층민이 더 많은 자녀를 키울 수 있을 만큼 증가해야 한다. 임금이 충분한 노동력을 키우는 데 필요한 것 이상으로 상승한다면 과도한 인구 증가가 다시 임금을 적당한 수준으로 내려가게 할 것이다. 이러한 원리는 역으로도 작동한다. '인간이라는 종'이 너무 강하게 번식하면 식량 부족으로 번식에 한계가 주어진다. 이러한 현상은 대부분 하층민의 가족에서 태어난 아이가 죽음으로써 일어난다.

애덤 스미스는 가난한 계층의 죽음과 삶을 통해서 시장의 균형이 이뤄진다는 사실을 받아들였다.

애덤 스미스는 1790년에 사망했는데, 발명가 제임스 와트와는 친구지간이었다. 그러나 아쉽게도 산업혁명을 촉발시킨 와트의 증기기관이 하층민한테서 태어난 아이에게 어떤 영향을 미쳤는지 경험하지 못했다.

나는 앞에 인용한 애덤 스미스의 글을 통해 소득 기회에 대한 사냥 사정의 변동이나 육식동물과 초식동물 사이의 변동이 매우 밀접한 관계가 있다는 사실을 보여주려고 했다. 경제 상황이 좋으면 일자리와 사람들이 늘어난다. 반대로 경제 상황이 나빠지면 일자리는 적어지고 사람들은 굶는다.

오늘날 세계적으로 경제 사정은 좋지 않다. 위기에 대처하려면 모두 일을 해야 하기 때문에 사람들은 갈수록 아이를 적게 낳거나 아예 낳지 않는다. "아이를 많이 낳아라!" 정부는 개인과 가정의 장기적 이성에 호소하고 있다. 하지만 어려움에 처한 사람들은 오히려 이렇게 호소한다. "정부여, 우리를 도우라!" 국가는 미리 이러한 상황에 대비하지 못했다. 그래서 국가 부채가 많다. 개인들 또한 자신이 지금과 같은 어려움에 처할 것이라고는 생각하지 못했다.

오늘날 우리는 놀라운 표정으로 '프레카리아트Prekariat'의 형성에 대해 이야기한다. 프레카리아트는 세계적 차원의 경쟁이 필연적으로 만들어 내는 치열한 생존투쟁 과정에서 생성되는 새로운 빈곤층이나 하층민을 뜻한다. 과거에 자본가와 일용 노동자가 있었던 것처럼 오늘날에는 기업과 비정규직이 있다. 우리는 사회가 다시 새로운 부자와 빈민으로 양극화되는 현상을 경험하고 있다. 사회 상층부에 있는 사람들은 현재 상황이 안정적이라고 느낄 것이다. 현재 상층부에 있는 사람들의 상황은 좋다. 최고경영자나 최고 전문가, 인기 운동선수 등의 소득은 우리가 따라갈 수 없을 정도로 위로 치솟고 있다. 그러나 밑바닥에 있는, 상층부에서 말하는 소위 '일하려 하지 않는' 사람들은 돈이 말라간다. 왜냐하면 "그들을 기생충처럼 남의 힘으로 먹고살도록 한없이 놓아둘 수는 없기 때문이다."

다시 한 번 말하지만 너무 늦었다. 불황기의 생존투쟁은 전혀 희망이 없는 상황 속에서 진행되고 있다. 이성의 역할은 주로 호황기에 이뤄져야 한다. 불황기에는 오직 과거의 비이성에 대한 죄과를 치러내야 할 뿐이다. 그러나 이 시기에 누가 그 죄과를 치르는가를 바라보면 그 또한 이성적이지는 않다.

성경에서 다음과 같은 구절을 본 적이 있을 것이다.

내가 바로에게 이르기를 하나님이 그가 하실 일을 바로에게 보이신다 함이 이것이라. 온 애굽 땅에 일곱 해 큰 풍년이 있겠고 후에 일곱 해 흉년이 들므로 애굽 땅에 있던 풍년을 다 잊어버리게 되고 이 땅이 그 기근으로 망하리니. 후에 든 그 흉년이 너무 심하므로 이전 풍년을 이 땅에서 기억하지 못하게 되리라. …… 이제 바로께서는 명철하고 지혜 있는 사람을 택해 애굽 땅을 다스리게 하시고 바로께서는 또 이같이 행하사 나라 안에 감독관들을 두어 그 일곱 해 풍년에 애굽 땅의 오분의 일을 거두되 그들로 장차 올 풍년의 모든 곡물을 거두고 그 곡물을 바로의 손에 돌려 양식을 위해 각 성읍에 쌓아두게 하소서. 이와 같이 그 곡물을 이 땅에 저장해 애굽 땅에 임할 일곱 해 흉년에 대비하시면 땅이 이 흉년으로 말미암아 망하지 아니하리이다.

창세기 41장(개역개정판 참조)

케인시안은 실제로는 이런 식으로 행동하지 않는다. 그들은 어려운 시기에 와서야 있지도 않은 곡물을 빌리려고 한다. 애덤 스미스를 비롯한 고전학파가 생각하는 대토지 소유주도 성경에서 말하는 것처럼 행동하지 않는다. 그들은 농업 노동자가 간신히 굶어죽지 않을 정도의 저임금을 지급하거나 해고해버린다.

그렇다면 호황기 때의 현명함과 절제가 답이 될 것이다. 육식동물은 일찍부터 사냥을 줄여야 한다. 이성은 그렇게 말한다. 그러나 실제로 호황기에는 본능과 탐욕, 흥분이 그리고 불황기에는 생존투쟁이 지배한다. '국면적 본능'이 세상을 지배하는 것이다.

평균은
균형이 아니다

초식동물과 육식동물 사이에 균형이 존재하는가? 개체수를 나타내는 곡선은 규칙적인 상승과 하락을 보여준다. 이 그래프에는 양극이 존재한다. 최고점은 초식동물의 수가 최대일 때로, 이때는 여전히 육식동물 개체수의 증가를 유인한다. 최저점은 양쪽의 개체수가 오랜 고통스러운 몰락의 끝에 도달한 시기다.

육식동물과 초식동물 개체수의 평균은 일정하다. 앞에 나왔던 그래프를 보면 양 극점을 사이에 두고 곡선이 상승과 하락을 반복하고 있다. 윗부분에서는 개체수가 강하게 증가하다가 급격히 하락한다. 반면에 바닥부분에서는 개체수가 고통스러운 상태에서 훨씬 더 느리게 회복하는 것을 볼 수 있다. 여기에서 평균은 무엇을 말하는가? 그것이 균형인가? 정의로운 중간이라고? 그렇지 않다. 평균은 아래로 혹은 위로 움직이는 수치의 중간일 뿐, 상승하고 하락하는 과정의 내용을 설명해주지는 못한다.

양 극점은 과도한 진자운동의 끝점이다. 이 극점들 사이에서 모든 것이 이리저리 움직인다. 이 운동은 결코 물리학적 의미의 균형을 추구하지 않는다. 물리학적 의미의 균형이란 안정적인 상태를 말한다. 물리학에서 '균형'이란 아주 작은 변동만 있는 시스템을 말한다. 경제학에서 의미하는 '균형'은 효율적인 시장에서 '보이지 않는 손'에 의해 가격을 통해서 자동적으로 만들어지는 수요와 공급의 평형이다. 따라서 평형을 이루는 가격 조절이 되는 자유로운 시장은 안정적인 점, 혹은 물리학적 의미의 균형을 만들어내지 못한다. 오히려 수요와 공급이 즉시 평형을 이룸으로써 시장에서 더 빠른 진자운동이 일어나게 된다. 여기에서는 아래위로의 움직임이 마찰 없이 급속하게 일어나게 된다.

'서구'에 사는 대부분의 사람은 이런 변화를 그렇게 극단적으로 느끼지 않는다. 이들은 선진 산업국가의 주민으로서 전통적으로 경기의 호황과 불황에 따라 이리저리 몰려다니는 행태를 보이지 않아도 되기 때문이다. 애덤 스미스가 연구했던 대토지 소유주도 당연히 저택의 창문을 통해서 마을을 바라보듯 멀리서 하층민 아이들의 삶과 죽음을 바라보게 된다. 그들의 소득은 중간값을 중심으로 소폭 진동한다. 그들은 이렇게 진동하는 중간값을 안정적인 중간 혹은 평균값이라고 부를 것이다. 그리고 애덤 스미스는 이런 상황으로부터 멋진 균형이론을 만들어낼 수 있었을 것이다. 좋다. 그러나 하층민의 시각에서 혹은 굶주리는 제3세계의 눈으로 세상을 바라본다면 어떨까? 그들에게 이 세상은 1년의 날씨가 얼음이 어는 겨울과 습한 열기 사이에서 움직이는 것처럼 '좋은 삶'과 '벌거벗은 죽음'이라는 극단 사이에서 진동할 뿐이다. 물론 봄과 가을에 온도는 잠깐 동안 중간값에 가까이 간다. 그런 다음 중간값을 지나서 움직이기는 하지만 그렇다고 해서 그것이 보이지 않는 손에 의해 추구되는 '물리적 균형'은 아니다.

독일의 경제학economics은 경영학과 국민경제학으로 나뉜다. 경영학은 기업과 가계(라틴어로 오이코스oikos는 가계, 노모스nomos는 법을 의미하는데, 두 단어가 합쳐져 경제를 의미하는 외코노미Ökonomie가 되었다)의 '한정된 재화'를 다루는 학문이다. 국민경제학은 모든 단계(거시경제와 미시경제)에서 경제적인 상관관계를 이해하고자 하는 학문이다. 인간의 경제적인 행위를 어떻게 이해할 수 있을까? 어떤 행위가 개개인에게 가장 큰 효용을 가져다줄까?

대부분의 사람이 이런 것들에 관해서 고민한다.

그러나 나에게 훨씬 더 중요한 질문은 다음과 같다. "죽음을 불러오는 변동을 약화시킬 수 있는 기준이나 행동규약을 공동체 차원에서 합의해 낼 수 있을까? 이를 위해서 모든 개인이 스스로 지킬 수 있는 책임과 규율을 만들어낼 수 있을까?"

"현명하다고 생각되는 양만큼만 들소를 잡아먹어라"라는 인디언의 말을 현재의 언어로 표현하면 다음과 같다. 나는 어떻게 해야 '국면적 본능'을 피할 수 있는가? 우리는 어떻게 하면 '안정적인 성장'을 이룰 수 있는가? 이를 위한 공동 합의가 가능한가? 이를 위한 기본틀은 어떤 것이 좋을까?

우리는 풍년의 시기에 어떻게 흉년의 시기를 대비할 수 있을까?

이에 대한 고민을 시작하기 전에 먼저 우리가 어떤 방식으로 스스로를 몰락의 방향으로 이끌어가는지 보여주겠다. "세상은 순환한다! 나쁜 시기가 온다! 잡을 수 있는 것은 빨리 모두 잡아라!" 우리는 이렇게 이야기한다. 인디언의 언어를 사용해서 말하면 우리는 마지막 들소까지 쏘고 만다. 사람들이 두려움에 사로잡혀서 몬테레이의 마지막 정어리까지 잡아버린 것처럼 오늘날에는 바다에서 마지막 오징어까지 잡아올리는 것이다. 이것이 풍성했던 시기를 마지막으로 몰고 가는 주요 원인이다. 이것이 무엇인가? 바로 스트레스다!

CHAPTER 2

불황 스트레스가 만드는 새로운 빈곤

스트레스를 장기간 받으면 우리는 이성적인 인간으로서의 모든 윤리를 잊어버리고, 매우 단기적인 시각 속에서 자신만의 '성공'에 눈이 멀어 다른 사람들까지 함께 몰락의 소용돌이로 끌고 들어가게 된다.

●● 　　이번 장에서는 오래 지속되는 스트레스 상태가 미리 확정된 컴퓨터 프로그램처럼 어떻게 경제를 망가뜨리는지를 보여주고자 한다. 스트레스를 장기간 받으면 우리는 이성적인 인간으로서의 모든 윤리를 잊어버리고, 매우 단기적인 시각 속에서 자신만의 '성공'에 눈이 멀어 다른 사람들까지 함께 몰락의 소용돌이로 끌고 들어가게 된다. 이것이 이 책에서 계속해서 다룰 주제가 될 것이다. 합리적인 호모이코노미쿠스란 말은 아무리 좋게 생각해봐야 합리성이 단기적으로 도움이 되는, 좋은 시절을 위한 인위적인 개념일 뿐이다. 좋지 않은 시기에는 비이성이 지배한다. 기존의 경제학을 다룬 이론에서 단기적이고 편협한 시각을 가진 인간이 등장한 적이 있는가? 최소한 경제학 교과서에서는 없었다. 그러나 내 주변은 그런 사람들로 바글거린다.

스트레스는 우리를
어떻게 변화시키는가

●●

사람은 스트레스 상태일 때 참을성이 없어지고 성급해진다. 자신도 알지 못하는 사이에 편협하고 단기적인 시각 속에서 지금 바로 해야 할 일만을 바라보며 고통받는다. 내일에 대해서는 생각하지 못하는 것이다. 이런 분위기에서 세상을 오직 흑백으로만 인식하고 다른 색깔은 물론 회색의 강약조차 보지 못한다.

스트레스 상태에서는 모든 것이 다음과 같이 나뉜다.

- 친구와 적
- 중요한 것과 중요하지 않은 것
- 예와 아니요
- 부자와 가난한 자

당신도 벌써 주변을 둘러보면서 그렇다고 생각하지 않는가? 중간층이 사라지는 것이다. 상점에서도 중간 품질의 상품이 사라져간다. 오직 최고 사치품(아르마니)이나 최저가품(알디^Aldi 값싼 물건들만 취급하는 독일의 저가 슈퍼마켓 체인점 - 옮긴이)만 남아 있다. 어중간한 보통 사람은 정말로 어디에서도 필요로 하는 곳이 없다. 최고 능률을 올리는 사람만 요구되고, 아주 많은 보조 인력이 필요에 따라 비연속적으로 사용될 뿐이다.

스트레스와 높은 노동 강도라는 장기적인 압력 아래에서는 공격적인 생존경쟁이 발생한다. 이 경쟁은 전쟁과 같다. 승자는 적고 패자는 많다.

우리는 스트레스 상태에 놓이면 이렇게 말한다.

"너무나 급한데, 아무도 나를 먼저 보내주지 않아! 모두 배려심이 없어. 다들 그렇게 행동한다면 나도 이제부터 배려 없이 행동하겠어. 나도 남들을 배려할 만한 여유 따윈 없어."

이 말은 전쟁의 시작을 알리는 선전포고와도 같다. 이러한 행동은 서로에게 치명적인 손해를 입히고 만다. 이 악마의 소용돌이가 이번 장의 주제다. 그것이 인간을 몰락시키고 거대한 프레카리아트를 형성한다.

먼저 전혀 문제가 없을 것 같아 보이는 일상의 몇 가지 사례로 이야기를 시작하겠다. 이 사례들은 아직까지는 그저 '짓궂은' 정도에 불과하지만, 내가 표현하고 싶은 경제적 삶의 전형적인 모습을 보여주고 있다. 이제 시작해보자.

일요일, 당신은 샤워를 하려고 한다. 이미 늦은 시간이다. 해가 중천에 떠 있다. 샤워 손잡이는 토요일에 놓아뒀던 그대로 딱 알맞은 온도의 물이 나오도록 적당한 위치에 맞춰져 있다. 물을 틀자 샤워기에서 물이 쏟아져 나온다. 아직 물이 차다. 그래서 욕실을 정리하기도 하고, 거울을 보며 자신이 매력 있다고 생각하기도 하면서 잠시 시간을 보낸다. 참, 샤워! 물은 이제 적당하게 따뜻해졌다. 최적의 상태다. 당신은 샤워를 하면서 노래를 흥얼거린다.

월요일, 당신은 샤워를 하려고 한다. 이미 늦은 시간이다. 샤워 손잡이는 일요일에 놓아뒀던 그대로 딱 적당한 위치에 맞춰져 있다. 이번엔 투덜거리면서 재빠르게 샤워기 아래로 뛰어든다. 물은 여전히 차다. 젠장, 너무 차가워! 손잡이를 더 뜨거운 쪽으로 돌린다. 잠깐 동안 따뜻한 물이 나오다가 얼마 지나지 않아 너무 뜨거워진다. 젠장, 피부가 따갑다. 당신은 손잡이를 다시 반대로 돌린다. 젠장, 너무 차가워. 정말 짜증이 난다!

내가 여기에서 하고 싶은 말은 어떻게 샤워를 하는가는 당신의 본능, 즉 당신이 느끼는 스트레스 혹은 여유로움에 달려 있다는 것이다. 일요일의 당신은 걱정이 없는 편이다. 그래서 약간 게으름을 피우고 물을 낭비하기도 한다. 반면에 월요일에는 모든 것이 아주 빠르게 진행되어야 한다. 그래서 몹시 서두른다. 당신은 월요일마다 이런 행동을 하면서 무엇이 '최적'인지 한 번이라도 생각해본 적이 있는가? 최적을 찾으려고 시도해볼 수는 있겠지만 원하는 온도를 한 번에 맞추기란 복잡한 수학적 계산으로도 무척이나 어려운 문제다. 너무나 어려운 문제라서 거기에 많은 신경을 쏟는 것은 경제적인 행위가 아니다.

나는 이런 사례를 수도 없이 들 수 있다. 햇볕 좋은 일요일에는 사람들이 기분 좋게 드라이브를 하면서 편안한 마음으로 창밖을 스쳐가는 경치를 즐긴다. 그들은 정신적 휴식을 위해 시간을 사용한다. 그러나 월요일에는 너무나 급하게 차를 몰고, 그럼으로써 교통정체를 유발한다. 항상 월요일의 교통정체가 가장 심하다. 금요일 오후도 그렇다. 교통정체 상황에서 모두 먼저 가겠다고 경적을 울리며 차를 앞으로 들이민다. 어떻게 운전하는 것이 가장 능률적인가에 대한 연구가 이루어졌는데, 시속 90킬로미터로 아주 느긋하게 운전하는 것이라고 한다. 그러나 우리는 기분에 따라 다르게 운전한다. 출근할 때는 운전이 종종 고통 그 자체다. 제시간에 도착하는 것이 중요하기 때문이다. 반면에 집으로 돌아갈 때는 스트레스가 없다. 우리가 언제 집에 도착하는가는 그렇게 중요하지 않기 때문이다. 스트레스 없이 집으로 차를 몰아가는 데 걸리는 시간이 출근시간보다 더 오래 걸릴까? 꼭 그렇지는 않다.

최근 프랑크푸르트의 루프트한자 항공에서 비행 시뮬레이터를 통해 몇 분 동안 보잉 777기를 타고 비행 연습을 해볼 기회가 있었다. 비행교관의 지시에 따라 일단 비행기를 출발시켰는데, 조종은 무척 쉬웠다. 시작한 지 몇 초 만에 몹시 즐겁고 흥분한 상태가 되었다. 나는 비행기를 하늘에서 한 바퀴 선회시켰다. 아주 멋진 경험이었다. 이제는 비행기를 착륙시켜야 했다. 활주로에는 6개의 조명이 넓은 간격으로 켜져 있었는데, 그중 3개의 조명이 보이면 비행기가 이상적으로 활주로 진입로에 들어선 것이다. 그보다 더 많거나 적게 보이면 비행기가 너무 높거나 낮은 것이다. 그러면 조종사인 내가 알맞게 조종을 해줘야 한다.

나는 샤워하면서 물 온도를 조절할 때처럼 행동했다. 위로 끌어올려! 아래로 눌러! 위로! 아래로! 나는 비행기가 운전대의 움직임에 즉각 반응하는 자동차와 비슷할 거라고 생각했다. 그러나 비행기는 처음에는 전혀 반응하지 않다가 시간이 조금 흐른 뒤에야 반응했다. 그것은 마치 비행기 견인차량만큼이나 묵직했고, 나는 곧 나 자신에 대한 통제력을 잃어버렸다. 처음에는 비행기에 대한 통제력을 잃어버렸는데, 로데오를 타는 것처럼 비행기가 말을 듣지 않았다. 결국 모든 계기의 불빛이 반짝였다. 그리고 경고음까지! 분위기가 급박해지고 주변은 소란스러워졌다. 나는 그만 정신이 나가버렸다. 비행교관만이 우리가 시뮬레이터 안에 앉아 있다는 사실을 인식하고 있었다. 나는 정신적으로는 물론 육체적으로도 두려움을 느꼈다. 그러다 마침내 가엾은 비행기를 프랑크푸르트 공항 활주로에 처박아버리고 말았다. 와우, 보는 것과는 정말 느낌이 달랐다. 비행교관은 웃고 있었다.

나는 완전히 패배감을 맛보았지만 다시 한 번 시도해보기로 했다. 두 번째도 나는 착륙을 위한 진입 비행을 잘못했다. 하지만 그때 조종간을 살짝 움직이자 비행기는 내가 원하는 대로 움직여줬다. 나는 긴장을 완전히 푼 상태에서 말 그대로 마치 '한 손가락으로' 조종하듯이 수월하게 비행기를 무사히 착륙시켰다. 비행기는 자동차보다는 약간 시차를 두고 반응했지만 아이들도 할 수 있을 정도로 조종하기 쉬웠다. 나는 다시 기분이 들뜨기 시작했다. 문득 영화에서처럼 진짜 비행기도 조종할 수 있을 것 같다는 자신감이 들었다. 왜냐하면 지금 이 비행기도 시뮬레이터 속에 있기는 하지만 '진짜 비행기'니까 말이다. 그때 비행교관이 내게 말했다.

"정말로 비행기를 잘 조종하려면 몇 년 동안은 연습해야 합니다. 학습 격차는 처음과 두 번째 사이에 가장 크게 나타납니다." 처음에 '아하, 그렇구나!'라고 느낀 다음에 그런 느낌은 다시 오지 않습니다. 그다음부터는 무수히 많은 작고 소소한 작동을 오랫동안 연습해야 합니다."

나는 놀라서 "몇 년 동안이나 말입니까?"라고 물어보았다. 그러고 나서 세 번째 비행은 안개가 긴 데다 강한 옆바람과 갑작스러운 기류 변화 등이 있는 환경에서 진행되었는데, 정말로 두려움이 온몸을 사로잡았다. 다시 대형 사고가 나고 말았다. '오케이, 몇 년 동안 배우는 수밖에 없겠어.'

무슨 일이든 최고의 상태로 해내려면 걱정이 아주 없는 것도 별로 좋지 않지만, 그렇다고 너무 긴장하는 것도 나쁘다. '진정한' 최적의 상태가 어떤 것인지는 몸으로 체득해야 한다. '느낌으로' 말이다. 그러나 이런 느낌상의 최적 수치는 수학으로도, 컴퓨터로도 찾아내는 게 어렵다.

그렇다면 이제부터는 왜 사람들이 시간이 급박한 상황에서 건물 위로 올라가려 할 때 엘리베이터 앞에 서서 '위'와 '아래' 단추를 동시에 누르면 안 되고, '위' 단추만을 눌러야 하는지 그 이유를 설명하겠다. 위로 올라가려고 두 단추를 동시에 눌렀을 때 빈 엘리베이터이고 다른 층에서도 타려는 사람이 없다면 당신이 있는 층으로 엘리베이터가 올 것이다. 하지만 그렇지 않다면 막 내려가는 엘리베이터가 쓸데없이 한 번 더 정지하게 된다. 그리고 그것은 엘리베이터에 부담을 준다. 많은 사람이 2개의 단추를 동시에 누른다면 이 기계는 작동 비율 중 많은 부분을 의미 없이 작동하게 된다. 아쉽게도 대부분의 사람은 엘리베이터가 이미 과부하를 받고 있을 때 2개의 단추를 동시에 누르려는 생각을 하게 된다. 그들은 월요일에 샤워할 때와 같이 참을성이 없다. 그래서 엘리베이터에 90퍼센트 부하가 걸렸을 때 수많은 사람이 2개의 단추를 동시에 눌러서 20퍼센트를 더 일하도록 만든다. 이해가 가는가? 내가 엘리베이터 앞에 서 있는데, 나 외에도 많은 사람이 올라가기 위해 그것을 기다리고 있다. 그때 갑자기 어떤 사람이 참지 못하고 손을 앞으로 내밀어서 '아래' 단추를 누른다. 기다리는 사람 중 3분의 2가 속으로 한숨을 쉰다. '이런 멍청이!'라고 생각하며 누군가가 말한다. "그런다고 빨리 오지 않아요!" 그러자 단추를 누른 사람이 대답한다. "절대 더 오래 걸리지도 않아요!"

이 사례에는 경제학적인 많은 지식이 들어 있다. 약간의 바보스러움, 참을성 없음 또는 성급함(자동차를 몰 때) 등은 어디에나 있으며, 바로 그것 때문에 과부하 걸린 시스템이 붕괴한다. 복잡한 고속도로 상황에서 추월하는 트럭 때문에 수천 명의 사람이 인생 중 한 시간을 낭비하게 된다. 몇 퍼센트 되지 않는 백화점의 도둑 때문에 경찰국가처럼 수많은 감시 카메라가 우리를 둘러싼다. 또한 몇 안 되는 살인자 때문에 수많은 경찰이 필요하다. 비공동체적이고 비윤리적이고, 영악하고, 사기꾼 같은 비열한 행동이 우리에게 엄청난 비용을 소비하도록 한다. 몇 가닥의 끊어져버린 인내의 끈, 훼손된 정의, 위기 시에 나타내는 항의, 테러 등이 시스템에 과부하를 주고 마침내는 파괴시키고 마는 것이다.

경영전략 중 많은 부분이 부당한 방법으로 경쟁하고 영악하게 경쟁사를 속여넘기고 실업자들을 국가의 부담으로 넘겨버리는 방법에 관한 것들이다. 모든 사람이 개인적으로 영악하게 행동한다. 어떤 사람은 아주 영악하다. 요즘은 아무도 지켜보지 않으면 도덕의 한계까지 가거나 그것을 넘어서는 것이 유행이 돼버렸다. 그러나 그럼으로써 시스템의 붕괴가 온다. 예를 들면 호텔에서 아침 8시 온수기에 과부하가 걸렸을 때 모든 사람이 샤워 손잡이를 온수로 틀어버리는 것과 같다. 경제는 대부분 '월요일'과 같은 것일까?

샤워나 자동차 운전, 비행기 조종, 경영 등에서는 전체를 위한 최적의 해결책이 있다. 하지만 누가 그것을 아는가? 그렇게 이뤄지도록 누가 신경이라도 쓰는가? 더 불행한 것은 최적의 방법을 안다고 해도, 모두가 다 알지 못하거나, 알고 있는데도 혼자만 약거나 비열하게 행동하는 것이다. 그렇다면 그게 무슨 도움이 되겠는가? 온 세상이 미쳤는데 한 기업만이 현명하게 경영할 수 있을까? 참여하는 사람이 많으면 많을수록 시스템은 더 강하게 평균적 집단지성에 의존하게 된다. 그것은 더는 개인의 지성에 달려 있지 않다. 세계화된 세상에서 세계적인 차원으로 벌어지는 바보스러운 행위는 엄청난 희생을 요구한다. 높은 지성은 인식되는 것조차도 어려움을 겪는다(엘리베이터 사례를 보라).

스트레스와는 전혀 상관없이 항상 자기가 원하는 것은 하고 마는 이기주의자도 있기는 하다. 그러나 스트레스 상태에서는 거의 모든 사람이 예외적인 행동을 정당하다고 느낀다. 아쉽게도 전반적인 스트레스 상태에서는 시스템이 작동하지 않게 된다. 누군가가 혼자서만 급하게 차를 몰면 아주 빨리 목적지에 도착한다. 우리는 그를 보고 "빨간 신호도 무시하고 그냥 가버리네!"라고 말하면서 비난한다. 이기주의자는 모든 것을 자기 앞으로 낚아채곤 한다. 직장 상사가 모든 성과물을 자기 혼자서 해냈다고 얘기하는 것과 같다. 그러면 우리는 화가 난다.

최선의 해결책을 실행할 방법을 확실하게 알고 있다 하더라도 스트레스 상태에 놓이면 우리는 속임수나 지름길 혹은 고통이 없는 방식을 찾는 다. 위기 상황이니까! 예외 상황이니까! 그러나 모두 스트레스를 받은 상 태에서 행동한다면 세상은 원래 그랬던 것처럼 특별한 이득이 없다. 출세, 자동차 운전, 주차자리 찾기, 줄 서기, 글쓰기, 섹스, 건강 등 이 모든 것에는 언제나 올바른 방법과 참을성을 발휘하지 못하는 방법이 있다.

개개인은 시스템을 악용하거나 문화적 규칙을 지키지 않기 때문에 성 공한다. 우리는 다른 사람들이 스트레스 상태에서 자기만 예외로 행동하 고 그럼으로써 더 나은 성과를 얻어내는 상황을 매일 겪는다. 급한 일을 서둘러 끝내고 나서 한숨을 돌리면 얌체 같은 직장 동료가 와서 이렇게 말한다. "나는 할 일이 많아서 늦게 나왔는데 너희가 내 일까지 끝마쳐줘 서 고맙다!" 상점에서 도둑이 물건을 훔치고, 어떤 사람은 실업자수당을 허위로 타고, 학생들은 시험을 보면서 부정행위를 하고, 덩치가 큰 사람 은 다른 사람을 밀치고 지나간다. 그러고는 사과조차 하지 않는다. 마치 스트레스가 없는 사람이 그 사람 대신에 대가를 치러야만 하는 것 같다. 그러면 당하는 사람들은 자신이 바보처럼 느껴진다. 그러나 사기꾼이 '더

약았던 것'뿐이다.

'우리와 같이 정직한 사람들'이 이기주의자의 행동과 성공을 조금만 지켜보고 있노라면 언젠가는 인내의 끈이 끊어져 버린다. 그리고 이렇게 말한다. "이제부터 나도 다른 사람들처럼 남을 배려하지 않을 거야." 이미 이야기한 것처럼 모두가 배려를 하지 않으려는 순간부터 전쟁이 시작된다.

> 높은 압력을 받으면 생각은 타락한다. 모든 것이 뒤로 밀려나고 이기적인
> 생각이 주를 이룬다.

이 말이 그저 단순한 이야기로만 들리는가? 이제부터 일상적인 경제 상황에서 실제로 일어나는 사례를 통해서 이 말의 의미를 살펴보겠다. 먼저 호황기의 순진한 이기주의와 불황기의 스트레스에 의한 행동 때문에 일반적인 돼지 사이클pork cycle이 생겨난다. 그다음에는 대형 돼지 축사의 경영자가 나타나서 시스템에 더 많은 스트레스를 추가함으로써 돼지 사이클을 더욱 강화시키는 과정이 나타난다. 그리고 마지막에는 저질 고기와 경찰의 통제, 기업 파산, 극심한 저임금이라는 결과를 맞이한다.

'돼지 사이클'로
움직이는 경제

●●

'돼지 사이클'이라는 단어는 1928년 독일의 경제학자 아르투어 하나우 Arthur Hanau가 발표한 논문 「돼지 가격의 예측」에서 처음 나왔다. 이 논문

은 독일의 농축산물시장 연구의 효시가 되었다. 돼지 사이클은 수요와 공급의 상호작용에 대한 첫 연구 사례로서, 오늘날에는 거의 모든 경제현상이 돼지 사이클에 해당한다. 부동산시장과 노동시장에는 국부적 영리함 local intelligence(전체적인 통찰력이 부족하다는 의미에서 국부적 영리함이라는 표현을 썼다—옮긴이) 때문에 생긴 순환기가 존재한다. 그리고 우리는 오래전부터 교사 공급과잉과 학생 기숙사 공급과잉이라는 사례를 알고 있다. 이 모든 현상을 돼지 사이클로 설명할 수 있다.

언젠가 알 수 없는 이유로 돼지고기 가격이 상승한다(우리는 이런 현상의 이유를 알 수 없는 게 아니라 순환의 특성일 뿐이라는 사실을 곧 알게 된다). 그러면 축산 농가는 두 손을 비비며 기뻐한다. 그들은 소득이 올라가면서 당연히 더 많은 돼지를 사육하고 싶어 뱃속이 근질거린다(이 근질거림은 축산 농가의 뱃속에 들어 있는 국부적 영리함 때문이다).

그들은 평소보다 더 많은 새끼돼지를 구입하고 그 결과 새끼돼지의 가격이 가파르게 상승한다. 그리고 그들은 이제 암돼지를 팔지 않는다. 따라서 암돼지 공급이 줄어들고 도축할 돼지의 가격은 계속해서 상승하며 물류업체의 냉동창고가 비기 시작한다. 이때 빠르게 팔려나가는 돼지고기를 보면서 판매상인은 되도록 팔지 않고 보유하려고 한다. 그리고 약간의 사재기를 통해서 투기도 한다. 결국 가격은 더욱 상승한다. 소비자들은 한숨을 쉬면서 돼지고기를 사기는 하지만, 머지않아 닭고기로 소비 행태를 바꿔버린다.

그동안에 훨씬 더 많은 새끼돼지가 태어난다. 그것을 사육하면서 사료 값이 비싸진다. 그렇게 많은 사료가 미리 생산되어 있지 않기 때문이다. 사료 값이 상승함에 따라 돼지의 사육비용도 상승한다. 이 모든 과정이 흐르기까지 수개월이 걸린다. 마술을 부려 돼지를 당장에 만들어낼 수는 없기 때문이다. 그사이에 소비자는 높은 돼지고기 가격에 고통받으면서 돼지고기를 더 적게 먹기 시작하고 "더는 돼지고기를 사는 데 돈을 낭비하지 않겠어!"라고 결심한다.

이전보다 돼지고기 소비가 줄어들자 돼지고기가 시장에 넘쳐난다. 돼지고기 가격은 즉시 하락하고 냉동창고는 다시 돼지고기로 꽉 찬다. 불쌍한 축산 농가는 손해를 보게 된다. 비싸진 사료 때문에 손해를 보면서 돼지를 사육해야 하기 때문이다. 반면 돼지가격은 점점 더 빠르게 하락한다. 축산 농가는 두려움이 들기 시작한다. 사료 값이 너무 비싸서 돼지를 적게 사육하거나 아예 사육하지 않게 된다. 그사이에 도축될 나이가 된 돼지들이 시장에 나온다.

이제 곧 돼지고기는 거의 공짜처럼 헐값에 거래된다. 소비자들은 기뻐하면서 다시 점점 더 많은 돼지고기를 먹기 시작한다. 그동안 돼지고기를 회피한 탓에 닭고기 가격이 상승했기 때문이다. 더는 돼지고기를 사는 데 돈을 낭비하지 않겠다고 결심했던 소비자들이 갑자기 모든 돼지고기를 소비해버린다.

이제는 축산 농가가 돼지 사육을 줄여버렸으므로 적은 수의 돼지만 자라난다. 그러나 소비자는 아주 많은 돼지고기를 먹는다. 따라서 돼지고기 가격은 다시 상승한다. 이러한 변화에 축산 농가는 깜짝 놀란다. 그러고는 다시 두 손을 비비며 기뻐한다. 그들은 더 많은 돼지를 사육하고 싶어서 뱃속이 근질거린다…….

혹시 눈치챘는가? 이 상황은 비행 시뮬레이터에서와 비슷하다. 비행기는 시간차를 두고 반응한다. 조종간을 급하게 끌어당기면 사고가 난다.

그래서 조종은 매우 섬세해야 하며, 또한 냉철한 정신을 유지해야 한다. 그러면 모든 것이 스스로 흘러가듯 잘 되어간다. 비행기처럼 돼지사육도 무척이나 움직임이 늦다. 돼지를 사육하는 축산 농가에서 사람들이 항상 같은 양의 고기를 먹는다는 간단한 사실만 기억했더라면 그렇게 성급하게 우왕좌왕하지는 않았을 것이다. 축산 농가가 안정적으로 고기를 생산해내고 소비자들이 안정적으로 고기를 먹었더라면 아무런 문제도 없었을 것이다. 그러나 소비자들이 갑자기 조류독감이나 돼지 흑사병에 관한 방송을 보게 되든지, 혹은 축산 농가에서 갑자기 돼지고기를 더 많이 사육하거나 더 적게 사육하든지 하면 비행기처럼 균형을 잃고 불행한 사고를 당하게 된다. 국부적 영리함의 문제는 모두가 동시에 부분적으로만 영리하다는 데 있다. 그래서 시스템 붕괴나 악순환을 증폭시키는 재앙을 일으킨다.

돼지 사이클을 어떻게 막을 수 있을까? 아주 좋은 질문이다. 내 아버지는 농부였다. 농사를 지을 때 좋은 날씨도 있었고 나쁜 날씨도 있었다. 따라서 작황이 좋을 때도 있고 나쁠 때도 있었다. 작황이 나쁠 때는 곡물 가격이 올라서 어느 정도 어려움을 상쇄해줬다. 그리고 작황이 아주 좋은 해에는 나쁜 가격이 좋은 분위기를 어느 정도 억눌렀다. 비나 우박, 벼멸구, 바람 등에 따라서 작황이 좋기도 하고 나쁘기도 했다. 우리는 그렇게 살아왔다. 풍년도 있었고, 요셉이 이집트에서 그랬던 것처럼 우리의 저축을 풀어야 했던 흉년도 있었다. 농부들은 오래전부터 그렇게 사는 법을 알고 있었다.

그런데 경제학이 농촌에도 침투해 모든 농부가 변화가 일어날 때마다 국부적 영리함으로 반응하기 시작하면서 시대가 불안정해졌다. 여유로

움은 이익 본능에 의해 밀려났는데 경제학용어로 말하면 그때부터 '시장의 휘발성이 증가'한 것이다. 상황 전체가 성급하고 불안하게 되었다.

사이클은 비이성적인 탐욕과 그에 따르는 우울증으로 더욱 증폭되었다. 나는 이 과정을 다음 절에서 묘사하려 한다. 시장을 교란하는 '매우 영리'한 시장 참여자의 수가 얼마 되지 않는다고 해도 악순환은 벌써 증폭되기 시작한다. 이성적인 개개인은 이러한 흐름에 대항할 힘이 없어 보인다.

우선 영리한 경제학과 학생들의 사례를 살펴보자. 그들에게 높은 성과를 요구하면 미래의 경영자인 학생들은 다음과 같이 행동한다.

맥주 주문은 늘었는데
왜 공장은 멈췄나

●●

1960년대에 MIT의 슬로언 경영대학에서 '맥주 게임'을 개발했다. 이 게임은 유일한 상품인 '러버 맥주'로 아주 작은 여러 단계의 시장을 만드는 모의실험이었다. 이 게임에 대한 상세한 이야기는 피터 센게의 통찰력 있는 저서 『제5경영』에 잘 나와 있다(이 책은 '본능적 경영자$^{instinct\ manager}$'라면 절대로 실천할 수 없는 합리적 조언을 해준다. '본능적 경영자'란 천천히 운전하는 게 가장 이상적이라는 사실을 잘 알면서도 교통정체가 되면 다른 운전자들이 옆으로 비켜주기를 희망하면서 경적을 울리는 운전자와 같은 경영자를 말한다).

게임 규칙을 간단하게 설명하면 고객은 여러 군데의 상점에서 맥주를 살 수 있다. 상점 주인은 도매상에서 맥주를 구입하고, 도매상은 맥주공장에서 맥주를 구입한다. 모든 게임 참여자는 각자의 역할을 부여받는다. 즉 상점 주인이나 도매상 혹은 맥주공장 사장이 될 수 있는데, 각자의 형편에 따라 상거래를 하고 최대한의 수익을 내려고 노력한다. 맥주를 주문하는 각 단계와 주문한 맥주를 생산하고 배달해주는 데는 일정한 시간이 걸린다. 게임에서 맥주를 주문하면 4주 후에 배달받을 수 있다. 실제 돼지 사이클에서처럼 이 게임에도 시간차를 도입한 것이다.

고객의 수요는 게임 진행자가 조절한다. 그는 러버 맥주를 사라고 고객들을 상점으로 보낸다. 물론 앞으로 몇 명의 고객이 맥주를 사게 될지는 아무도 모른다. 상점과 도매상, 맥주공장은 각각 독립적으로 행동한다. 즉 현실과 똑같이 그들은 서로 대화를 하지 않는다. 그들은 모두 국부적으로 영리하다.

게임 진행자는 고객들을 보내서 매주 4상자씩을 모든 상점에서 사도록 한다. 시스템이 규칙적으로 작동하기 시작한다. 각 상점은 매주 4상자의 맥주를 주문한다. 그런데 게임 진행자가 갑자기 특정한 시점부터 고객들에게 지금까지 소비한 맥주량의 두 배인 8상자를 모든 상점에서 매주 구입하도록 지시한다. 그리고 이 구매량은 게임이 끝날 때까지 변하지 않는다. 고객들이 약 3주 동안 두 배의 맥주를 구입한 다음에는 게임 진행자가 모든 게임 참가자에게 러버 맥주가 의도하지 않게 텔레비전 광고에 노출되었다는 정보를 추가로 제공한다. 이 정보는 광고가 텔레비전에서 방영되는 기간에는 평소보다 두 배의 맥주가 팔릴 거라는 사실을 의미한다.

여기에서 주의해야 할 점이 있다. 게임 참가자들은 게임 진행자가 맥주의 수요를 두 배로 증가시켰다는 사실을 모른다. 비밀리에 진행했기 때문이다. 게임 참가자들은 상점에서 팔리는 맥주의 양 혹은 주문이 들어오는 양만을 인식할 수 있다. 그들은 무언가 일이 일어났다는 사실만 느낄 뿐 다른 정보는 전혀 알 수 없다. 상점 주인은 이제 두 배의 맥주가 팔린다는 사실만 알고 있다(내가 독자들에게 미리 이야기해주는 이유는 그렇게 해야 설명을 더 쉽게 할 수 있기 때문이다).

이제부터 게임 참가자들은 다음과 같이 행동한다. 상점 주인은 재고가 줄어드는 것을 알게 된다. 갑자기 모든 사람이 더 많은 러버 맥주를 원한다. 그래서 상점 주인은 더 많은 맥주를 주문한다. 하지만 얼마 지나지 않아서 고객들의 주문을 만족시켜줄 수 없게 된다. 주문한 맥주는 시간차를 두고 4주 후에나 배달되기 때문이다. 그때까지는 매주 4상자의 맥주밖에 오지 않는다. 고객들은 불만을 이야기하기 시작한다. "러버 맥주가 또 없네!" 많은 고객이 미리 예약주문을 하기도 한다. 고객의 이런 행동이 상점 주인의 신경을 곤두서게 한다. 그래서 그는 만약을 위해서 훨씬 더 많은 양을 주문한다.

4주가 지나서 마침내 처음으로 4상자가 아닌 8상자의 맥주가 도착한다. 그러나 다음 주부터는 그가 더 많이 주문한 수량에 훨씬 못 미치는 맥주가 오거나 아예 오지 않는다. 그는 도매상에게 화가 난다. 고객들은 그에게 항의한다. 그는 더 많은 수량을 주문한다……

이제 도매상을 살펴보자. 상점에서 맥주 수요가 증가한 다음에 도매상에게 갑자기 두 배 혹은 그 이상의 주문이 들어온다. 그들은 자신의 창고가 비어가는 것을 본다. 좀 더 시간이 지난 다음에는 (매우 조급해하는) 상점 주인들의 주문이 두 배보다 훨씬 더 많이 들어온다. 따라서 창고가 급격하게 비게 된다. 도매상들은 커다란 사업적 기회가 다가오고 있음을 느낀다. 그래서 이제 곧 모든 사람이 러버 맥주만을 찾을 때를 대비해 맥주공장에 많은 양의 맥주를 주문한다. 그러나 도매상들은 여전히 헛갈린다. 왜 갑자기 모두 러버 맥주를 이렇게 많이 마시는지 그 이유를 알지 못하기 때문이다. 또한 그들은 상점 주인들이 모두 '국부적으로 영리하게' 행동해서 너무 많은 양을 주문했다는 사실도 알지 못한다! 도매상들은 그것을 짐작조차 하지 못하고 매상이 오르는 이유가 오직 고객들의 수요가 증가했기 때문이라고만 생각한다. 도매상들도 역시 똑같이 국부적으로만 영리하기 때문에 더 낙관적인 수량을 주문한다.

이제 맥주공장을 살펴보자. 맥주공장은 도매상들에서 갑자기 대폭 증가한 주문을 받게 된다. 도매상들은 자기 나름대로 영리하기 때문에 그들이 실제로 필요한 양보다 더 많은 맥주를 주문한다. 따라서 맥주공장의 창고는 급격하게 비어버린다. 이제 당장 생산량을 늘려야 한다. 맥주공장은 사람들을 추가로 채용한다. 공장의 누군가는 완전히 현대적인 대량생산시설을 꿈꾸면서 눈빛을 반짝인다.

다시 상점 주인에게로 돌아가보자. 그들이 성급하게 너무나 많은 양의 맥주를 도매상에 주문했기 때문에 짧은 시간에 도매상의 재고량이 바닥나버렸다. 따라서 상점들은 주문량을 늘렸는데도 아주 적은 양만을 받거나 아니면 아예 받지 못하는 경우마저 생긴다. 우리는 관찰자로서 그 이유를 알고 있다. 맥주공장은 몇 년 전부터 모든 상점이 4상자의 맥주만 받을 수 있는 양을 생산한다. 더 이상은 팔리지도 않았던 것이다. 이제 고객들이 상점에서 지금보다 두 배의 맥주를 원한다(맥주공장은 아직까지는 이 사실을 알지 못한다!). 논리적으로 보면 당연히 맥주공장이 두 배의 맥주를 생산해야 고객들의 요구가 충족될 수 있다. 그리고 그러려면 시간이 많이 걸린다. 하지만 그런 사실은 다시 한 번 확실하게 강조하지만 우리만 알고 있다. 독자들과 게임 진행자 그리고 나 말이다.

보통의 삶에서처럼 게임 참가자들은 자기 자신만을 본다. 그들은 시스템에 대해 고민하지 않는다. 이성적으로 생각한다면 맥주공장이 얼마간의 시간이 흐른 뒤에는 수요에 맞춰서 맥주를 조달할 수 없을 것이다. 맥주를 조달하려면 먼저 맥주의 생산을 늘려야 한다. 2005년에 나는 벡스 그린레몬 맥주를 찾아다닌 적이 있다. 내 딸이 그 맥주를 좋아했기 때문이다. 하지만 어느 상점이고 그 맥주만 다 팔리고 없었다. 3개월 동안 그 맥주는 아주 작은 상점인 에데카에서만 찾을 수 있었다. 그곳까지는 벡스 맥주 붐이 덮치지 않았던 것이다. 나는 내 딸이 여는 파티에 커다란 도움을 줄 수 있어서 대단히 자랑스러웠다. 이제 벡스 그린레몬 맥주는 어느 상점에나 산처럼 쌓여 있다. 그래서 찾으러 다닐 필요가 없다. 모두 자신만의 방법으로 최적화를 하는 것이다. "나는 지금 그것을 원해!"

우리의 사례에서 상점 주인들은 고객의 요구를 들어주려고 노력한다. 그래서 게임 참가자들은 순전히 조급하고 분노하는 심정 때문에 점점 더 많은 양을 주문한다. 나는 이런 현상을 '국부적 영리함' 또는 '지엽적 본능'이라고 부른다. 센게는 그의 저서에서 매주 8상자의 맥주만 팔렸음에도 주당 40상자를 주문한 상점 주인도 있었다고 썼다. 탐욕에 불이 붙었던 것이다. 나 역시 당시 내 딸을 위해서 여유 있게 6개들이 벡스 맥주 한 패키지를 통째로 샀지만, 그 아이는 혼자서는 맥주를 그렇게 많이 마시지 않았다. 나는 그 사실을 몰랐다. 당시 맥주는 유효기간이 짧아서 시간이 갈수록 나는 신경이 날카로워졌다. 왜냐하면 몇 년 전에도 내가 아버지로서 난감한 행동을 했던 일이 생각났기 때문이다. 그때 나는 내 딸이 아주 좋아하던, 유리컵 안에 든 알레테 소고기가 너무나 싸서 큰 포장 한 통을 통째로 산 적이 있었다. 그런데 그 애는 그다음부터는 유리컵에 든 어떤 것도 먹으려 하지 않았다. 당시 나의 탐욕이 불타올랐던 것이다.

상점 주인들이 본능적으로 낸 주문이 도매상에 도착하면 도매상들은 사람들 사이에 러버 맥주 바람이 일어났음이 틀림없다고 믿는다. 그들은 본능적으로 상점들에서 받은 주문보다 훨씬 더 많은 양을 맥주공장에 주문한다. 그리고 맥주공장이 그 양에 맞춰서 공급할 수 없다는 사실을 나중에야 알게 된다.

맥주공장은 너무나 많은 양의 주문을 받고서 공장에 추가 생산시설을 도입한다. 독자들도 이제 눈치챘을 것이다. 맥주공장도 흥분한 상태로 본능적으로 반응한다. 얼마간의 시간이 흐르고 난 다음부터 맥주공장은 이전보다 다섯 배, 열 배 더 많은 맥주를 생산한다.

이제 진정한 재앙이 온다. 맥주공장이 한참 시간이 흐른 뒤에 생산량을 급작스럽게 올려서 짧은 시간에 그동안 밀린 주문량을 전부 배달해버리는 순간 재앙이 시작된다. 도매상의 창고는 너무나 많이 주문한 맥주 상자로 다시 가득 찬다. 그리고 상점 주인이 과도하게 주문한 맥주가 빠른 시간 안에 배달되어서 그 상점은 맥주 상자로 입구까지 막힐 지경이 된다. 텔레비전에서 러버 맥주에 관한 광고가 계속되는 동안 고객들은 상점에서 이전과 마찬가지로 일주일에 8상자만을 구입한다.

이러한 현상에 대한 첫 번째 반응은 상점 주인이 4개월 동안 맥주를 전혀 주문하지 않는 것으로 나타난다. 그들은 새로 주문한 맥주가 전부 다 소진될 때까지 주문을 미룬다. 이제 도매상도 더는 아무도 맥주를 주문하지 않는다는 사실을 알게 된다. '무슨 일이 일어난 거지?' 그의 창고는 탐욕 때문에 과도하게 주문한 맥주로 꽉 차 있다. 그런데 상점에서는 어떤 주문도 들어오지 않는다. 완전히 제로다. 일주일이 가고 2주일이 가도 주문량은 '제로'다. 맥주공장에서는 계속해서 맥주가 배달돼 온다. 도매상은 공포에 빠진다. 그래서 그도 더는 맥주를 주문하지 않는다.

갑자기 이전보다 다섯 배를 더 많이 생산하게 된 맥주공장도 주문이 '제로'가 되는 것을 본다. 맥주공장은 얼마간 맥주를 더 생산하다가 생각한다. '이건 꿈일 거야.' 왜냐하면 고객들은 아직도 맥주를 마시고 있기 때문이다. 그런데 이런 죽음과 같은 고요함이라니…… 결국 파산 관리인이 맥주공장으로 들이닥치기 직전의 상황이 된다.

지난 수십 년 동안 이 맥주 게임은 수많은 세대의 학생들에 의해서 진행되었다. 그러나 학생들은 언제나 본능적으로 마음에서 시키는 대로 반응했다. 그래서 규칙적으로 재앙이 일어났다. 학생들에게 전체 시스템 속에서 사고하는 법을 가르쳐줬을 때, 즉 전체 시스템을 파악하지 못해서 불행을 자신들의 손으로 만들어냈다는 사실을 설명해준 다음에야 그들은 더 현명하게 행동하는 방법을 배울 수 있었다. 그리고 나서야 그들은 재앙을 부르는 시장의 충격을 줄일 수 있었다. 그렇다. 모두가 한 방향으로 나갈 때 그것이 가능했다.

문제는 시스템에 있는 모든 사람이 자신의 문제를 국부적으로만 영리하게 해결하려고 한다는 데 있다. 아무도 자신의 결정이 다른 사람들에게 미치는 영향에 대해서는 생각하지 않는다. "이건 내 맥주야!" 고속도로에서 거칠게 차를 모는 한 명의 운전자가 모든 사람이 고통받는 교통정체를 유발하는 것과 같은 방식으로 공급망 전체가 붕괴된다. 결국 맥주공장은 아무것도 생산하지 않게 되고 모든 상점과 창고에는 러버 맥주가 꽉

차 있게 된다.

도대체 무슨 일이 일어난 것일까? 나는 다시 한 번 이 책의 첫 부분에서 사용했던 거친 표현인 '배려 없음'이라는 단어를 사용하겠다. 참여한 모든 사람이 자신만을 위해서 행동한다. 상점 주인은 과도한 양을 주문하면서 다른 사람들보다 더 영리하게 행동하고 그럼으로써 이득을 취하겠다는 순진한 생각에 이끌렸다. 이것은 도로 위에서 무법자처럼 행동하는 운전자에 비하면 직접적으로 배려 없는 행동은 아니지만, 간접적으로는 배려 없는 행동이다. 상대방과 얼굴을 대면하지 않은 상태에서 만인 대 만인이 투쟁한다. 도로 위에서 차를 모는 모든 사람이 규칙을 지키면서 흐름이 원활한 교통 상황을 원하는 것처럼 여기에서도 모든 게임 참여자가 지속적인 맥주의 공급을 원한다.

그러나 그들은 자신들이 잘못 이해한 경쟁에 의해서 공공성이 무너진다는 사실을 이해하지 못한다. 그러다 시스템이 붕괴되면 시스템에 참여한 모든 사람이 누구에겐가 잘못을 전가하려고 한다. 처음에 순진하게 과도한 이득을 취하려고 했던 다른 사람들의 잘못이라고 생각하는 것이다.

어떤 상점 주인은 처음 단계에서 도매상이 맥주를 조달해주지 못해서 고객들의 비난을 받게 되자 도매상에게 엄청난 분노를 느낀다. 그는 이제 말도 되지 않을 정도로 많은 주문을 함으로써 도매상에게 더 좋은 조건을 부여받는다. 그리고 자신에게 올 맥주를 빼앗아가는 다른 상점 주인을 적으로 보게 된다. 그래서 그는 더 많은 주문을 해서 경쟁자를 누르려고 한다.

악순환을 만들어내는 영악하고 배려 없는 탐욕만이 모든 곳에서 판친다. 그러다 나중에 발생하는 치명적인 이유로 다들 많은 돈을 잃게 되면 이제 모두가 다른 사람들을 욕한다. 다른 상점 주인이나 다른 도매상은 어차피 서로 원수다. 맥주공장은 이 미친 상인들이 무엇을 하는지 전혀 알지 못한다. 모두 무능하다! 이러한 사실을 아니라고 부정할 수 없는 모든 사람이 하는 비난은 이렇다. "시스템 전체가 나쁘다." 고속도로에서는 교통정체가 잘못이다. 이런 증오심으로 우리는 자신의 분노를 표현한다.

　당신도 이런 상황을 아는가? 경험해본 적이 있는가? 나는 이제 당신에게 더 깊은 고민거리와 함께 충격요법으로서 중요한 지식 한 가지를 알려주겠다.

> 경험에서는 아무것도 배우지 못한다. 패배의 경험은 본능적으로는 모든 것이 다른 사람의 잘못이라는 가르침을 준다. 이런 가르침은 우리에게 국부적 영리함을 집단적으로 포기하라고 하지 않는다. 그리고 시스템 내부에 있는 사람들 모두 시스템의 작동을 위해서 공동의 책임감을 느껴야 한다는 사실도 가르쳐주지 않는다.

　우리 모두 나중에 시스템을 이해하고 우리가 경험한 모든 것이 어떻게 해서 그렇게 되었는가를 인식할 때에야 앞서 경험한 재앙에서 교훈을 배울 수가 있다. 그러나 우리는 경험에서 배우려 하지 않는다. 그렇기 때문에 기쁨의 경험("모두가 러버 맥주를 원한다!")과 우울증("그들이 우리를 속였어!")의 경험이 아무런 도움이 되지 않는다. 우리는 집단적으로 우매하게 본능이 시키는 대로만 반응한다.

　맥주 게임에서 본 이 같은 행동을 '경제적 행동'이라고 부른다. 탐욕 때문에 너무 많이 주문하는 게임 참여자는 가슴을 앞으로 내밀면서 자신이 순향적인proactive 사람이라고 자랑스럽게 이야기한다. 순향적이라 함은 앞을 내다보고 행동하는 것이지 공격적으로 행동하는 방식은 아니다. 그런데도 공격적인 사람은 자신을 순향적이라고 하면서 다른 사람들이 자신을 속였다고 이야기한다. 그리고 다음번에는 더욱더 공격적으로 반응하곤 한다. 어쩌면 그것이 진정으로 사람들이 배우게 되는 유일한 것이 아닐까? 즉 같은 실수를 더 강력하고 더 능동적으로 반복하는 것 말이다. "다음번에는 더 빨리, 더 많이 주문하겠어!"

이 맥주 게임에서 손해를 보지 않을 매우 간단한 전략이 있다. 언뜻 보기에는 매우 바보 같은 전략인데, 바로 지난주에 팔린 것만큼만 주문하는 것' 이다. 이 전략을 채택한 상점 주인은 전에 주문했던 4상자 대신에 8상자를 주문한다. 그렇다면 그는 이번 게임에서 몇 주 동안은 맥주를 전혀 받지 못했을 것이다. 왜냐하면 도매상의 창고가 비었기 때문이다. 그리고 시간이 조금 지나서는 8상자의 맥주를 받았을 것이다. 이 정도면 되지 않겠는가? 셍게는 이 방법이 최선은 아니지만 이런 전략을 구사한 상점 주인은 성적이 상위 4분의 1에 속했다고 말한다. 전쟁 중에는 침착함이 도움이 된다.

게임에서 최고의 승자는 거의 항상 국부적으로 영악하고, 본능적이고, 다른 사람들을 전혀 배려하지 않고 행동하는 사람이 된다. 모든 사람이 승자를 볼 수 있기 때문에 우리는 경험상 매우 자주 도전과 탐욕, 무모함이 승리한다는 사실을 배운다. 우리는 무엇보다 다음과 같은 사실을 배운다. "사람들은 절대적으로 번개처럼 빠르게 올바른 방향으로 정확하게 행동해야 한다. 생각이 많은 사람은 이미 경주에서 탈락한 사람이다."

앞의 두 글귀를 비교해보라. 여유 있는 사람은 탐욕을 부리면 장기적으로 남는 것이 없다는 사실을 알고 있다. 하지만 불안정하고 국부적으로 영악한 사람은 자기가 단기적으로 승리할 것을 안다. 이것이 다른 가치관을 가진 두 가지 유형의 사람이 느끼는 두 가지 다른 진실이다. 한쪽의 진실은 고요함과 현명함에 있고 다른 쪽의 진실은 행동함으로써 느끼는 쾌감에 있다. 후자의 사람들은 당장 결과를 보고 싶어 한다.

'나도 살고, 남도 살게 하기.' 이렇게 사는 것도 가능하다. 이런 삶의 태도를 가진 사람들은 다음과 같이 말할 것이다.

"맥주시장의 시스템을 이해하라. 그리고 위협적인 충격이 올 때는 서로 대화를 나눠라. 과도한 이익을 내려고 하지 마라. 공동의 덕목을 실천하고 인내심을 가져라. 행동을 자제하고 시스템이 불안정해지는 방향으로 몰고 가지 마라. 올바르게 행동하라. 변화가 왔을 때는 특별히 균형 잡힌 행동을 하라. 본능이 시키는 대로 행동하려는 유혹에 빠지지 마라."

도로교통법의 법조항에서는 상호 간의 배려를 규정하고 있다. 그것이 바로 '나도 살고, 남도 살게 하기'와 같은 말이다.

인간의 사회인가? 아니면 레밍의 사회인가? 정말로 여러 가지 특징을 가진 호모이코노미쿠스가 있는 것일까? 고요한 형태, 활동적인 형태, 장기적으로는 공동체적 형태? 느낌에 따라 다른 여러 가지 진실이 있는 것일까? 그럴지도 모르겠다. 이런 진실과 그로부터 나오는 전략은 어떤 때는 우위에 서기도 하고 어떤 때는 잘못된 것으로 간주된다. 진실이란 시장의 상황에 따라 흔들리는 것이 아닐까?

모두가 똑같이
생산성을 증대시키면…

●●

그러나 우리는 남을 살게 하지도 스스로 살지도 않는다. 그리고 오늘날 우리는 국부적 영리함을 넘어 국부적 영악함이라는 전혀 반대 방향으로 속도를 높여 달려가는 현상을 관찰하게 된다. 사람들은 시장에서의 변화를 계산하고 예측해서, 다음 순환 때의 맥주 게임이나 돼지 사이클 때 어떻게 하면 다른 시장 참여자한테서 더 많은 이익을 빼낼까 혹은 그들을 제거할까를 고민한다. 자기만은 살아남을 수 있을 것이라고 생각하는 순진한 낙관주의를 지닌 사람들이 행동을 시작하는 순간 경제 사이클은 죽음의 소용돌이가 된다. 시작하는 사람이 순진한 낙관주의자가 아니라면 이 모든 것은 아예 시작되지 않을 것이다.

이제 '러버 맥주'의 사례에서 다시 돼지 생산으로 넘어가서, 나중에는 〈하이랜더Highlander〉(1986)(크리스토퍼 램버트 주연의 공상과학 영화. 불사신으로 태어난 사람은 여럿이지만 불사신은 한 명만 존재해야 한다는 규율 때문에 최후까지 결투를 벌이는 내용-옮긴이)의 주인공이 "오직 하나의 돼지만 남을 것이다"라고 외치는 것처럼 파괴적 경쟁 혹은 무자비한 가격 전쟁으로 표현되는 가속 과정을 설명하겠다. 시작은 한 사람의 시장 참여자가 다른 모든 사람을 '이기려고' 시도하는 데서 비롯된다. 다른 사람들은 처음에는 어쩔 수 없이 상처를 입지만 순순하게 파멸당하지 않기 위해서 그들도 '조치를 취한다'. 전체가 몰락하는 과정에서 모든 사람은 결국에는 자기가 승리할 거라고 믿는 것이 자신의 의무라고 생각한다.

이제 돼지고기 시장을 보자.

돼지고기 가격이 올라가면 축산업자는 행복하다. 가격이 내려가면 손해를 본다. 돼지고기 가격이 낮을 때는 돼지 생산('축산')에 드는 비용이 판매 가격보다 더 높다. 그러나 그가 돼지고기를 가장 낮은 비용에 생산할 수 있다면 다른 모든 축산업자들이 그보다 먼저 도산할 것이다. 그렇게 되면 그 혼자 살아남을 수 있다. 얼마나 좋은 일인가! 이미 머릿속으로는 자기가 모든 축산업자 중에서 최고라고 생각한다.

그는 매우 냉철하게 생각한다. '무엇보다 생산성을 올려야 한다! 그러면 모두를 이긴다!'(이것이 그의 머리 전체를 지배하는 생각이 된다. 그다음에는 그 생각이 그의 감성으로까지 옮아가게 된다. 그는 다른 사람들도 자기와 똑같은 생각을 하고 있을 것이라고는 전혀 생각하지 않는다.)

이제 어떤 일이 일어나는지 농부의 아들인 내가 현재 사용되는 끔찍한 축산업계의 언어로 재현해보겠다. 그럼으로써 독자들은 우리에게 아주 익숙한 것들이 이윤을 추구하는 언어로 표현되면 얼마나 생소하게 느껴지는지를 경험할 수 있다. 다음 문단부터는 불필요할 정도로 전문용어가 쏟아지고 세세한 설명이 주를 이룰 것이다. 나를 믿고 따라와 주기 바란다. 정말로 오늘날에는 어디에서든 이런 식으로 이야기하고 있다. 돼지 생산 농가에서뿐 아니라 예를 들어 인사관리부서에서도 그렇다. 일단 한 번 읽어보라.

축산 농가는 어느 순간부터 사료를 더 저렴하게 구입할 수 있게 되었다. 축사의 온도는 최적화되어 있으며, 사료를 주는 주기는 과학적으로 규정되어 있다. 당신은 새끼돼지에게 얼마 동안 젖을 빨게 할 것인가? 옛날 방식으로는 34일간, 요즘 방식으로는 20일간이다. 전자의 방식을 따르면 암돼지가 1년에 2.37번 새끼를 낳을 수 있고, 후자의 방식을 따르면

2.61번이지만 그 대신에 새끼돼지를 키우는 비용이 더 들어간다.

　이제 젖을 떼고서 며칠간의 공백기를 뒀다가 암돼지를 수돼지에게 보내야 한다. 당신은 수돼지가 자연적으로 수정하기를 바라는가 아니면 인공수정을 바라는가? 최고의 수돼지 정자는 9.53마리의 순 새끼돼지(사산과 젖먹이 때 죽는 것을 뺀 새끼돼지의 수)를 생산한다. 일반적인 수돼지로부터는 아마도 7.7마리의 순 새끼돼지만을 얻을 수 있을 것이다. 당신은 뛰어난 수돼지가 보통의 무능한 놈보다 얼마나 더 수익성 있게 새끼를 생산하는지 스스로 계산해봐야 한다. 그리고 각각의 수정이 확실하게 성공하도록 해야 한다. 그렇지 않으면 암돼지의 수정 성공 확률에서 높은 실패율이 나타나고(수정의 실패) 비싼 비용을 들여 재수정을 해야 하기 때문이다(비용과 함께 무엇보다 시간이 든다). 모범적인 축산 농가에서는 수정 실패율을 15퍼센트 이하로 유지한다. 암돼지가 수정에 실패한 사실을 너무 늦게 알아차린다면 이는 굉장히 끔찍한 일이다. 왜냐하면 비생산적이기 때문이다. 당신이 수정에 약 50유로(2017년 4월 기준 1유로는 약 1,300원)의 비용을 투자한다면 수정되지 않은 하루당 비용은 2~3유로가 된다.

　수정한 암돼지를 스캔하는 데 초음파 임신진단기를 사용하라! 그리고 어린 암돼지의 출산율을 20퍼센트까지 끌어올려라! 최고의 암컷 새끼돼지 중 40퍼센트(재보충률)를 사육을 위해서 선발하라! 그 암돼지들이 1년에 2~3번 정도로 적게 출산한다면 당신은 축사를 닫아야 한다. 그리고 출산은 어떻게 조절할 것인가? 모든 암돼지를 동시에 출산하게 할 것인가? 그것은 오직 인공수정을 통해서만 가능하다. 왜냐하면 당신의 수돼지는 모든 자연수정을 동시적으로 한 번에 해내지 못할 뿐 아니라 나머지 시간에는 하는 일 없이 놀게 되기 때문이다. 동시에 이뤄지는 출산은 모든 새끼돼지가 동시에 자랄 수 있는 장점이 있다. 그렇게 하는 것이 경영상으로도 조절하기가 쉽다. 그러나 순차적으로 새끼를 낳게 한다면 출산과 수유를 위한 특별축사가 한 칸만 있어도 된다는 장점이 있다.

또 당신은 얼마나 자주 새끼돼지에게 예방접종을 시킬 예정인가? 항생제를 투여하지 않은 친환경 돼지로 키울 것인가 아니면 저가 상품용인 물 먹인 돼지로 키울 것인가? 당신에게 살아 있지 않은 돼지란 언제부터를 말하는가? 그러니까 내 말은 아직도 당신은 죽은 돼지를 도축하는가? 아, 그만, 그만. 내가 갈수록 냉소적으로 되어가다 보니 이제 주제가 저절로 고기 문제에까지 이르게 되었다. 당신은 어느 생체조직까지를 좁은 의미에서의 고기라고 정의하는가…….

산업용 돼지는 순 새끼 출산이 10마리 이상을 기준으로 해서 사육된다. 최고 수준의 축사에 대한 기준표가 인터넷에 나와 있다. 이 기준보다 떨어지는 축산 농가는 망하거나 이윤 없이 일한 꼴이 되고 만다. 무자비한 경쟁이 이런 상황을 가져왔다.

혹시 흥미가 당기면 돼지 이야기를 사람에 빗대서 생각해보라. 사람에게는 1년에 몇 번의 출산주기를 기대할 수 있을까? 혹은 사람들을 (두세 명이 들어갈 수 있는 작은 사무실에 가둬놓고서) 밤과 낮 계속해서 연속적으로 일하게 할 수 있을까? 모든 사람을 함께 모아서 일을 시킬 수는 없을까? 물론 프로젝트 사이에는 전혀 공백기가 없어야 한다. 그리고 직장을 자주 바꿔서도 안 된다. 그러기 위해서 사람들을 초음파기로 스캔이라도 해야 할까?

생산성을 증대시키겠다는 생각은 다른 사람들을 이기겠다는 의미와 같다. 하지만 어떤 사람도 패배당하고 싶어 하지는 않는다. 그러다 보니 사람들은 점점 생산성 증대만이 살아남을 수 있는 확실한 방법이라고 느끼게 된다. 이런 생각을 통해서 무자비한 효율 증대가 전체적으로 통용되는 결과를 낳았다. 사람들은 살아남기 위해 무조건 효율을 증대시켜야 한다.

그러나 돼지 사이클의 다음 단계에서 가격이 땅으로 떨어지면 다시 가장 비효율적인 축산 농가가 죽는다. 이제 대부분의 축산 농가가 같은 기준표에 따라 조직되어 서로 구별할 수 없을 정도로 거의 똑같아졌기 때문에 과거보다 훨씬 더 많은 축산 농가가 죽는다. 완전한 혼돈이 시작되는 것이다. 직원들의 임금이 깎이고, 많은 사람이 해고되고, 남은 사람들은 더 오래 일해야 한다. 죽음의 소용돌이가 계속해서 돌아간다.

> 그들은 전쟁에서 살아남으려고 하기 때문에 죽는다. 이제 주된 문제는 돼지가 아니다. 고객도 아니다. 이 두 가지는 모두 싸워서 얻어내야 하는 시장의 요소일 뿐이다.

축산이 아직 산업화되지 않았던 옛날에는 영악한 농민이 돼지를 팔기 전에 짠 사료를 먹였다. 그것도 아주 많이 말이다. 그러면 돼지를 팔려고 저울에 달기 직전 그 돼지는 많은 양의 물을 허겁지겁 마시게 된다. 지금에 비하면 죄라고 할 것도 없는 작은 술수였다. 하지만 오늘날은 아주 세세한 곳까지 완벽하게 모든 것이 술수다. 그리고 구매자는 틀림없이 물 먹여서 뚱뚱해진 돼지를 사지 않으려고 소금 스캐너와 초음파기를 가져올 것이다.

위기는 부정을 낳고,
불신은 비용을 낳고

●●

가격 폭락으로 붕괴를 눈앞에 둔 축산 농가의 마음을 상상할 수 있겠는 가? 만약 당신이 빚을 얻어서 축사를 세 배나 확장했는데, 갑작스럽게 가격이 폭락했다면 어떻게 대응하겠는가? 무엇을 할 수 있겠는가?

많은 축산 농가에서 돼지에게 성장 호르몬을 투여할 것이다. 그런 게무슨 상관이 있겠는가? 자전거 경주 선수들도 그렇게 하지 않는가? 돼지들도 금지된 약물을 투여받는다. 죽은(혹은 죽은 채로 발견된) 돼지들은 소시지 원료가 된다. 물 먹인 돼지고기가 팔려나가 가정집의 프라이팬 위에서 구워진다. 이런 일이 업계 전체의 관행으로 굳어진다. 냉동 고기가 신선한 고기로 둔갑돼서 판매되고 쓰레기가 레버파스테테leberpastete(돼지고기 간을 갈아서 만든 음식으로 주로 빵에 발라서 먹는데, 그 내용물에 구체적으로 어떤 것이 들어 있는지 구별하기가 어렵다-옮긴이)로 만들어진다.

이런 사실들은 언젠가는 밝혀진다. 우리는 저질 고기 파문 혹은 수프에 든 개 사료 등에 대해 듣곤 한다. 많은 기업이 일상적으로 범죄자가 되어서 도망갈 구멍을 준비한다. 또는 어쩔 수 없는 위기 상황 때문에 고객을 속인다. 사장은 불쌍한 직원이 상점 문을 닫은 다음에 팔리지 않은 고기를 버리려고 하면 지독하게 야단을 친다. "날짜를 잘못 계산하지 말란 말이야!" 그래서 직원은 두려움에 떨면서 유통기한이 지난 고기의 날짜 표시를 바꿔 단다. 그 사실이 밝혀지면 그런 행동을 한 직원은 해고된다. 사장은 그대로 남아서 새로 들어온 직원에게 여전히 날짜를 잘못 계산하지 말라고 경고한다.

온라인 경매 회사 이베이에서는 종종 판매자가 주장하는 것과는 다르게 실제로 유명한 회사에서 생산되지 않은 상품들이 판매된다. 여행을 가거나 하면 어디에서든 유명 디자이너들의 '짝퉁'을 보게 된다. 우리는 그런 정도의 문제로는 큰 지장 없이 일상을 살아갈 수 있다. 그 문제를 이미 알고 있기 때문이다. 그러나 최근에는 유명 거리에 있는 최고급품만 취급하는 상점에서도 자신들의 디자인 의상에다 중국 등에서 직접 들여온 의상을 섞어서 판매한다. 그렇게 해서라도 현재의 경제위기 상황에서 조금 더 이익을 올려보려 하는 것이다. 그러니 이제 누구를 믿을 수 있겠는가? 최고급 브랜드 의류 업체가 자신들이 만든 제품에 무선 칩^{RFID}을 꿰매 넣겠다고 발표한 기사를 보고 충격을 받은 적이 있다. 사람들은 이 칩을 통해 그 상품이 진품인지 아닌지를 확인할 수 있다. 구매자가 휴대전화를 이용해 이 무선 칩에서 일련번호를 알아내고 생산자에게 연락을 취하면 상품의 진품 여부를 확인해주는 것이다. 상품이 진품인지 짝퉁인지를 무선 칩이 확인해주는 시대가 된 것이다. 결국 불신 때문에 새로운 비용이 발생한 셈이다.

얼마 전 장학금과 관련해 한 학생을 인터뷰한 적이 있다. 그는 최근에 매우 거대한 콘체른^{Konzern}의 외국 지사에서 현장실습을 마치고 돌아왔다. 내가 그 학생에게 물었다.

"자네는 그곳에서 돈을 받지 못했는가? 정말로 무급으로 일했나?"

"네, 그렇습니다! 거기에는 무급 실습생들만 있었습니다. 그렇지만 전체 프로젝트가 실습생들에 의해서 수행되었습니다. 제 생각에 그 기업은 자신들의 고객에게는 우리 작업에 대한 대가로 아주 높은 수수료를 청구했을 겁니다. 처음에 저는 이번 경험으로 무언가를 배울 수 있을 뿐 아니라 그 회사가 나중에 저를 채용할지도 모른다고 생각했습니다. 하지만 그들은 저에게 고맙다는 말도 하지 않고 곧바로 무급으로 일할 새로운 실습생을 데려왔습니다. 마치 '1유로잡'1-euro-job 같은 느낌이었어요. 그들은 우리가 곧 보통 직원처럼 일할 수 있게 될 거라고 유혹하면서 우리 능력을 최대한 쥐어짰습니다."

어느 시기에나 속이거나 횡령하고 혹은 뇌물이 오가는 일이 벌어진다. 그러나 위태로운 시기에는 이런 일이 거의 합법적인 스포츠처럼 횡행한다. 심지어는 약물을 복용한 선수가 1년 뒤에 다시 경기에서 뛸 수도 있다. 그리고 축구에서는 할리우드 액션을 취하는 게 보통일 뿐 아니라 프로선수로서 당연한 것으로 여겨진다. 과거에는 이런 행동을 한 선수는 감독이 먼저 명예롭지 못한 행위라고 해서 경기에 기용하지 않았다. 그런데 지금은 월드컵 결승전의 수십억 명 시청자와 관중이 보는 앞에서 상대방의 폭력을 유도해내려고 욕설을 내뱉기도 한다. 팬들도 이런 장면을 보면서 오히려 즐거워한다. 결과만 좋다면 모든 수단이 용납되는 것처럼 목적이 수단을 정당화하는 것이다. 그래서 사람들은 자신의 생명과 직결된 일이라면 수단과 방법을 가리지 않고 모든 것을 시도해본다. 성공이 위기의 순간에 처해도 같은 원칙이 적용된다. 성공은 생명과 마찬가지로 중요하기 때문이다.

자, 이제는 나도 이 시대 사람들이 모두 하는 한탄을 할 준비가 되어 있다. 아, 이 세상은 얼마나 악한가! 아, 내가 얼마나 이 세상에 대해 분노하는지…… 정말로 화가 난다!

그러나 아쉽게도 그런 감정은 중요한 문제가 아니다. 진정한 재앙은 이제부터 시작된다.

나쁜 품질이
좋은 품질을 몰아낸다

●●

이 모든 소소하고 부분적인 악한 술수들이 전체적으로는 시장을 진정한 몰락으로 이끈다. 이런 현상을 우선 중고차시장의 사례를 들어 보여줄 것이다. 그리고 이런 작동 구조가 전체 시장에 어떤 영향을 미치는지 설명하겠다.

1970년 미국의 경제학자 조지 애커로프는 「레몬시장: 불확실한 품질과 시장 작동 구조」라는 논문을 발표했다. 이 논문은 커다란 반향을 불러일으켰다. 2001년에 애커로프는 마이클 스펜스, 조지프 스티글리츠와 함께 노벨경제학상을 받았는데, '비대칭적 정보가 있는 시장에 대해 분석'한 점을 높이 인정받았다.

먼저 애커로프의 '레몬'시장에 대해서 간략하게 설명하겠다. 중고차 시장에서 자동차 공급자는 자신이 공급하는 중고차의 품질을 정확하게 아는 반면, 구매자는 전문가가 아니기 때문에 잘 모른다. 시장에 있는 중고차 중 절반은 제대로 된 좋은 자동차이고 나머지 절반은 보기에만 그럴듯하게 꾸며놓았지 실제로는 공급자가 제시하는 가격에 훨씬 미치지 못하는 가치를 지녔다고 가정해보자. 구매자는 이런 비율을 알고 두려움에 떨면서 중고차를 사러 간다. 그들은 미국식 표현으로 '레몬'을 잡을까 봐, 즉 잘못된 자동차를 사게 될까 봐 두려워하면서 매우 조심스럽게 자동차를 구매한다. 하지만 어쩌다 레몬을 선택하는 것을 완전히 피할 수는 없어서 평균적으로 보면 가끔 가치 없는 자동차를 비싼 돈을 주고 사기도 한다. 그렇기 때문에 그들은 좋은 자동차도 무자비하게 가격을 깎는다.

좋은 자동차를 평균적인 시세보다 더 싸게 산다면 전에 사기당해서 본 손해를 어느 정도 다시 상쇄할 수 있기 때문이다.

이베이에서는 종종 사기꾼도 활동하는데, 이것은 우리가 정직한 상품도 때로는 매우 싸게 살 수 있기 때문에 가능한 것이다. 그곳에서 좋은 상품이 정당한 가격에만 제공되고 동시에 다른 한편에서는 사기가 판친다면 피해를 상쇄시킬 수 없기 때문이다.

그러므로 구매자의 일반적 사기 위험을 최소화하려면 정직한 공급자가 자신의 상품을 일반적인 가격 이하로 팔아야 한다는 결론이 나온다. 정직한 공급자는 이것을 견뎌낼 수 있을까? 그들 모두가 그럴 수는 없다. 제값을 받고 자동차를 팔려는 정직한 중고차 공급자는 시장에서 물러나고 만다. 따라서 나쁜 자동차의 비율이 늘어난다. 그리고 좋은 자동차를 제공하는 많은 공급자가 과도하게 높은 가격을 요구한다. 어쩌면 바보 같은 고객을 만날지도 모르지 않은가? 그러나 그럼으로써 처음에는 정직했던 공급자도 '레몬'을 거래하기 시작하는 것이다.

결국 마지막에는 시장 전체의 품질이 나빠진다. 가격은 하락하는 경향이 생기는데, 나쁜 자동차의 비율이 증가하기 때문이다. 그럼으로써 구매자들은 질 나쁜 차를 구입할지도 모른다는 두려움이 커지고, 행동도 더 조심스러워진다.

중고차시장은 이런 식으로 붕괴된다. 애커로프는 시장 붕괴의 전개 과정을 중고차시장을 예로 들어 보여주었다. 그의 주요 결론은 구매자가 다양한 품질에 대해 잘 모르는 시장에서는 좋은 공급자가 시장에서 도태된다는 것이다. 모두가 좋은 품질의 상품을 공급받고 싶어 하고 그런 상품을 찾지만, 공급된 상품의 실제 품질에 대한 불신 때문에 가격 전부를 지급하려는 사람이 아무도 없다. 물론 불신만 아니라면 정당한 가격이라고 생각했을 것이다. 그러므로 좋은 상품의 공급자들은 손해를 볼 수밖에 없는 상황이 되어 시장에서 철수하게 되는 것이다. 나쁜 '레몬'은 그래도 여전히 많은 수익을 올리기 때문에 시장에 남는다.

애커로프는 '역선택adverse selection'이라는 개념을 경제학에 도입했다. 시장에 공급되는 상품의 품질에 대한 불신이 지배하면 좋은 상품 공급자들은 시장을 떠난다. 다윈식으로 표현하면 나쁜 품질이 좋은 품질을 도태시킨다고 할 수 있다.

> 역선택: 고가의 상품이라고 속이는 행위가 만연한 시장에서는 진정한 고가의 상품이 도태된다. 그 의심으로 초래되는 비용을 감당할 수가 없기 때문이다. 즉 의심받는 상품은 할인된 가격으로만 판매할 수 있는 것이다. 시장은 아무도 참여하지 않으려는 상태로 접근해간다. 애덤 스미스를 중심으로 한 고전파 경제학자들은 자유로운 시장에서는 가격이 수렴한다고 말한다. 그러나 도대체 어디로 수렴하는가?

혹시 무언가 느껴지는 게 있는가? 다윈은 우수한 종이 그렇지 못한 종을 도태시킨다고 말했다. 경제학자들은 경쟁이 발전을 이끈다고 말한다. "경쟁이 사업을 활성화시킨다", "사람들이 스트레스를 받으면 일을 더 잘하게 된다" 등등. 당신도 이런 말을 매일 듣는가? 그러나 실제로는 스트레스를 받으면 거짓과 사기가 횡행하게 된다. 그리고 정직한 사람이 손해를 본다. 품질의 불확실성 탓에 상품의 가격이 하락하기 때문이다. 앞에서 진품과 짝퉁을 구별하려고 RFID칩을 장착하려는 명품 브랜드 의류 업체에 대해 언급했다. 이 기사를 고객의 관점에서 읽는다면 전혀 다른 생각을 하게 된다. 만약 진품과 짝퉁을 무선통신을 통해서만 구별할 수 있다면 왜 다른 제품보다 10배나 돈을 더 내고 진품을 하겠는가? 나는 가짜 금이나 착취당하는 아프리카인들을 위한 모조 다이아몬드, 양식 진주 등에 대해서 생각한다.

중고차시장 외에도 고객들이 불확실한 상황에 처하게 되는 시장에 대한 사례는 수없이 많다. 의료보험시장에서 우리가 완전히 건강한지는 우리 자신만 알고 있다. 이 시장에서 '레몬'은 병자들이다. 보험회사는 이들을 보험에 가입시키고 싶어 하지 않는다. 하지만 병자들은 마치 나쁜 자동차를 무조건 처분하려는 사람처럼 어떻게든 보험에 들려고 한다.

한편 건강한 사람들은 '건강하지 않은' 사람들이 흡연과 음주를 하거나, 스키를 타다가 사고를 당하거나, 매년 안경과 틀니를 바꾸거나 하기 때문에 보험료가 높아진다는 사실을 잘 알고 있다. 그래서 그들은 의료보험에 들고 싶어 하지 않는다. 그러다 보니 보험에 가입한 사람 가운데 이전보다 상대적으로 병든 사람의 비율이 더 많아진다. 그래서 보험료가 또 오르게 된다. 그렇기 때문에 또 더 많은 건강한 사람이 의료보험시장을 떠난다. 이런 과정이 계속되면 결국 건강한 사람만 보험에 가입시키려던 보험회사는 '레몬'들만 떠안게 된다. 병자들만 의료보험에 가입하게 되는 것이다.

최저가 경쟁으로
황폐화하는 시장

●●

스트레스 상태에 있는 시장에서는 전체적으로 품질이 하락하고, 저급한 상품 가치를 구별하기 어렵게 만들려고 속임수가 횡행하며, 모든 것이 불투명해진다. 마케팅과 광고는 터무니없이 과장된다. 공급자는 제품에 대한 불투명한 포장과 설명을 통해 고의적으로 고객을 헷갈리게 한다. 예를 들면 계약기간이나 국제 통화요금, 무료 휴대전화, 무료 문자 메시지, 결제 주기 등이 수도 없이 변형된, 수천 가지나 되는 이동통신 요금체계가 있다. 실제로 지급할 비용은 오직 전문가들만이 예상할 수 있다. 휴대전화 계약이나 컬러링 정기 이용 계약은 이미 정직하지 못한 중고자동차 매매 수준에까지 이르렀다. 공급자들이 우리를 고의적으로 혼란스럽게 하는 것이다.

은행 계좌 이용 조건이든 전기 사용 계약이든 대부분 마찬가지다. 몇몇 유통 체인업체에서는 잘 알려진 상품에 대해 '업계 최저 가격'이라고 광고하지만, 그들에게 납품하는 모든 상품에는 각각의 상품 고유 모델 번호가 붙어 있어 똑같은 상품일지라도 모델 번호가 다르다. 따라서 정확하게 똑같은 상품은 세상 어디에도 없으므로 철저한 비교는 불가능하다.

신발, 셔츠, 양복 등 모든 상품이 10~1000유로로까지 아주 다양한 가격대에 팔리고 있다. 이런 상품들의 진정한 가치는 무엇일까?

이제 소비자들은 정말로 분노해서 모든 것을 세세하게 살핀다. 상품을 철저하게 비교하고 그것들의 실질적인 효용이 무엇인가를 묻는다. 우리가 누리고 싶은 모든 사치품에는 혹시 사기당하는 것이 아닐까 하는 우려가 스며 있다. 처음에는 멋진 사치품을 향유하려는 욕망에서 상품을 구매하기 시작한다. 처음 우리가 지향하는 상품은 구치나 아르마니 같은 절대적인 품질을 자랑하는 회사의 상품이다. 구치는 언제나 이렇게 말한다. "저렴한 상품은 단 한 번의 즐거움을 주지만, 좋은 품질의 상품은 평생 매일 사용하면서 즐거움을 느낄 수 있다."

그러나 이제 불투명한 품질에 대해 의심받지 않는 상표는 아주 극소수에 불과하다. 거칠게 말하면, 이제는 여러 가지 형태를 띤 '아르마니와 알디'밖에 없다. 저가 할인점의 대명사인 알디에서 판매하는 제품은 사기를 당할 수 없을 정도로 가격이 매우 싸다. 아르마니 제품은 가격이 비싸기는 하지만 천국으로 들어가는 입장권같이 느껴질 정도로 아름답다. 하지만 최고와 최저 사이에서 제공되는 상품들은 정글에서와 같은 험한 상행위에 지배당하고 있다.

나는 이집트를 여행할 때면 원하는 물건을 사지 못해 종종 한숨을 내쉬곤 하는데, 좋은 품질의 상품을 찾기 어렵기 때문이다. 거기에는 오직 유치한 충동구매나 선물을 사가야 한다는 의무감을 위한 상품들밖에 없다. 그곳에 전시된 상품들엔 모두 천문학적인 이윤을 붙인 가격이 붙어 있다. 유명 관광지에서는 일반적으로 좋은 품질의 상품이 존재하지 않는다. 왜냐하면 '레몬'에 대한 두려움 탓에 좋은 물건들이 시장에서 사라지기 때문이다. 나쁜 품질에 대한 의심 속에서도 살아남을 수 있는 시장은 야외에서 펼쳐지는 벼룩시장밖에 없다. 그곳에서는 호객꾼들이 과장된 몸짓으로 손님을 부른다. 그들은 엄청난 할인율을 제시하고 그런 사실이 또 상품에 대한 의심을 더욱 증폭시킨다. 부르는 가격대로 구매하는 사람은 사기를 당하기 십상이다. 그곳 사람들은 으레 관광객이란 상품의 진정한 가치를 제대로 알지 못하는 멍청이라 생각하고 적극적으로 호객행위를 한다.

당신도 유명 관광지에서 이런 일을 겪어본 적이 있을 것이다. 하지만 이제 우리가 살아가는 지역에서도 갈수록 호객행위가 심해지고 있고, 심지어는 고객에게 물건 사기를 강요하는 판매자들도 늘어났다는 사실을 느끼고 있는가?

공급자들의 압력 아래 건전한 시장이 격렬한 특매장으로 변하고 있다. 무조건 값싼 상품을 제공해야 한다는 압력 때문에 좋은 품질은 오랫동안 유지되지 못한다. 앞에서도 언급한 것처럼 나는 이집트에서 기꺼이 많은 돈을 지출하고 싶었지만 내가 사고 싶었던 좋은 품질의 상품은 제공되지 않았다. 그리고 설사 그러한 상품이 있었다 해도 사는 걸 꺼렸을 것이다. 한 예로 사막 한가운데서 나와 아내는 매우 값비싼 보석을 사라고 권유받은 적이 있었다. 하지만 우리는 그 보석을 사지 않았다. 그 보석이 정말로 진품이었을까? 그런 곳에서는 편안함을 느낄 수가 없다.

차라리 우리는 자선바자회에 가겠다. 그곳에서도 사정은 비슷하지만 우리가 이집트에서는 지불하고 싶지 않았던 돈이 정말로 필요한 사람들을 위해 쓰일 수 있기 때문이다.

> 과거에는 좋은 품질을 가진 안정적인 시장이었으나 지금처럼 스트레스가 심한 상태에서는 혼란스럽고 변동이 심한 저질 시장으로 변화한다. 깜짝 하루 세일이나 특별 세일 등 할인판매가 활발해진다. 이 과정에서 상품의 질이나 가격을 비교하는 것은 갈수록 어려워진다. 고객들은 귀찮게 사라고 치근대는 호객꾼들과 혼란스러울 정도로 다양한 상품 및 서비스에 둘러싸인다.

결국 상품의 가치는 오로지 끈질긴 협상 혹은 흥정을 통해서만 결정된다. 구매자는 판매자가 처음에 부르는 가격이 바보들에게나 통할 정도로 말도 안 되게 높다는 사실을 안다. 이제 구매자는 오랫동안 흥정을 해야 한다. 구매자가 저렴한 공급가를 얻어내려면 엄청난 에너지를 소비해야만 한다. 다음과 같은 사례가 오늘날 대부분의 계약을 체결할 때 흔히 볼 수 있는 방식이다.

많은 공급자가 달콤한 약속과 화려한 카탈로그를 들고 구매자를 기다린다. 그러고는 협상이 진행될 때마다 모두 경쟁자보다는 싼 가격을 제시하며 구매자를 설득한다. 그러다 첫 번째 공급자가 실망하면서 돌아서고 더는 가격 인하에 대해 이야기하려 하지 않을 때에야 흥정 중인 구매자는 공급자의 마지노선이 어디인가를 알게 된다. 최종적으로 계약을 체결한 공급자도 정말로 즐거운 마음은 아니다. 씁쓸한 마음으로 돌아가 눈물과 땀으로 일하면서 약간의 수익이라도 올릴 수 있기를 작업 기간 내내 두려움에 떨면서 기도할 수밖에 없다. 그러면서 그는 체결한 계약을 이행하기 위해 주말에도 쉬지 못하고 일하게 된다.

경제적 냉전,
허비되는 에너지

갈수록 많은 시장이 특매장이 되어버리는 상황에서 우리는 무엇을 할 것인가? 시장의 몰락에 대한 원인 제공자는 다른 공급자와 고객한테서 과도한 이익을 취하려는 공급자다. 좋은 품질을 제공하는 공급자는 시장에서 점점 밀려난다. 그리고 좋은 품질의 상품을 찾는 구매자는 점점 더 그런 상품을 찾는 게 어려워진다. 구매자들은 상품을 잘못 살까 봐 불신으로 가득 차게 된다. 개인들 역시 기회주의적으로 행동하기 시작한다. 국가의 사회보장제도를 속여서 연금 수혜자가 되려고 하거나, 보험회사에 자신에게 불리한 요소를 숨기거나, 불법으로 일한 뒤에 세금을 내야 할 소득을 신고하지 않기도 한다.

그러자 경제학에서는 이처럼 불행한 상황에서 탈출할 수 있는 방법을 추천하기 시작했다.

- **시그널링**signaling(신호 보내기): 좋은 품질의 상품 공급자는 정말로 자신이 믿을 만하다는 신호를 보내야 한다. 즉 판매하는 제품의 품질 기준을 확정하는 것이다.
- **스크리닝**screening(심사): 좋은 품질을 찾는 고객 스스로 품질에 대한 충분한 지식을 얻을 수 있는 정보체계를 구축해야 한다.
- **셀프 셀렉션**self-selection(자기선택): 좋은 품질의 상품을 제공하는 공급자는 저질의 공급자가 따라올 수 없을 정도의 높은 조건을 제시해야 한다. 예를 들어 중고차에 대한 2년 보증제를 실시하는 것이다.

품질에 관한 신호는 양탄자에 찍는 도장이나 친환경농산물 인증 표시, 자동차 검사필증, 직업의 자격증 등을 말한다. 예를 들어 계란 껍데기에 찍힌 도장은 그것이 정말로 유정란이라는 사실을 증명해주는 것이다. 식료품 생산자들은 그 내용물을 표시해야 할 의무가 있다. 다이아몬드에는 보증서가 있고 금반지에는 금의 순도를 표시하는 도장이 찍혀 있다.

이러한 품질에 대한 신호를 만드는 데는 많은 비용이 들어간다. 모든 것이 일일이 검사를 거쳐야 하고 '항상적인 통제' 아래 있어야 하기 때문이다. 불행히도 얼마 지나지 않아 '범죄자'들은 저질 상품에 수상한 내용이 들어간 도장을 찍거나 신선해 보이도록 판매 직전인 계란에 닭똥을 묻히기 시작한다. 이에 고품질 상품의 공급자들은 오직 자신들에게만 허락된 진정한 도장을 보호하기 위해 법적인 조처를 취하지만 별 효과가 없다. 예를 들어 통조림 콩에 대한 공식적인 상품 분류법에 따르면 '상품' 혹은 '최상품'이라고 표기해야 하지만 저질 공급자들은 이와 유사하게 '매우 신선한' 혹은 'A급 맛' 등으로 표현하기 때문이다.

이처럼 사기꾼들은 고품질의 공급자들에 대항해 반격을 가한다. 내 말을 믿어라! 경제학 교과서 혹은 이론에는 고품질 상품의 공급자들이 시그널링을 통해서 신뢰를 다시 회복할 수 있다고만 적혀 있다.

그러나 나는 그런 생각을 비웃을 수밖에 없다. 다른 공급자들은 더 많은 시그널링을 통해서 소비자를 더욱 혼란스럽게 만들어버릴 것이기 때문이다. 너무나 많은 신호(시그널) 속에서 소비자들은 각각의 신호가 무엇을 의미하는지 또다시 알 수 없게 되는 것이다. 상품들을 비교하는 대신에 소비자들은 이제 신호를 공부해야 하는 것인가? 어떤 것이 진짜고 어떤 것이 새로운 가짜인가?

소비자들이 '스크리닝'을 할 수도 있다. 그들은 비교실험 보고서나 전문잡지 등을 살 수도 있고 인터넷에서 사용 경험담을 찾아 읽을 수도 있다. 디지털카메라를 사려는 사람은 분명 카메라 비교 테스트 결과가 담긴 만만치 않은 가격의 잡지를 서너 권 사게 된다. 당신도 그렇게 하지 않는가? 그러고는 상점을 두세 시간씩 며칠에 걸쳐 돌아다니면서 가격과 기능 등을 비교한다. 이렇게 소요되는 시간에다 금전, 즉 휘발유나 주차비 등을 합하면 총 투자액은 얼마나 될까? 내 짐작에 따르면 100유로는 족히 되지 않을까 싶다. 300유로짜리 카메라를 사면서 이런 투자가 적절한가?

내가 말하고 싶은 것은 특매장이 우리를 의도적으로 혼란스럽게 만들고 있다는 점과 양질의 상품 공급자나 그런 상품을 찾는 고객은 그 상품이 적정한 품질인가를 검사하는 데 상품을 사려고 계획했던 예산의 약 15~30퍼센트의 비용을 쓰게 된다는 점이다. 고객은 지루하고 번잡스러운 비교를 통해서 질 좋은 상품을 제공하는 여러 명의 공급자를 찾을 수 있다. 그러고는 이제 그 공급자들이 전혀 이윤을 내지 못할 정도로 서로 경쟁을 시킨다. 결국 좋은 품질의 상품을 찾는 고객이 양질의 상품 공급자들에게는 적이 되어버린다. 공급자들은 시간이 갈수록 좋은 품질의 상품을 공급하는 일이 전혀 이윤을 남기지 않는다고 느끼게 된다. 구매자들은 품질이 좋은 상품을 찾기는 하지만, 공급자가 넉넉하게 살아갈 수 있을 정도로 충분한 금액을 지급하려고 하지 않는다. 공급자들은 고객들에게 시달리면서 다음과 같이 말한다. "고객들은 너무나 많은 것을 원한다! 온종일 그들의 뻔뻔스러운 추가 요구를 들어줘야 한다. 추가 비용도 내지 않으면서 모든 것을 바꿔달라거나 집까지 배달해달라고 한다! 심지어 작은 선물까지 덤으로 달라고 한다."

악순환의 소용돌이는 계속해서 돌아간다. 마치 경찰과 범죄자의 관계 같다. 범죄자는 술책을 생각해내고 경찰은 그 뒤를 뒤뚱거리면서 쫓아간다. 해결책이라면 범죄를 그만두는 것뿐이다.

진정한 해결책이란 시장 참여자들 사이에 신뢰와 진실성을 회복하는 것이다.

그런데 시장은 시간이 흐를수록 바닥으로 타락한다. 나는 시그널링이나 스크리닝, 테스트, 전문지, 소비자보호단체 등을 위한 비용이 자신의 이익만을 생각하는 국부적 영리함에 대한 '전쟁비용'과 같다고 생각한다. 우리는 계산하고, 검사하고, 가치를 평가하고, 보고서를 작성한다. 어쩌면 지출하는 금액의 4분의 1 정도를 그런 데 허비하는지도 모른다. 그리고 마침내 얻어낸 상품에 나머지 75퍼센트를 쓴다.

자유로운 세상에서 모두가 자신의 최선을 위해 움직일 때
최선의 시스템이 생겨난다.

• 이 그림은 세계적으로 유명한 에어브러시 예술가 요에 브로커호프의 작품이다. 글은
  내가 써넣은 것이지만 그 내용은 일반적으로 인정받은 사실이다.

이것이 모든 시장 참여자의 '이기적인 경영(국부적으로 영리한 경영)'에 대한 정산표다.

당신은 냉전을 기억하는가? 그 시절에는 구소련과 미국이 서로 직접 맞대고 총을 쏘지 않으면서도 지구상의 모든 일에 개입하곤 했다.

> 일반적으로 국부적이고 이기적인 영리함은 냉전시대의 균형과 같은 경제 상황을 만들어준다. 서로 간에 적대적인 에너지가 충돌하고, 팽팽한 줄다리기를 함으로써 양쪽의 힘을 상쇄시킨다.

초식동물과 육식동물의 순환 관계를 기억하는가? 육식동물이 크게 증가하면 초식동물을 지나치게 많이 잡아먹는다. 그다음에는 육식동물과 초식동물이 똑같이 줄어든다. 미래의 언젠가는 (그 과정이 몹시 오래 걸릴 수는 있지만) 모두의 상처가 아물기 시작할 것이다. 그러나 당장은 쉬운 먹잇감이 점점 없어진다(몇 년 뒤에 사람들은 이렇게 말할 것이다. "인도인들이 이제는 우리와 똑같은 임금을 받고 일하려 하는군. 어딘가 다른 곳에서 헐값에 일해줄 사람을 구할 수는 없을까?"). 모두가 이러한 현실을 알아차리게 된다. 그들은 먹잇감을 먹어치우는 것을 멈추고 다시 새로운 무언가의 씨를 뿌리거나 창조해야 한다. 그러나 무엇을 창조한단 말인가? 이제 무언가를 싹틔워야 하는 고통스러운 과정이 시작된다. '혁신!' 모든 사람이 새로운 기적을 바란다. 경제생활에서 이러한 면은 활황과 관련이 있다. 여기에 대해서는 다음 장에서 다루기로 하겠다. 그전에 인간의 가장 혐오스러운 면을 살펴보도록 하자. 경제의 침몰뿐 아니라 인간의 침몰에 관한 이야기이기도 하다.

문제는 자본주의가 아니라
스트레스다

불황 때는 경제가 아르마니와 알디라는 양극단으로 분리되는 현상이 상품과 기업들에만 제한돼서 일어나지 않는다. 개인에게도 직접적인 영향을 미치는데, 특히 일자리에 미치는 영향이 크다. 대부분의 사람에게는 실업에 대한 두려움이 있다. 그러나 그런 것은 큰 문제가 아니다. 불황기에 시장이 겪게 되는 가장 커다란 어려움은 비용을 절감하기 위해서 직장의 고용조건이 가장 낮은 수준으로 추락한다는 점이다. 이것은 기업만의 잘못이 아니라 개개인의 잘못이기도 하다.

예를 들어 병원에 간다고 가정해보자. 한 시간 동안 의사에게 건강에 관한 조언을 받았다고 해서 그에 대한 비용으로 100~200유로를 지급할 것인가? 그렇지 않다. 대부분의 사람이 '나는 의료보험료를 과하게 내고 있으니 의사가 그 정도의 조언은 해줘야 한다'라고 생각할 것이다. 서점에서 직원이 당신이 찾는 책에 관한 조언을 해줬다고 해서 그에 대한 수고비를 지급할 것인가? 서점 직원에게 수고비를 내는 대신에 당신은 다음과 같이 생각하고 행동할 것이다. '서점은 높은 마진율을 누리고 있어. 그런데 직원이 최고라고 추천한 책이 하필이면 지금 서점에 없다니……. 내일까지 기다리라고? 허! 그럴 순 없지. 인터넷 서점에서 그 책을 주문할 거야.'

또한 은행 직원이 당신의 자산분석을 해줬다고 해서 그에게 50유로를 지급하겠는가? 아마 당신은 이렇게 생각할 것이다. '그들은 하는 일도 없이 시간을 보내는 것 같은데, 그 정도의 서비스는 조금만 신경 쓰면 해줄 수 있는 일이야. 나는 좋은 고객이거든.' 당신이라면 수십만 유로가 들어갈 컴퓨터 아키텍처computer architecture(하드웨어와 소프트웨어를 포함한 컴퓨터 시스템 전체의 설계방식-옮긴이)와 전산센터를 세우려고 할 때 그 프로젝트를 IBM에 발주하겠는가? 그렇지 않다. 대부분은 다음과 같이 행동할 것이다. '먼저 거창한 발주계획서를 발표한 뒤 모든 회사에서 잘 정리된 제안서를 받는다. 그다음 가장 잘된 제안서를 손에 쥐고 해야 할 일이 무엇인지 따져볼 것이다. 그러고는 가장 저렴한 비용을 청구하는 회사를 통해서 제안서의 내용을 실현할 것이다. 그렇게 함으로써 가장 적은 비용을 들여서 최고의 성과를 얻어낼 수 있다.'

우리는 최고급 부엌 가구 디자인 회사를 방문해서 새로운 부엌 가구 제안서를 요청하고 디자인 설계도를 그리게 한다. 그러고는 그 설계도를 들고 저렴한 가구시장으로 간다.

이런 의미에서 우리는 정직한 공급자에게는 '레몬'과 같은 고객이다. 조언 혹은 서비스를 취하고서도 그에 대한 대가를 따로 지급하지 않는다. 자신이 마치 훌륭한 잠재고객인 것처럼 그들을 속이고 그들의 믿음을 악용해서 피해를 입히는 것이다. 정당한 대가가 지급되지 않는데 좋은 품질을 제공하는 것은 현명한 사업방식이 아니다. 그렇지 않은가?

> 모든 일은 지급되는 만큼만 행해진다.

금융에 관한 조언도 돈을 지급할 때만 주어진다. 의사의 조언도 마찬가지다. 대학에서 이뤄지는 연구도 산업체에서 자금을 지급할 때만 진행된다. 모든 일이 얼마만큼 그리고 어떤 가치가 있는지 사전에 증명되어야 하는 것이다. "비행기 승객은 마치 모델과 같은 아름다운 여성 승무원에 대한 대가를 지급하는가? 그렇지 않다고? 그렇다면 그런 승무원은 이제 필요 없다." 모든 곳에 이런 사고방식이 적용된다. 앞으로는 컴퓨터가 처방하는 약이나 1년 단위로 계약이 연장되는 교사, 금융에 관한 조언을 해주는 컴퓨터 등이 생길 것이다. 그래서 우리의 노동조건은 더욱 나빠질 것이다. 돼지 사례에서 언급한 어린 암돼지처럼 우리에게도 표준 경영표에 따른 최저 대가가 지급된다. 결국 우리가 가지는 직업은 대부분 단순노동 혹은 보조직종이 되어버린다.

우리 스스로 제공받는 좋은 품질에 대해 더는 대가를 지급하지 않고, 우리가 제공하는 좋은 품질에 대해서도 대가를 지급받지 못하게 되는 것이다. 우리도 시장의 일부분이기 때문에 우리가 가진 좋은 품질은 존중받지 못하고 그것을 요구하는 곳도 없다. 그래서 저급한 일자리를 얻게 되고 임금도 하락한다. 나와 아내는 맞벌이 부부지만, 이제는 이전의 절반씩밖에 벌지 못하게 된다. "내가 직장에서 얼마나 노력하는데!"라고 불평을 늘어놓아도 "그렇게 노력하지 마. 아무도 그 노력에 대해 대가를 지급하지 않아. 그들에게 당신의 일이 대가를 지급할 만한 가치가 있다는 것을 증명해야 해"라는 답이 돌아올 뿐이다.

당장 현장에서 대가가 지급되지 않는 모든 것이 바닥으로 추락한다. 예를 들어 다음과 같은 것이다.

- 교육, 성인교육
- 출산, 양육

- 부모에 대한 보살핌(우리도 나중에는 같은 처지가 될 것이다.)

- NGO 활동

- 자원봉사

- 종교, 교회, 사회 봉사활동

- 직장 내 교육

- 기초과학 연구

- 윤리

이러한 현상과 함께 우리 자신도 동반 타락한다.

거의 모든 사람이 격조를 잃어버린다. 타락하는 것이다.

다른 한편에서는 스포츠나 기업 설립, 예능 오락, 학문, 경영 분야의 스타에 대한 기사와 보도가 한창이다. 이들 '베스트셀링bestselling' 그룹의 수입은 셀 수 없을 정도로 높이 상승하고 있다. 여기에서 새로운 부자 계층이 형성된다. 그들은 많은 사람이 돈을 지급하도록 무언가를 제공할 수 있는 사람이다. 그들은 이벤트와 특별한 것을 보여준다. 그들은 희망을 주거나 높은 투자 수익을 약속하기도 한다. 그들은 모든 것을 해체시켜서 돈이 한없이 흐르는 새로운 세상을 만들어낸다. 그들은 우리의 영웅이고 유일무이한 직업을 갖고 있다. 미국의 전설적인 소방수 레드 어데어가 그 중 한 명이다. 그는 존 레논이나 세계적인 카레이서 미하엘 슈마허와 같은 수준의 높은 금액을 요구할 수 있다.

- 아르마니 혹은 알디
- 부 혹은 빈곤
- 젊은 혹은 늙은
- 위 혹은 아래
- 정규직 직원 혹은 비정규직 직원
- 스타 혹은 '일반인'
- 고급 승용차 혹은 소형차
- 빌라 혹은 쪽방
- 그리고 (카를 마르크스의 구별에 따르면) 부르주아지 혹은 프롤레타리아계급

이처럼 중간층이 사라지고 양극의 간격은 점점 넓어진다. 우리는 중간층이 점점 더 사라져가는 모습을 보게 된다. 그리고 우리 대부분이 패배자에 속하게 된다. 노동력 제공자인 우리는 대부분 호환 가능한 동일 상품일 뿐이다.

일자리를 얻지 못하는 사람은 불안정한 상황에 빠진다. 이들이 새롭게 생겨나는 하층계급인 '프레카리아트'가 된다. 이들은 당장에 돈으로 지급될 만한 품질을 제공할 수 없는 사람이다. 이 하층계급은 경제의 호황과 불황이 갖는 모든 위험을 짊어지고 있다. 이들은 상황에 따라서 이리저리 밀려날 수 있는 대중이다. 프레카리아트는 애덤 스미스가 말하는 '굶주림 때문에 일찍 죽어가는 하층민의 아이들'과 같이 증가와 감소를 되풀이한다.

이번 장의 주제는 '스트레스가 프레카리아트를 만들어낸다'이다. 여기에서 독자들의 오해를 피하기 위해 다시 한 번 강조하고자 한다. 나는 자

본주의에 대해 비판하려는 것이 아니다. 프레카리아트가 형성되는 원인이 자본주의가 아니라 스트레스 때문이라고 주장하는 것이다.

스트레스 상태에 있는 시장은 생존투쟁을 통해서 균형으로 수렴한다. 그 균형은 적은 수의 부자와 결국에는 시장 변동의 모든 짐을 짊어지는 많은 수의 빈곤층으로 특징지어진다. 애덤 스미스는 1776년 당시 이런 상태에서 살았고 그런 균형을 좋은 것으로 봤다. 그래서 시장이 모든 것을 최선으로 조절한다고 생각했던 것이다.

그러나 완전히 자유로운 시장은 부자와 극빈자, 위와 아래, 개인 비행기를 소유한 부자와 빈민가를 만들어낸다. 그리고 고전파 경제학은 귀족층에서 탄생했다.

카를 마르크스는 부르주아지와 프롤레타리아계급을 둘러싼 문제의 원인이 자본 혹은 자본주의 사회의 체제에 있다고 봤다. 그래서 마르크스는 노동자계급의 혁명을 통해서 사회주의 혹은 공산주의, 다시 말해 경제 세계에서 다른 체계를 만들기를 원했다.

그렇지만 나는 이렇게 주장한다.

계급은 현재 어떤 세계 질서가 지배하느냐, 지향하는 바가 무엇이냐에 상관없이 스트레스 혹은 투쟁 상태에서 발생한다. 경제적으로 좋은 시기는 인간의 내면에 평화가 깃드는 때다.

실존사회주의 혹은 무늬만 사회주의(공산주의)인 체제는 모든 국가에 일당독재를 가져왔다. 지배적인 유일 정당의 대표들이 애덤 스미스 시대의 지주들처럼 모든 특권을 향유했다. 공산주의 이념은 역선택의 법칙에 따라 실패할 수밖에 없다. 즉 공산주의는 하나의 시장에서 원하지 않는 결과들을 초래할 수밖에 없는 상황을 만들어낸다. 일당독재자들의 의지 혹은 공산주의 이론이 강제하는 일들을 실행해야만 하는 스트레스를 통해서 사기나 회피, 가짜 등이 나타나는 것이다.

스트레스 상태에 처하면 사랑이나 명예, 진실, 의미, 존엄, 윤리 그리고 그 밖의 덕목이 사라진다. 비인간적인 스트레스 상태에서 인간적인 삶이란 없다. 역선택의 법칙은 '퇴출경쟁의 시장' 혹은 '스트레스 상태에 있는 세상'이 부자들 외에는 아무도 원하지 않는 상태로 수렴한다는 사실을 보여준다. 사회 구성원들의 전반적인 행복은 스트레스가 없을 때만 호기심과 개척자 정신, 기업의 자유, 교육, 문화, 공동체 정신 등을 통해 이뤄질 수 있다.

> 스트레스가 없을 때 사람들은 조직이 원하는 것보다 더 많은 웃음과 자유, 다양성, 느긋함 등을 보인다.

공산주의 국가에서는 (서방세계에서는 산업혁명 때 시작되었던) 새로운 삶의 방식에 대한 억압이 일어났다. 기본적으로 공산주의 국가는 이데올로기 때문에 전체적인 기술 순환기를 놓쳐버렸다. 그럼으로써 세계 경제에 대한 접점을 잃어버리고 결국에는 사람들이 거리로 몰려나와서 체제를 무너뜨렸다. 공산주의를 이긴 것은 자본주의가 아니다. 서방세계는 단지 오랫동안의 풍요로운 시기에 상대적으로 방해 없이 공작기계나 자동차, 트렉터 등이 주는 혜택을 누렸을 뿐이다. 우리는 거의 스트레스 없이 '모두를 위한 복지'를 누렸다.

그러나 오늘날에는 과거 공산주의에 대항해서 성공을 거뒀다는 소위 '주주 가치shareholder value'를 지향하는 '자본주의'가 스스로 가장 어두운 방식으로 우리에게 압력을 행사하기 시작한다. 그런데 그 압력의 주범은 자본주의가 아니라 막바지에 이른 '기술 시대'의 스트레스이며, 시작하는 '정보 시대'의 불확실성이 주는 스트레스다.

우리는 자신의 내면에서 스트레스의 증가와 감소를 감지한다. 그러면서도 우리가 느끼는 각각의 감정을 이데올로기로 에둘러 표현한다. 그것은 절대 우리의 합리적인 세계관이 아니다. 나는 그것을 '국면적 본능'이라 이름 붙였고, 호모이코노미쿠스라는 우리 인간에 대한 가상의 자화상에 대신하게 했다.

다음 장에서는 기술 파장을 통해 경기의 상승과 하락에 대해서 좀 더 깊이 파고들어 보겠다.

CHAPTER 3

무엇이 경기변동을 일으키는가

우리는 암울한 순환의 끝에 서서 프레카리아트가 생겨나는 단계까지 살펴봤다. 다음에는 전체적인 경기순환에 대해서 살펴볼 것이다. 요즘 경제학의 모든 분야에서는 이러한 순환을 생명주기라고 부른다.

구경제가 신경제로
이행할 때

● ●

무엇이 우리를 어두운 계곡에서 구원해줄 것인가? 현명한 왕이 와서 우리를 해방시켜줄 것인가? 아니면 어떤 성인이 나타나서 우리를 신의 곁으로 이끌어줄 것인가? 나의 아버지는 종종 머리를 흔들면서 이렇게 말씀하시곤 했다.

"전쟁이 다시 일어나야 해. 전쟁은 정화시키는 기능이 있다. 이 정화작용을 끝까지 진행시켜야만 해."

그럴 때면 나는 화가 나서 그 말에 반박하곤 했다. 그러면 아버지는 빙긋이 웃기만 했다.

오늘날의 세계는 최소한 새로운 기술을 통해서 종종 생겨나는 강력한

혁신에 의해 구원된다. "혁신이 새로운 사업 기회를 제공한다!" 특히 새로운 기업들이 환호한다. 그들은 이것을 '신경제$^{new\ economy}$'라고 부른다. 새로운 사업 기회는 자신감과 미래에 대한 확신을 준다. 그리고 신경제는 스트레스와 두려움이 줄어들 것이라는 희망을 준다. 이처럼 호황이 지속되면 한동안 모두를 위한 빵이 충분해지고 실업에 대한 두려움과 압박도 멈춘다. 동시에 임금은 다시 상승한다.

이런 흐름을 통해서 우리는 일시적으로 더 나은 세상에 대한 희망을 얻는다. 새로운 기술은 아메리카대륙을 발견했을 때처럼 새로운 세상을 열어준다.

그러나 과도기는 어렵다. 과도기에는 새로운 것이 옛것을 죽이는 일이 발생하기도 하기 때문이다. 내 아버지는 다른 의미로 정화작용에 대해서 이야기하기는 했지만 실제로 그가 말한 그대로 전쟁이 진행된다. 새로운 기술이 과거의 직업과 산업 분야, 기업 등을 파괴한다. 그리고 난 다음, 즉 생존을 위한 투쟁을 거치고 나서 주주 가치를 확보하려는 의지가 확고해진 후에야 신경제는 진정으로 승승장구하기 시작한다.

"돼지를 사육하는 축산 농가들은 오랫동안 지속된 각박한 수익률 때문에 죽을 지경이다!" 구경제는 이렇게 한탄하는 반면에 신경제는 즐거움에 겨워 "인터넷이 우리를 부른다!"라고 소리친다. 신경제는 구경제를 폄하해서 '굴뚝산업'(IT산업과 대비되는 개념으로 전통적인 제조업을 일컫는다. 이러한 산업이 그들의 영업활동을 위해서 커다란 굴뚝을 가진 데서 유래했다-옮긴이)이라고 부른다. 이러한 변화는 한쪽은 기쁘게, 다른 한쪽은 고통스럽게 한다. 휴대전화는 유선전화망을 무용지물로 만들어버려 전화국은 수십만 명의 직원을 해고하거나 '시장 상황에 적정한' 임금 인하를 해야 하는 상황에 몰리게 된다. 물론 이런 임금 삭감도 해고와 거의 비슷할 정도로 암울한 조처다. 은행들도 온라인 속으로 사라져버린다. 그러나 변화의 고통을 이겨내자마자 우리는 호황의 즐거움을 누린다. 이처럼 커다란 고통을 동반하는 매우 커다란 호황은 전반적이고 근본적인 혁신을 통해서만 일어난다.

전구와 전기, 그림과 엔진, 컴퓨터와 자동화, 인터넷과 신경영 등이 처음에는 수십 년 동안 이어온 구경제의 번영을 먼저 잠재운 후에 엄청난 격변의 시기를 맞이하게 하는 것이다.

이제 순환의 내부를 들여다보고자 한다. 우리는 암울한 순환의 끝에서서 프레카리아트가 생겨나는 단계까지 살펴봤다. 다음에는 전체적인 경기순환에 대해서 살펴볼 것이다. 요즘 경제학의 모든 분야에서는 이러한 순환을 '생명주기life cycle'라고 부른다.

기업과 상품의 라이프사이클

생명주기라는 개념은 생물학에서 왔다. 요즘은 영어를 그대로 사용해 라이프사이클이라고 이야기하곤 한다.

당신은 식물과 동물의 생명주기를 아는가? 나는 그것을 중·고등학교 시절에 배웠다. 나비의 일생이 어떤지 생각해보라. 알에서 깨어나 먹어도 먹어도 지치지 않는 애벌레가 되었다가 변태를 거쳐서 번데기가 되고 마지막에는 아름다운 나비가 된다. 개구리는 어떻게 생겨나는가? 알에서

올챙이가 나오고, 올챙이에서 아직 꼬리가 달린 어린 개구리로 변태한다. 올챙이는 물속에서 살지만 나중에 개구리가 되면 공기로 호흡하게 된다. 별들도 생명주기가 있다. 가스 덩어리에서 별이 형성되는데, 처음에는 거대한 빨간색을 띠다가 흰색으로 그리고 마지막에는 검은색이 된다. 또는 초신성으로 빛을 발산하다가 언젠가는 중성자별이 되거나 블랙홀로 일생을 마감한다.

　나비의 일생은 확실하게 정해진 과정을 거친다. 개구리도 마찬가지다. 그러나 별들은 다양하게 진화하기 때문에 좀 더 복잡하다. 그리고 또 풍뎅이 종류가 있다. 이런 종류의 애벌레들은 나무속에서 성충이 될 때까지 열악한 조건을 견디면서 오랫동안(50년까지!) 기다려야 한다. 인간도 역시 생명주기가 있는데, 명확하게 구분하는 것이 쉽지 않다. 젖먹이에서 어린 아이로 자란 다음에 소년으로, 청소년으로, 성인으로 성장하고 마침내 노인이 된다. 그렇지만 어느 때를 어디에 속한다고 정확하게 규정할 수 있을까? 각각의 경우를 보면 구분이 명확하지 않다. 반면 어떤 단계에 대해서는 법적으로 정해놓은 경우도 있다. 우리는 언제 유치원에 가고 초·중·고등학교에 가는가? 또 결혼은 언제부터 할 수 있는가?

　풍뎅이 종류나 인간의 생명주기조차도 개별적으로 차이가 나는데 이보다 훨씬 구분하기 어려운 경제의 생명주기를 알아보려고 시도하는 것은 분명 더 어려운 일이다. 같은 주기로 반복하는 경제주기란 거의 없기 때문이다. 경제 발전은 대부분 전쟁이나 거대한 투기, 신대륙의 발견(오늘날에는 가상세계의 발견), 위대한 기술 발명 등을 통해서 멈춰지기도 하고 전혀 다른 방향으로 나아가기도 한다. 내가 지금 적는 모든 것은 항상 일반적인 흐름을 전제로 하고 있음을 밝힌다. 물론 나는 사회과학의 모든

'이론'이 실제 현상의 절반 정도에만 적용할 수 있음을 알고 있다. 3분의 2 정도라면 매우 뛰어난 이론일 것이다.

먼저 경기순환의 첫 번째 현상부터 시작하겠다. 경제학자들은 수십 년 전부터 상품의 생명주기를 파악하고 있다. 이때부터 사람들은 암묵적으로 프릴이나 마기, 라이브니츠 케이크 등과 같은 상품이 오랫동안 시장에서 살아남을 것이라고 생각해왔다. 그러나 실제로 그런 경우는 매우 드물다. 확장하려 하는 기업은 계속해서 새롭고 훨씬 더 많은 상품을 시장에 내놓아야 한다. 특히 세계가 온통 희망에 차 있고 번영하던 1970년대에는 기업들이 주력 업종과는 다른 분야에까지 앞다투어 진출해 거침없이 성장을 이뤘다. 그중 몇몇 기업은 모든 분야로 나섰고 모든 가능한 시장에서 막힘없이 성장했다.

그러나 시간이 감에 따라 그런 거대 기업들은 다양한 활동 분야에 대한 전체적인 조망을 잃어버렸다. 특히 다양한 기업 분야를 서로 비교하는 것이 어려웠다. 프로이사크Preussag와 투이TUI(유럽의 철강회사였던 프로이사크는 철강업의 시장 상황이 어려워지자 관광회사로 변신하고 사명을 투이로 바꿨다-옮긴이)처럼 절반은 철을 생산하고 나머지 반은 여행업을 하는 기업의 경우는 어떻게 경영할까? 당시에는 이들 기업의 행동방식을 위험 분산을 위한 포트폴리오 구축으로 간주했다. 보스턴컨설팅그룹은 기업의 종류를 네 가지로 구분해 모든 기업에 대한 컨설팅 원칙을 세웠는데, 오늘날에는 이런 사고방식이 일반화되어 있다. 네 가지 종류란 다음과 같다.

- **푸어 독**poor dogs: 불쌍한 개란 뜻으로, 아직 혹은 더 이상 제대로 달리지 못하는 기업

- 퀘스천마크question marks: 이미 어느 정도 성장하고 있지만, 포기해야 할지 아니면 전력을 다해 투자해야 할지 결정을 내려야 하는 기업
- 스타stars: 최근의 구글이나 이베이처럼 높은 시장점유율과 성장률을 보이는 기업
- 캐시카우cash cows: 높은 시장점유율과 이윤율을 보이고 있으나 성장률은 낮은 기업

오늘날에는 이러한 분류법이 인간에게 적용되고 있다. 아직 혹은 더이상 성과를 내지 못하는 직원은 '불쌍한 개' 혹은 '저성과자low performer'라고 부른다. 내가 청소년이던 시절에는 비밀스럽게 마음속으로만 생각했던 말들을 요즘에는 당사자 앞에서도 거리낌 없이 부르는 것이다. 반면 성과를 이끌어가는 사람도 있는데, 그들은 슈팅스타shooting star라고 부른다. 또한 평균 정도의 성과를 지속적으로 내지만 획기적인 성공은 만들어내지 못하는 경험 많은 직원도 있다. 당신은 이런 분류법이 어디에 이용될지 충분히 짐작할 수 있을 것이다. 바로 직원 포트폴리오의 최적화 혹은 직원 청소에 그 목적이 있다.

하지만 이 네 가지 형태의 분류법은 정적靜的이다. 이런 분류법으로는 잘해봐야 기업의 형태를 시간의 흐름에 따라서 함축적으로만 관찰할 수 있을 뿐이다. 푸어 독은 '아이'와 '정년퇴직 직전'처럼 처음과 마지막을 의미하고, 퀘스천마크는 '많은 가능성이 열려 있는 청소년'을 의미한다고 할 수 있다. 따라서 이러한 정적인 분류법은 인간이 아닌 기업이나 상품에 적용하는 게 더 합당하다.

예를 들어 타자기의 일생은 어떻게 전개되는가? 타자기는 처음에는 서

▼ 상품의 라이프사이클

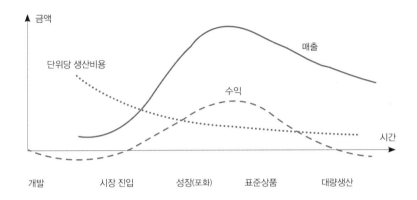

서히 만년필을 대체하면서 시장을 장악해간다. 그러다가 단 한 번에 폭발
적으로 세상을 점령해버린다. 그러고는 컴퓨터가 등장하자 사라진다. 그
렇다면 유선전화나 카메라 필름, 스쿠터의 일생은 어떠한가?

잠깐 생각해보자. 그럼 분명히 앞과 같은 그래프가 떠오를 것이다.

상품의 일생은 여러 단계로 나뉜다. 여기에서는 시기마다 시간적 간격
이 같은 것으로 표현되어 있지만 실제로는 꼭 그렇지만은 않다.

- 개발기: 상품을 개발하고 마케팅을 준비하는 시기다. 이때부터 많은 비
  용이 들어가며 개발 손실이 발생한다.
- 시장 진입기: 초창기 상품이 생산되어 소량으로 시장에 나온다. 소량으로
  생산되므로 생산비용이 비싸다. 기술적으로 아직 완전히 성숙하지 못
  했으므로 이 시기에 상품의 생존 여부가 결정된다. 이 단계에서 상품은
  '푸어 독'에서 '퀘스천마크'로 변화한다.

- **성장기**: 상품이 성공을 거둔다면 매출이 폭발적으로 증가한다. 그 상품은 곧 '스타'가 되고 생산단가가 낮아져서 수익이 발생하기 시작한다. 늦어도 이때부터는 많은 경쟁자가 추격을 시작한다. 흔히 하는 표현처럼 경쟁기업들도 파이의 일부분을 갖고 싶어 하는 것이다.
- **포화기**: 경쟁자들과 시장의 포화 때문에 상품은 이제 '캐시카우'로서 매출과 수익의 정점에 도달한다. 시장은 거의 성장하지 않으나 수익은 여전히 많다. 생산량이 많아 생산비용이 계속해서 감소하기 때문이다.
- **표준화**: 시장에서 일반적인 품질 표준이 형성된다. 상품은 이제 그 상품의 새로운 버전이 나온다 해도 소비자들이 곧바로 새로 구입하지 않는 '일반적인 상품'이 된다. 논리적으로는 새로운 버전의 상품을 좋다고 인식하지만 이러한 상품을 일상적인 것으로 인식하기 때문에 그저 당연하게 여기는 것이다. 그들은 이제 열광에 대한 대가로 추가금액을 지급하려 하지 않는다. 따라서 수익이 서서히 줄어든다.
- **대량생산**: 생산자는 대량생산을 통한 이윤 증가로 위기를 넘기려 한다. 기업들은 살아남기 위한 최소한의 규모를 확보하려고 합병한다. 많은 경쟁자가 상품의 저가 버전을 내놓고, 시장점유율을 둘러싼 치열한 전쟁이 벌어지며, 파괴적인 가격전쟁이 일어난다. 모든 공급자의 이런 행동이 손실로 이어지면서 시장의 정화작용이 일어난다.

앞의 그래프는 상품의 라이프사이클에 대한 일반적인 형태를 나타낼 뿐이다. 실제로는 많은 상품이 시장에서 실패하고, 대부분은 기술적 혹은 금융적 문제로 말미암아 개발 단계의 끝까지도 살아남지 못한다. 많은 상품(예를 들어 '녹색 페퍼민트 콜라'나 '멜리타 커피필터와 똑같은 갈색 화장지' 등)이

처음에는 날개 돋친 듯이 팔려나간다. 소비자들에게 사용해보고 싶은 마음이 들도록 자극하는 상품이기 때문이다. 그러나 곧 그들은 이런 상품에 불만을 느끼고 다른 사람들에게도 그것을 이야기한다. 그러면 그 상품은 곧바로 죽어버린다. 인간의 운명과 마찬가지로 상품에도 매우 다양한 형태의 일생이 존재한다. 앞의 그래프는 단지 기본적인 형태만을 보여줄 뿐이다.

거대한 세계 경제에서는 매일 신상품들이 도입되었다가 성공하지 못하고 시장에서 밀려난다. 이런 과정은 생동하는 경제에서 일상적으로 발생한다.

> 그러나 대단히 많은 신상품이 동시에 나타나면 어떻게 될까? 그리고 동시에 수많은 상품이 죽어버리면 어떻게 될까?

우리가 지금 경험하는 시기처럼 말이다. 현재는 이런 일들이 인터넷 혁명 때문에 생겨난다. 인터넷은 모든 것을 변화시킨다. 많은 상품이 죽음으로써 기업들은 적자에 빠지지만 완전히 새로운 상품을 개발하려면 비용이 많이 든다. 그래서 세계는 혼돈 직전까지 몰리게 된다. 시장은 불안정해지고 격변하며 모두 일자리를 잃을까 봐 두려워하게 된다. 나는 이런 현상을 거대한 기초기술혁신basisinnovation의 발생이라는 개념을 통해 자세하게 설명하려고 한다. 기초기술혁신은 커다란 경기파동을 일으킨다. 기술혁신에 근거한 경기순환이론의 선구자인 콘드라티예프와 슘페터의 많은 추종자가 그렇게 생각한다.

기초기술혁신과
콘드라티예프 파동

장기 경기파동 이론의 효시는 니콜라이 콘드라티예프다. 콘드라티예프는 1926년에 『장기 파동론』을 발표했다. 그는 다양한 경제 자료를 이용해 경기순환의 커다란 주기는 40~60년의 기간을 두고 반복된다는 사실을 보여줬다. 그의 이런 생각은 1939년 조지프 슘페터에 의해 계승 발전되었다. 슘페터는 처음으로 '콘드라티예프 순환' 그리고 '콘드라티예프 파동'이라는 개념을 사용했다. 그는 이러한 순환의 근본 원인은 새로운 기초기술혁신이며, 그것이 광범위하게 적용됨으로써 경제와 사회를 새로운 모습으로 변화시킨다고 주장했다.

현재 이 분야의 전문가들이 광범위하게 의견의 일치를 보이는 거대한 기초기술혁신들을 보면 개인적으로 몇 가지 의문이 생긴다. 왜냐하면 그들이 언급하지 않은 거대한 기초기술혁신이 있기 때문이다. 예를 들어 다이너마이트의 발명도 광범위하게 적용되어 사회에 커다란 붐을 일으키는 데 일조했다. 하지만 다이너마이트나 원자폭탄의 발명 등은 교과서에 기초기술혁신이라고 나오지 않는다. 여기에서 상품의 라이프사이클이라는 개념은 전형적인 흐름에 대한 설명은 되지만 자연과학적 의미에서 현실을 설명해주는 완벽한 개념은 아니라는 사실을 알 수 있다. 중요한 점은 종종 관찰할 수 있는 현상을 이해하고 그런 상황에서 행동할 수 있는 가능성을 알아내는 것이다.

일반적으로 세계 경제는 현재까지 다섯 번의 커다란 장기 경기파동이 있었던 것으로 본다. 이 경기파동의 연도와 그래프는 위키피디아에서 얼

▼ 콘드라티예프 파동

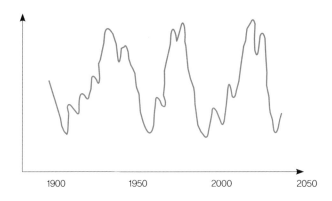

은 자료를 인용하겠다. 여기에 나오는 연도는 그대로 받아들여서는 안 되고 약간의 주의가 필요하다. 물론 학자인 나로서는 깔끔한 이론이 성립될 수 있도록 이 경기파동의 길이가 모두 똑같기를 바라지만 복합적인 문제가 원래 그러하듯 현실은 그렇지가 못하다. 어쨌든 이런 취약점은 있지만 다음의 시기들을 아는 것이 중요하다.

- 제1시기(대략 1780~1849년): 초기 기계화 시기, '증기기관 콘드라티예프'
- 제2시기(대략 1849~1890년): 제2산업혁명 시기, '기차 콘드라티예프'(베세머 강Bessemer Steel과 증기선)
- 제3시기(대략 1890~1940년): '전기공학과 중공업 콘드라티예프'(화학 포함)
- 제4시기(대략 1940~1990년): '자동화 콘드라티예프'(기초기술혁신: 집적회로, 핵에너지, 트랜지스터, 컴퓨터, 자동차)
- 제5시기(1990년~): '정보통신기술 콘드라티예프'

개략적으로 콘드라티예프 파동은 앞의 그래프와 같다(명쾌하지 못한 경계 구분 때문에 더 자세히는 가능하지 않다). 콘드라티예프 파동은 많은 상품과 서비스가 동시에 그리고 갑작스럽게 큰 폭으로 변화하거나 죽었을 때 우리가 관찰할 수 있는 효과를 정확하게 보여준다. 오늘날 우리는 이른바 정보통신 시대가 시작하는 시점에 서 있다. 컴퓨터, 특히 개인컴퓨터와 인터넷으로 모든 것이 연결된 다음에 나타난 아이팟이나 블랙베리 등 작은 기계들이 세상을 극단적으로, 그리고 강력하게 변화시키고 있다. 인터넷 때문에 바뀌거나, 더 저렴하게 생산되거나 혹은 아예 사라져버린 상품과 공정, 서비스로는 다음과 같은 것이 있다.

- 아날로그 카메라와 카메라 필름
- 통신판매
- 서점
- 모든 유통회사
- 중개업(부동산, 직업소개소)
- 정보 검색(박사논문에서 상당한 비중을 차지하는 일)
- 여행 혹은 행사의 예약
- 유선전화
- 은행 거래 방식
- 장거리 의사소통으로 가능한 모든 일은 세계 어디에서나 처리할 수 있다. 폰뱅킹 역시 그렇다.
- 보험
- 통신판매 약국

- 음악 감상
- 지불 및 인출 방식

당신은 이미 이러한 모든 사례를 알고 있을 것이다. 그런데 이런 사례 때문에 두려움에 떨어본 적은 없는가? 앞의 목록은 은행이나 보험회사, 전화 공급자, 약국, 중간상인, 도매상, 여행사 등에서 많은 부분이 사라져 버릴 수 있음을 의미한다. 그것도 너무나 갑자기 말이다. 이는 수천 가지 상품이 갑자기 거의 예상하지 못한 순간에 과거의 형태로는 더 이상 수요가 발생하지 않을 수 있다는 사실을 말해준다. 물론 공급자들에게는 엄청난 손실을 의미한다.

이와 동시에 인터넷을 통해서 완전히 새로운 상품과 서비스가 생겨나기도 했는데, 다음과 같은 것들이다.

- 온라인 경매(이것은 사람들이 어떤 것이든 버리지 않고 여러 번에 걸쳐서 다시 사용하게 된다는 것을 의미한다. 경제에는 얼마나 끔찍한 일인가. 경제성장에 굉장히 나쁜 영향을 미칠 것이다.)
- 인터넷 정보 검색(이런 검색 사이트는 광고로 유지되고, 기업들은 여기에 들이는 비용만큼 다른 데서 절약하려고 한다. 따라서 신문과 텔레비전은 어려운 시기를 맞이하게 된다.)
- 음악 다운로드

그 밖에 또 어떤 것이 있는가? 5분 동안 이 목록에 추가할 내용을 생각해보라. 더는 생각나는 것이 없는가? 혹시 새로운 사업 사례 중 이미 많은 매출을 올리는 분야가 있는가? 현재는 구글조차도 세계적인 대기업에 비하면 아주 적은 매출을 내고 있을 뿐이다.

새로운 기초기술혁신이 진행 중인 격동의 시기에는 수많은 전통적 방식의 상품과 서비스가 도태된다. 반면에 거의 모든 상품과 서비스를 인터넷 덕분에 더 싸게 생산할 수 있게 된다. 그 결과 단위당 비용이 전반적으로 하락한다. 이때부터 살인적인 경쟁이 시작된다. 단위당 생산비용의 하락에 따라 가격도 내려간다. 실업이 증가하므로 많은 사람이 현재보다 더 적은 임금을 받고 일할 준비가 되어 있다. 결국 임금이 하락하고 노동시간은 증가한다. 전반적인 위기 상황이다. 어쩔 수 없이 자금이 부족한 상태에서 새로운 상품을 개발해야만 한다. 그 결과 수많은 상품이 실패를 맛본다. 단지 자금만 잡아먹고('캐시번cash burn') 일찍 죽어버리는 것이다('닷컴 기업들의 폭락dot.com crash').

이와 동시에 이루어지는 많은 상품과 서비스의 값비싼 탄생은 훨씬 더 많은 상품이나 서비스의 죽음과 함께 발생한다. 사람들은 이러한 상황을 견뎌내는 게 쉽지 않다. 하지만 어려운 시기를 이겨낸 다음에는 수십 년 동안 이어질 긴 경제 활황이 손짓한다.

오늘날 많은 사람이 절망에 휩싸여 도대체 무엇을 통해서 활황을 이룰 것인지, 활황을 이룰 수 있는 동적 요인이 있기나 한 것인지 물어본다. 모든 것을 다 가진 상태에서 무엇을 더 생산한단 말인가? 우리는 어떤 수단을 통해 높은 임금을 계속해서 유지할 수 있는가?

인도나 브라질, 중국과 같은 나라들은 인터넷을 통해서 산업화된 경제 지역들과의 연결점을 찾았다. 과거에 이런 나라들은 먼 나라일 뿐 아니라 사람들도 한 나라 안의 교역과 교역량에 대해서만 이야기했다. 그러나 오늘날 우리는 인터넷을 통해서 전혀 다른 개념의 국가에서 일하고 있다. 국가들 간의 관계는 이전보다 훨씬 더 밀접해졌다. 이제 국가 간의 생활 수준도 서로 비슷해질 것이다. 우리가 이런 신흥 산업국가에서 고속도로나 주택, 자동차를 만든다고 상상해보라. 얼마나 커다란 경제성장이 우리에게 손짓하는지 보이는가? 이것이 앞의 질문에 대한 나의 대답이다.

경제 불황기에는 모든 것이 변화한다. 많은 것이 사라지고 새로 생겨난다. 얼마간의 시간이 지나고 나면 사람들은 불황에서 탈출할 수 있는 길을 발견하게 된다. 그때 사람들은 다시 흥겨운 에너지로 일을 시작할 것이다. 새로운 호황이 온 것이다.

이 장에서 명확하게 설명하고 싶은 것은 경제의 커다란 격변기는 기업들의 일상적인 탄생과 죽음에 의해서가 아니라 갑작스럽고도 동시다발적으로 발생하는 커다란 탄생과 죽음 때문에 도래한다는 것이다. 평소보다 몇 배나 불안정하고 고통스러운 시기가 15~20년 정도 지속된다. 이는 하나의 새로운 세대가 자라나고 우리 삶에 새로운 세계관이 들어서는데 충분한 시간이다. 그러나 다음 호황이 시작되면 모든 것이 변화한다. 학자들은 다음 호황이 어떤 내용일까를 연구하는 대신 수십 년 뒤를 바라보고 있다. 학자들은 벌써 다음 기초기술혁신이 무엇이 될 것인가에 대해서 논의한다. 즉 인터넷 다음에 무엇이 올 것인가?

수많은 사람이 이 질문에 대한 답을 찾고자 싸우고 있다. 다음 '콘드라티예프'가 무엇일까에 대한 정답을 찾는 싸움이다. 다음에 올 거대한 기초기술혁신은 독자들도 충분히 생각해낼 수 있을 것이다. 생명공학과 나노기술! 미래학자인 레오 네피오도프는 '사회심리학적 건강' 분야일 것이라고 믿는다. 그렇다면 얼마나 좋겠는가!

오늘날 우리는 거의 모든 것을 누리고 있지만, 나는 얼마 지나지 않은 미래에 비싼 자동차 말고도 성형과 관리를 통해 일반적으로 아름다운 육체를 누릴 수 있는 시기가 올 것이라고 상상한다. 아름다운 사람은 자동적으로 부와 우아함을 상징하므로 이것이야말로 거대한 사업이 될 것이다. 우리 모두 평생 아름다운 외모를 위해서 돈을 쓰게 될 것이다. 그리고 앞으로는 많은 돈이 들어갈 못생긴 아이가 태어날 것에 대비해 보험을 들게 될지도 모른다. 따라서 아름다운 외모를 가진 아이를 입양하는 게 일상화될 것이다. 이 말에 어쩌면 소름끼쳐 할 사람도 있을지 모르지만 이런 사업형태야말로 커다란 매출을 보장하고 최고의 교육을 받은 수많은 엘리트를 필요로 한다. 많은 사람이 아름다운 외모가 모든 문제를 해결할 수 있다고 믿는다(초기에는 부분적으로 맞을지도 모르나 나중에는 모두가 아름다워지지 않겠는가). 이런 상상은 엄청난 활황을 일으킬 것이다.

경기순환의
7단계

이제 2개의 연속적인 기초기술혁신이 전체 경제에 어떤 소용돌이를 가져오는가에 대한 전형적인 모델을 소개하겠다.

다음 그래프에 나오는 전형적인 흐름은 다음의 7단계를 거친다.

- **첫 번째 성장 시기 혹은 '구' 기초기술혁신:** 경제는 활황을 맞고 사람들이 시도하는 거의 모든 사업이 성공을 거둔다. 많은 신생 기업도 성공한다. 학

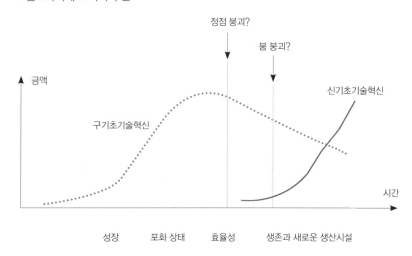

▼ 콘드라티예프 시기 구분

정점 붕괴?

붐 붕괴?

금액

구기초기술혁신

신기초기술혁신

시간

성장 　 포화 상태 　 효율성 　 생존과 새로운 생산시설

자들은 벌써 다음에 올 기초기술혁신에 대해서 생각하기 시작한다. 그러나 전반적인 성장세 속에서 현재 사업이 잘되고 있으므로 무언가를 새롭게 시작하려는 동기는 매우 약하다.

• 포화 상태: 성장률은 완만해지지만 단위당 생산비용은 여전히 하락하고 있다. 회사들은 계속해서 많은 직원을 채용한다. 완전고용이 실현된다. 과소비를 경고하는 목소리는 무시된다. 대부분의 기업과 노동자는 완전히 낙관적이 되어서 영원히 성장이 끝나지 않을 것이라고 믿는다. 그동안에 다음 콘드라티예프를 일으킬 분야에 대한 연구가 상당히 진척되어 있다. 성장률이 완만해지기 때문에 학자들은 새로운 기초기술에 더욱 강한 관심을 두게 된다. 하지만 경제적으로 보면 아직 이런 사실은 전혀 의미 없는 수준에 불과하다.

• 정점에서의 주가 폭락?: 호황이 끝나감에 따라 성장률은 우려를 자아낼 정

도로 감소한다. 예를 들어 몇 년이 지나면 훨씬 더 좋은 성능의 제품이 나오므로 반드시 새로 구입해야 했던 텔레비전이나 세탁기, 자동차 등의 기능을 이제는 더 바랄 게 없다. 몇 년을 주기로 같은 제품을 새로 구입해야만 하는 진정한 욕구가 더는 발생하지 않게 되는 것이다. 우리는 이제 새로운 제품을 더 오랜 기간을 두고 구입한다. 세탁기와 자동차도 이제는 더 오래 사용할 수 있다(차체에 녹이 스는 것은 과거에 있었던 아름다운 추억일 뿐이다). 이제 사회 전반적으로 두려움을 느끼게 된다. 기업들은 하나의 도전 앞에 서 있음을 느낀다. 이 모든 것이 사람들에게 갑자기 명확해져서 극적인 공포의 순간으로 나타난다(주식시장에서의 '검은 월요일').

- **생산기술에서의 효율성과 집중**: 기업들은 지금까지 제품들을 지속적으로 개선해왔다. 그러나 이제는 더 크게 개선시킬 만한 여지가 없다. 기업들은 더 개선된 제품과 더 높은 매출에 대한 믿음을 바탕으로 많은 사람, 특히 연구개발자와 전문가들을 고용했다. 이제 기업들이 방향을 바꾼다. 즉 제품 자체를 개선하는 게 아니라 생산기술을 개선시킨다. 그 결과 비용이 절감됨으로써 제품들을 더욱 저렴하게 생산하고 이윤을 증가시킨다.

- **효율, 대량생산, 공급자들의 시장을 둘러싼 전쟁**: 저렴하게 생산된 제품은 공급자들의 가격을 내리게 한다. 따라서 수익은 빠르게 줄어들고 매출도 하락한다. 기업들은 서로 싸우기 시작하며, 잔인하고 극단적인 방법으로 생산비용을 절감한다. 직원들을 해고하기 시작하는 것이다. 이제 무엇을 할 것인가? 사람들은 어떻게 돈을 벌 것인가? 신기술의 선구자들이 점점 경제의 주목을 받기 시작한다. 신기술을 적용할 수 있을까? 신기술을

118

이용해 비용을 더욱 절감할 수 있을까? 아니면 기존 제품에 활기를 불어넣을 수 있을까? 신기술이 확실하게 활기를 띠며 서서히 학문의 영역에서 경제의 영역으로 나오기는 했지만 아직은 코웃음을 칠 만한 버전이다. 경영자들은 여전히 기존 제품을 살리는 데 관심을 집중한다.

- **과도기에서의 주가 폭락?:** 구경제는 구조조정을 하고, 합병하고, 생산 능력을 줄인다. 여기에 새로운 경제 사이클의 전위대가 나타난다. 예를 들어 인터넷 기업 같은 것이다. 경제는 마치 지푸라기를 잡는 심정으로 이 새로운 기술을 받아들인다. 그러고는 열광적으로 신기술에 투자한다. 그러나 모든 것에 시간이 필요하다는 사실을 아직 이해하지 못한다. 콘드라티예프 파동은 수십 년마다 나타나기 때문에 이것을 진정으로 이해하는 사람은 거의 없다. 아무도 그에 대한 경험이 없기 때문이다. 그래서 전반적인 과열이 거품이 되고 그 결과 주식시장의 붕괴가 일어나기도 한다.
- **생존투쟁과 새로운 활황에 대비한 급격한 설비투자:** 구경제는 이제 죽음을 눈앞에 두고 있다. 마지막 힘을 짜내서 죽음과 투쟁하면서 인간이나 윤리, 문화에 대한 어떠한 배려도 하지 않는다. 옛것들은 패배자가 될 수밖에 없다는 두려움과 혼돈을 느끼기도 한다. 이제 신경제는 비전에만 머물러 있지 않는다. 다음 기초기술혁신을 바탕으로 한 신생 기업들이 우후죽순처럼 생겨난다. 이들 기업은 여전히 옛것들이 몰락해가는 가운데 다시 낙관적인 전망을 만들어내기도 하지만, 아직은 구경제가 잃어버리는 것을 상쇄시킬 만큼 많은 매출을 올리지는 못한다. 하지만 사람들은 다시 희망을 본다. 아직 모든 것이 축소되고 있지만 기업들은 미래에 투자를 한다. 그럼으로써 새로운 활황이 시작된다.

지금까지 활황과 불황의 객관적인 흐름에 관해서 설명했다. 이런 사실은 대부분의 경영학 교과서에서도 읽을 수 있다. 그러나 이 책에서는 각각의 시기마다 우리가 어떤 생각을 하는가에 대해서 함께 느끼고자 한다. 이러한 사이클의 단계마다 변화하는 인간의 세계관을 살펴보려는 것이다.

CHAPTER 4

경기에 따라
몸과 마음이 변한다

기분이 올라가고 가라앉는 것은 육체의 상태를 반영한다. 우리는 스트레스와 긴장 이완 상태를 알고 있다. 뇌는 높은 파장에서는 이마에 주름살이 잡히게 하고 낮은 파장에서는 명상 때와 같은 고요한 상태를 유지하게 한다. 이번 장에서는 호황과 불황이 우리 육체에 어떤 영향을 미치는지 이해하기 위해 생리학의 세계를 살펴볼 것이다.

●● 　　　　활황 시기에는 모두 즐거운 기분이기 때문에 서로 다투지 않는다. 활황은 새로 발견된 아메리카대륙에 자리를 잡는 것과 같다. 모두를 위해 충분한 땅이 있다. 모든 것이 성장하고 번창한다. 우리가 천국에 있다고 믿는다. 그리고 강력한 베이비붐 현상이 생겨난다. 그러다가 어느 순간 우리의 영역이 좁아지는 것을 느낀다. 갑자기 다른 사람들이 우리 땅으로 들어온다. 이때가 분위기가 역전되는 시기다.

"환영합니다!"

우리는 오랫동안 누구에게나 이렇게 소리쳐 왔다. 노동력이 부족하고 일자리는 넘치게 많았기 때문이다. 그러나 관계가 역전된다. 이제 우리는 분노하고 흥분한 목소리로 이렇게 소리친다.

"그만! 이제 나가줘!"

호황 때는 모든 사람이 여유가 있으며 거의 확실한 성공을 즐거워하면서 긍정적인 에너지로 충만해 있다.
불황 때는 스트레스를 받으며 위협적인 파멸에 맞서려는 분노의 에너지가 넘친다.

육식동물과 초식동물 사이의 전개 과정을 기억하는가? 호황기에 우리는 소비자로서 배가 부르다. 우리는 상품들을 먹이로써 소비한다. 그러다 어느 순간부터 여유가 없어지기 시작한다. 한동안 우리 능력을 넘어선 과소비를 하고 앞으로 성장할 양보다 더 많은 양을 먹어치워 버렸기 때문이다. 그러고는 불황이 시작된다.

이런 사이클의 다양한 시기마다 우리는 각각 다르게 생각한다. 사이클의 단계마다 다른 세계관이 형성되는 것이다. 이런 사실에 대해서는 특별한 장에서 다시 이야기하기로 하고, 우선 우리의 세계관 형성에 영향을 미치는 육체적 작용에 관해서 설명하겠다. 따라서 이제부터 다룰 주제는 지금까지의 내용과 다소 동떨어진 느낌을 줄 것이다. 그렇더라도 지금부터 몇 페이지에 걸쳐 호황과 불황이 우리 육체에 어떤 영향을 미치는지 이해하기 위해 생리학의 세계를 살펴볼 것이다.

우리 몸속에는 안정, 스트레스, 투쟁, 행복감, 즐거움 등을 유발하는 물질이 있다. 이러한 물질들은 경제 상황에 따라서 많아지기도 하고, 우리가 논리적이라고 착각하는 사고방식에 영향을 미치기도 한다. 당신은 스스로 논리적이라고 생각하겠지만 사실은 그렇지 않다. 체내 물질의 변화에 따라서 우리는 다른 사람이 되고, 그에 따라서 다른 가치체계와 사고

체계를 갖게 된다. 그 차이는 지킬 박사와 하이드만큼이나 크다. 나는 앞에서 이미 우리가 2개의 인간 버전으로 나뉠 수 있는가를 물어봤다. 지킬과 하이드. 어쩌면 호모이코노미쿠스와 애니멀 이코노미쿠스? 이런 개념이 받아들이기 어려운가? 그렇더라도 지금 여기에서 그 사실을 받아들이는 것이 좋다. 어차피 다음 장에서는 이 분류방식을 받아들이게 될 것이기 때문이다.

기분이 올라가고 가라앉는 것은 육체의 상태를 반영한다. 우리는 스트레스와 긴장 이완 상태를 알고 있다. 뇌는 높은 파장에서는 이마에 주름살이 잡히게 하고 낮은 파장에서는 명상 때와 같은 고요한 상태를 유지하게 한다. 우리 육체는 아드레날린이라는 호르몬이 분비되면 기분이 고조되고 엔도르핀이 분비되면 행복감을 느낀다. 그래서 일할 때도 '정해진 시간에 정확하게' 끝내려고 매우 진지한 자세로 임하거나 혹은 시계도 보지 않고 즐거움에 겨워서 일하기도 한다. 일을 대하는 이런 태도가 직장 분위기를 지배한다면 그것은 우리의 세계관에도 영향을 미친다.

호황기의 긍정적 자극이
불황기에는 스트레스로

●●

"노동은 즐거워도 되는가?" 이 질문은 매우 중요하다.

"얘야, IBM에서 네가 즐거우라고 그렇게 많은 돈을 주는 게 아니란다. 일은 생활을 하려고 하는 거야."

어머니가 내게 이렇게 이야기할 때면 나는 "어머니, 일이 재미없으면

난 아주 적은 성과밖에 내지 못해요. 일은 재미있어야만 해요"라고 대답하곤 했다.

나중에 살펴보겠지만 이 두 가지 의견 사이에는 깊은 철학적 차이와 우리의 정신을 가르는 세계관의 차이가 있다. 그러나 어떤 특정 그룹에 속하는 사람들 사이에서는 이러한 차이에 대해 토론하는 게 어렵다. 두 가지 의견이 서로 타협할 수 없을 정도로 차이가 난다는 사실은 무시하더라도 자신의 일에 대해서 잘 이해하지 못하거나 과도한 부담을 지게 되면 일을 하는 데 즐거움을 느낄 수가 없다. 그래서 '과도한 부담을 지는', 즉 압박을 받는 사람들은 분명 이런 주제에 관해서는 깊이 생각하려고 하지 않을 것이다. 특히 '과도한 부담을 지는' 경영자는 더욱 그러하리라. 경영자들은 대개 이렇게 이야기한다.

"많은 종류의 노동이 그야말로 짜증나고 재미를 느낄 수 없는 일이다. 단순노동 혹은 청소부! 그러나 그런 일들도 행해져야만 한다. 우리는 사람들이 그런 일을 하도록 강제하는 수밖에 없다. 아무도 자발적으로는 그런 일을 하지 않을 것이기 때문이다."

내가 자랐던 농촌의 시골생활이 생각난다. 학창시절 나는 용돈을 벌기 위해 부슬비가 내리는 날씨에 두꺼운 외투를 입고서 땀을 흘리며 사탕무 수확하는 일을 해야 했다. 어린아이에게는 정말로 힘든 일이었다. 그렇지만 그 일은 내게 회의실에 앉아 있는 것보다 훨씬 더 즐거웠다. 그리고 택시 기사 중에서도 자신이 얼마나 그 직업을 좋아하는지에 대해서 이야기하는 사람이 많다("나는 자유로우며 내가 원하는 시간에 커피를 마실 수 있다. 당신처럼 넥타이를 매지 않아도 된다"). 정육 코너에서 고기를 파는 판매원도 이렇게 말한다. "진열대 뒤에서 나는 자유롭다. 여기는 내 영역이기 때문

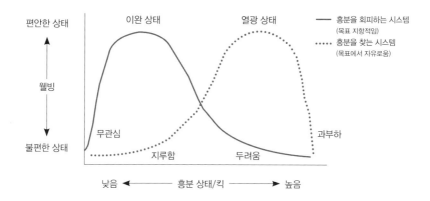

이다."

그러나 이 복잡한 문제에 관해서 장황하게 찬반 의견을 소개할 생각은 없다. 직접적으로 구체적인 내용을 설명하겠다.

1982년에 나온 마이클 앱터Michael J. Apter의 『전환이론Reversal Theory』은 흥분 상태가 이리저리 바뀌는 사람들의 '감정 상태'에 관해서 연구한 책이다. 나는 그 중심 논리를 앞의 그래프로 표현했다. 그래프의 곡선은 노동하면서 사람들이 느끼는 '긍정적인 흥분' 정도와 편안한 느낌 정도의 관계를 나타낸다. 영어로는 '각성arousal'이라고 하는데, 일반적으로 사용할 때는 성적 흥분을 뜻하는 단어다. 그러나 심리학에서는 '흥분' 자체를 의미한다. 흥분이라는 단어 자체도 부정적인 의미로 사용될 수 있으므로 '킥kick(쾌락·흥분)'이라는 단어를 덧붙였다. 이처럼 여기에서 흥분이란 일할 때 긍정적인 에너지로 나타나는 고귀한 느낌을 말하는 것으로, 스트레스를 의미하는 게 아니다. 다시 한 번 강조하지만, 스트레스가 아니다.

먼저 '좌측으로 솟아오른' 곡선(다음부터는 좌측 곡선이라고 한다)은 일을 할 때 아주 낮은 흥분 상태에서 상승한다. 그러고는 편안한 느낌이 급격하게 증가한다. 자극이 거의 없을 때만 무관심하게 앉아 있을 뿐 약간의 자극만 주어지면 벌써 최적의 상태에서 일한다. 전형적인 모범생은 많은 '흥분'이 필요하지 않다. 이런 사람은 그저 느슨한 자극만 있으면 된다. 하지만 그 자극이 계속 증가하면 금세 참을 수 없는 긴장 상태가 된다. 여기서 자극이 더 커지면 불편함을 느끼고 두려운 마음을 갖는다. 그런 스트레스 상태에서는 이성적으로 일할 수 없기 때문이다.

'우측으로 솟아오른' 곡선(다음부터는 우측 곡선이라고 한다)을 보자. 이런 상태의 사람들은 흥분이 적으면 죽을 만큼 일이 지루하다. 흥분 상태가 상당히 높아진 다음에야 일이 재미있어져 자신의 능력을 충분히 발휘하게 된다. 이들은 요구사항이 극단적으로 높을 때 과부하가 걸린 느낌을 받는다.

이러한 두 가지 상태는 같은 사람에게 다른 시간대에 모두 나타나기도 한다. 그러나 대부분의 사람은 둘 중 어느 한쪽의 성향을 보인다. 어떤 사람은 적은 스트레스를 원하고 또 어떤 사람은 높은 자극을 원하는 것이다.

좌측 곡선은 자신의 일을 집중해서 끝까지 완수하려는 '조용하고 이성적인' 사람에게 해당된다. 이런 사람에게는 일을 끝마치는 것이 중요하므로 일이 완료되면 즐거움을 느낀다. "나는 내 작업을 단계별로 나눠서 하나하나 끝마치고 싶다. 작업이 중단되거나 방해받으면 화가 난다. 내가 정한 순서대로 일을 처리하고 싶다."

우측 곡선은 일을 하는 데 일정하게 긍정적인 흥분이 필요한 사람에게 해당된다. 이런 사람은 높은 자극이 있을 때만 즐겁게 일한다. 일을 하면서 즐거움을 느끼려는 사람이다. 그들은 대개 이렇게 말한다. "나는 재미가 필요하다. 그리고 꼭 해야 할 일이 있을 때 일을 더 잘한다. 그리고 빈둥거리거나 수다 떨기, 관료주의를 증오한다. 황홀경에 빠져서 일할 때면 거침없이 해낸다. 그때는 집에도 일찍 가지 않는다."

앱터는 이처럼 편안함을 느끼는 상태에 대해서 연구한 후 이를 '텔릭 형태telic states'와 '패러텔릭 형태paratelic states'로 구분했다. 여기에서 텔릭은 '목표 지향적인' 사람, 패러텔릭은 '현 상태를 즐기는' 사람을 의미한다.

- **텔릭 형태**: 외부에서 주어진 목표를 따른다. 목표 달성이 일의 중심에 있다. 그 목표가 달성되고 작업이 끝까지 이뤄져야 하는 것이다. 그러기 위해서 계획을 세우고, 계획대로 끝난 작업에 즐거움을 느낀다. 일이 완성되는 기간을 위험하게 하는 어떤 스트레스도 싫어하며 '이성적'으로 일하고 싶어 한다.
- **패러텔릭 형태**: 스스로 정한 목표를 지향하고 그것을 하나의 도전이라고 생각한다. "그것이 불가능해 보이더라도 나는 해내고 말 것이다. 그것이야말로 자극이 된다. 나는 그런 일을 목표로 정한다." 이때 작업의 과정이 마음에 들어야 한다. 이들에게 '이성적으로' 일하는 것은 본질적인 문제가 아니다.

각각의 상태를 적절하게 표현해주는 단어로는 어떤 것이 있을까?

- **텔릭**: 공무원, 교사, 경영자, 행정, 관리, 설문지, 단계적, 체계적, 성과 측

정, 직장 상사, 보상

- 패러텔릭: 장인, 기업가, 개척자, 설립자, 권투선수, 택시 기사, 배우, 예술가, 외과의사, 파일럿, 영업사원, 시도, 느낌, 챔피언십, 자부심, 자유, 자기 결정

목표 지향적인 사람은 의무를 다하려는 의지에 따라 행동하고, 그 반대인 사람은 스스로 의미가 있다고 생각하는 것에 자신을 바치려 한다. 이 두 가지는 완전히 다른 감정 혹은 본성이다.

칸트도 그의 저서에서 일할 때의 의무와 지향점에 대해 논했다. 그는 의무가 우선시되어야 한다고 결론을 내리며, 의무와 지향점이 일치되기를 원했다. 하지만 이것은 어떻게든 해답을 얻으려고 하는 철학자가 내놓은 어중간한 해결책이다. 그래서 이 두 성향이 일치하지 않을 경우에는 기꺼이 의무를 먼저 하도록 노력해야 한다는 것이 그의 주장이다. 칸트는 그래야 인생을 가장 잘 사는 것이라고 생각했다. 사실 각자의 '지향점'을 느낄 수 있도록 사람들에게 일을 분배하는 것은 오늘날에도 흔하지는 않다. 왜냐하면 대부분의 경영자가 목표 지향적인 '텔릭' 형태의 사람이기 때문이다. 여기에 속하는 사람은 '패러텔릭' 형 인간을 이해하지 못한다. 따라서 '패러텔릭' 형 인간에게는 항상 칸트의 사상을 배우도록 강요된다.

여기서 칸트는 정말 좋지 않은 일을 하고 말았다. 그렇지 않은가? 교사도 대부분은 '텔릭' 형 인간이다. 그래서 그들은 모든 '패러텔릭' 형 학생에게 교과과정에 들어 있는 온갖 재미없는 것을 가르치려 한다. 목표가 있으므로 그렇게 해야만 하는 것이다. '패러텔릭' 형 학생은 의무를 따르

도록 노력해야 한다. 그러지 않으면 과잉행동장애라고 낙인찍혀 졸지에 병자가 되고 만다. 그래서 '패러텔릭' 형 학생은 대부분 성적이 좋지 않거나 심지어 학교를 마치지 못하기도 한다.

그런데 이처럼 서로 다른 '태도' 혹은 '행동 형태'가 경제적 상황과 밀접한 관계가 있다는 사실을 알고 있는가? 경기가 좋아지면 일할 때의 즐거움이 우리에게 더 많은 영향을 준다. 모두 일을 하다가 자유롭게 그만둘 수 있다. 그래서 활황기에는 동기와 영감을 주는 작업조건에 더 많은 관심을 기울인다.

> 활황기에는 의무를 일과 일치시키는 것, 지향하는 바를 일과 조화시키는 것이 쉽다.

그러나 불황기에는 일하는 데 과부하가 걸리고 최소한의 목표를 힘들게 달성하게 된다. 직장 상사는 이렇게 이야기할 것이다. "당신들의 의무를 다하란 말이오!" 또한 교사들은 학생들에게 보충 수업을 강제하고 부모들은 그런 자녀들에게 화를 낸다.

> 불황기에는 의무감이 스트레스를 강화시킨다. 이런 현상은 경기 하강을 멈추게 하기보다 더욱 촉진시킨다.

스트레스는 효율을
극대화시키는가

●●

아드레날린은 작업능률을 '짜내기' 위한 약물과 같다. 경영층은 어려운 시기에는 직원들의 능률을 '짜낸다'. 이번 절에서는 직원들을 쥐어짜내기 위한 보조 약물로 흥분보다는 스트레스를 만들어내는 것이 더 간편하다는 사실을 보여줄 것이다. 대부분의 경제적 세계관이 약물에 취한 상태에서 아드레날린이 넘쳐나는 뇌의 조종을 받는 사람들에 의해 영향을 받는다. 뇌에서 직접 생산되지는 않지만 전달물질로서 활동하는 생화학적 물질과 노동이 어떤 상관관계가 있는지 살펴보자.

- **엔도르핀**: '행복'한 느낌을 전달하거나 고통을 잠재운다.
- **아드레날린**: 스트레스를 유발해 최후의 역량을 이끌어낸다.
- **노르아드레날린**: 강력한 에너지와 같은 역할을 한다("나는 지금 그것을 해내고야 말겠다!").
- **세로토닌**: 리듬을 조율한다("저녁에는 휴식을, 아침에는 활력을!").
- **도파민**: '행복중추' 역할을 한다.

원래 노동은 엔도르핀과 노르아드레날린에 의해서 조절되고, 세로토닌에 의해서는 규칙적인 흐름이 조율된다. 앱터는 편안함을 느끼는 에너지 단위가 다양하다고 주장한다. 여기에 스트레스는 포함되지 않는다. 위기 혹은 강제적인 상황에 의해서 느껴진 스트레스는 아드레날린을 활성화하고 육체에 있는 잠재력을 이끌어낸다. 종종 직원들의 육체에서 잠재력을 이끌어내는 것이 유일한 목표인 경영층도 있다. 그러나 아드레날린이 일으키는 부작용 또한 엄청나게 크다.

먼저 엔도르핀에 대해서 알아보자. 이 물질은 두 가지 작용을 하는데, 행복한 감정을 전달하거나 불행 때문에 느끼는 고통을 마비시킨다. 극단적인 두 사례를 들자면 엔도르핀은 사랑에 빠졌을 때 분비되기도 하고, 심한 부상을 입었을 때 분비돼 통증을 느끼지 않게 해주기도 한다.

이에 반해 아드레날린은 갑작스럽게 위험에 처했을 때 사람들이 보이는 반응처럼 행동하게 해준다. 즉 육체의 모든 기능이 작동할 준비가 되어 있는 상태로 대기하게 된다. 그래서 감각이 매우 예민하고 날카로워진다. 혈압도 상승하고 전투 모드로 돌입한다. 아드레날린은 스트레스 상태에 있는 것처럼 육체에 있는 잠재력을 깨워서 위기 상황에서 단기간의 성공을 거두도록 돕는다. 원래 스트레스는 지속적인 상태에 있도록 설계 되어 있지 않다. 그래서 아드레날린은 짧은 순간의 성공을 위해서 육체적 자원들을 불사르고 몸 안에서 비교적 빠르게 다시 해소된다(몇 분 정도). 이 상태가 지속되려면 아드레날린이 계속 새로 분비되어야 한다.

한편 세로토닌은 생물학적 시계 역할을 하면서 합리적인 일상의 흐름을 이어갈 수 있도록 제어해준다. 낮에는 육체가 더 많은 활동을 하도록 조절해서 더 많은 에너지를 소비하게 한다. 밤에는 에너지를 줄여서 육체가 안정적으로 이완되고 잠을 자게 한다. 세로토닌은 매일 유사한 물질인 멜라토닌으로 바뀌고 이것이 다시 세로토닌으로 돌아온다. 이런 변화의 주기는 원칙적으로 약 25시간이며 하루의 리듬과 거의 일치한다. 이렇게 변화하는 동안에 체온이 1도 정도 변화한다. 즉 낮에는 활동적이 되어 약간 높은 체온을 유지하고, 잠잘 때는 다시 체온이 내려간다. 우리

몸은 밤에는 전투 호르몬인 코르티솔을 적게 분비하므로 배고픔도 잦아 들고, 이리저리 돌아다니려 하지 않으며, 싸울 의욕도 떨어진다. 이러한 느낌은 아침이 되어서야 다시 활성화되므로 아침을 먹고 싶어지거나 조 깅을 하고 싶은 의욕이 생긴다. 그러다 다시 밤이 되어 모든 것이 조용해 지면 깊은 잠에 빠져들고 여러 번의 꿈을 꾸면서 몸이 회복할 시간을 갖 는다.

그런데 스트레스가 주어지면 생체시계가 제대로 작동하지 않는다. 낮 에 많은 투쟁을 하거나 밤늦게까지 경영회의에 참석했다면 스트레스를 받은 채로 집에 돌아오게 된다. 체온은 여전히 높고 아드레날린과 코르티 솔 수치도 높다. 당연히 편안하게 잠을 잘 수가 없고 몸의 회복 기능이 제 대로 작동하지 않는다. 그래서 다음과 같은 말들을 하는 것이다. "나는 제 대로 쉴 수가 없다." "나는 여러 문제를 생각하느라 잠을 이룰 수가 없다." "직장 상사와의 갈등이 머리에서 떠나질 않는다." "잠이 들기를 간절히 원 하지만, 머리가 너무나 맑아서 잠을 잘 수가 없다."

내 경우에도 직업상 강의를 하는 일이 잦다. 종종 저녁식사 전이나 도 중에 강의를 해야 하는 경우도 있는데, 그러면 새벽 2시까지 잠을 이룰 수가 없다. 이처럼 스트레스 상태에서 세로토닌을 통한 육체의 조율은 상 대적으로 쉽게 작동을 멈추고 만다. 생체시계는 매우 불안정해서 약간이 라도 맞지 않는 점이 있으면 다른 육체의 기능과 비교할 때 가장 먼저 고 장이 나는 것이다.

다음으로 노르아드레날린은 육체에서 에너지 수준을 적절하게 조율해 주는 일을 한다. 육체의 에너지 분배가 잘못되어 있으면 탈진하거나 피 곤하고, 몸이 축 처진 것처럼 느끼게 된다. 무기력하다는 느낌을 받는 것이다. '나는 어떤 일을 시작하고 싶은 생각이 전혀 없어.' 휴양지에서 아이들과 박물관에 가거나 피라미드를 구경 갔을 때의 기억을 떠올려보라. "아빠, 언제 끝나요? 아빠, 마실 것은 어디 있어요? 아빠, 저는 여기에 앉아서 기다릴게요. 이제 보고 싶지 않아요. 너무 재미가 없어요. 여기에서 무엇을 하자는 건지 모르겠어요. 여기에는 오래된 돌들밖에 없잖아요. 그리고 이것들은 이미 텔레비전에서 봤다고요." 이처럼 온종일 질문을 쏟아내는 아이를 상대하다 보면 결국 지쳐서 아무것도 하기 싫어진다.

마지막으로 도파민은 행복한 감정을 다스리는 엔도르핀의 생산과 밀접한 관계가 있다. 도파민은 육체의 행복중추를 다스리는 역할을 한다. 우리는 스트레스 상태에서는 행복을 느낄 수 없다. "나는 지금 농담을 받아들일 기분이 아니야. 지금 신경이 날카로우니까 조심하라고!"

스트레스 상태에서 우리는 육체적인 균형을 잃어버린다. 침착성을 잃고, 잠을 자지 못하고, 육체적 회복이 더디고, 즐거움은 적고, 분노는 많고, 에너지는 적다. 스트레스 수준이 더 높아지면 에너지가 고갈된 느낌을 받고 얼마 지나지 않아 스스로 쓸모없는 존재라 느끼게 된다. 이때는 외부 세계에 대한 관심을 잃어버리고 모든 것이 무의미해진다. 여기서 한단계 더 나아가면 고통이 찾아온다. 어깨가 뻐근하고, 가슴이 답답하고, 머리가 아파온다. 그러면 우리는 이렇게 이야기한다. "사는 게 재미가 없어." 나 없이도 세상은 잘 돌아가는 것 같고 독립적으로는 내 인생에 어떤 영향력도 미칠 수 없을 것처럼 느껴진다. 우울증이 독약처럼 우리 내면에 스며든다. 여기에 두려움이 함께 올 수도 있고 심장마비를 일으킬 수도 있다. 대부분의 사람은 공포를 느끼게 되고, 위장도 편안하지 않아서 소화기능이 제멋대로 작동한다.

이제 아드레날린은 단기적인 자극이고 노르아드레날린은 에너지의 보물창고라는 차이점이 명확해졌기를 바란다. 원래 우리는 일하면서 에너지를 얻고 약간이라도 행복감을 느낄 때만 편안함을 느낄 수 있다. 그러나 스트레스 상태에서는 두 가지 다 얻을 수 없다.

> 스트레스를 해소하는 대신, 우리는 약물을 통해서 몸에 에너지를 주는 것 같은 거짓 신호를 보낸다.

우리 육체는 다양한 조치를 통해서 스트레스가 약화되는 듯한 느낌을 얻을 수 있다. 그러나 이런 조치 중 어느 것도 생체시계를 다시 작동시키거나 육체를 진정으로 회복시키지 못한다. 단지 스트레스가 약화되는 느낌만 받을 뿐이다. 내적인 '화학적' 균형은 깨진 채로 남아 있고, 정신은 황폐해진다. 일시적으로만 우리가 원하는 정신적 평화와 비슷한 상태를 느끼게 된다. 거칠게 비유하자면 진통제를 삼켜도 통증의 원인을 치료하는 데는 전혀 도움이 되지 못하는 것처럼 우리는 몸 안에 거짓 상태를 조작해낸다. 약물은 과도한 스트레스를 받은 사람을 다시 작동할 수 있는 상태로 만들어주는 것이다.

"픽 미 업Pick me up! 나에게 다시 활기를 달라!"

완전히 소진된 육체임에도 감성 상태를 향상시키는 전형적인 '픽 미 업' 조치는 다음과 같다.

• **잠들기 전에 마시는 술**: 술은 고장 난 생체시계를 당장에는 교정해준다. 취

하면 마치 기분이 이완된 것처럼 느껴진다.

- **흡연과 커피 마시기**: 잠에서 깨기 위한 커피, 일할 때 마시는 커피, 회의 때 졸지 않기 위한 커피 등. 여기에 콜라나 드링크제가 추가된다.

- **마약류**

- **당분 섭취**: 꿀, 포도당, 물엿, 사카린 등. 초콜릿은 사람을 행복하게 한다.

- **불안할 때마다 냉장고로 가서 무엇이든 찾아 먹기**

- **쇼핑중독**

- **쾌감 찾기**: 모터사이클 경주, 행글라이더 타기, 낙하산 타기, 쾌감을 느낄 때까지 달리기

- **오랫동안 텔레비전 보기**

- **어쩌면 가장 중요한 '약물'**: 더 많은 아드레날린을 분비시키기 위한 자기 동기부여, 일중독은 지속적으로 아드레날린을 생성하고 여기에 행복감을 느끼며 살아가게 한다.

많은 사람이 장기적으로 자신을 중독시키면서 살아간다. 그들은 일하면서 피우는 담배, 회의 때 마시는 커피, 잠자기 전 마시는 술 등과 같이 뇌에서 일과 약물을 뗄 수 없는 상태로 연결시킨다. 몸에서 분비되는 아드레날린이 사라지지 못하게 하려는 것이다. 자신을 자동화시키는 데 성공한 사람은 장기적인 스트레스를 느끼지 못하게 된다. 대신 자신을 중독시키는 사람은 종종 불균형 상태를 느낀다. 그래서 지속적인 건강상의 결핍을 언제나 '픽 미 업 약물'로 채워줘야 한다.

이로써 독자들은 생화학에 대한 지식을 어느 정도 얻었을 것이다. 그렇다면 이제 노동이 즐거워야 하는지 혹은 즐거워도 되는지에 대한 앞의

질문이 완전히 새로운 차원으로 받아들여질 것이다.

약물에 의해 기능을 유지하는 사람이 의미가 충만한 노동에서 자연적으로 풍부하게 나타나는 에너지를 가진 사람보다 더 많은 성과를 낼 수 있을까? 이는 경제적 의미에서 매우 진지한 질문이다. 답은 쉽지 않다. 다음과 같은 두 가지 중요한 관점이 있기 때문이다.

- 약물과 스트레스는 쉽게 이용할 수 있다. 경영자는 기본적으로 높은 목표치를 설정해주고서 사무실에 커피가 충분한가를 살핀다. 노동조건을 만드는 데 인간에 대한 배려는 필요 없다. 노동에 대한 대가만이 있을 뿐이다.
- 진정한 에너지, 다시 말해서 일에 대한 몰두와 열정이 있을 때 일반적으로 최대 성과가 난다. 이러한 상태는 부하직원에 대한 매우 수준 높은 지도능력과 직원들의 정신·노동 조건에 대한 세심한 배려를 요구한다.

최고의 능률을 요구하는 작업에서는 진정으로 인간을 위하는 태도가 필요할 것이다. 이것은 당연한 이야기다. "그를 조용히 일하게 놔두라. 성격이 약간 까칠하기는 하지만, 그는 천재적인 사람이다." 하지만 단순작업에서나 그저 그런 관리자들은 첫 번째 모델을 선호한다. 간혹 두 번째 모델을 선택한 회사도 있기는 하지만, 그런 곳은 훌륭한 지도자가 있는 경우다. 도요타의 카이젠改善(도요타의 다이치 오노 회장이 창안한 경영전략으로 개선·개량을 위해 항시적인 변화를 추구하는 것)을 예로 들 수 있다. 도요타는 50년 전부터 끊임없이 모든 경쟁자보다 뛰어난 모습을 보이고 있다. 그리고 많은 회사에서 시도해보았지만, 도요타의 방식은 복제하는 게 어렵다고 한다. 왜 그런지 아는가? 도요타는 '낭비와 과부하 없는 지속적인 개선과 직원들을 대하는 진정성'을 끊임없이 추구하기 때문이다. 이것이 바로 카이젠 정신이다.

도요타의 카이젠은 긍정적인 에너지를 가진 직원이 더 많은 이윤을 가져다준다는 사실을 경제 통계로 증명하고 있다. 그러나 스트레스 상태에 놓인 사람들은 이러한 사실을 잊어버리는 것 같다. 도요타는 스트레스를 준다고 모방할 수 있는 회사가 아니다. 오직 직원들의 열정으로만 따라할 수 있다. 이러한 장벽이 도요타를 거의 무적으로 만든 것이다.

이런 생각을 좀 더 확장해보자. 당신의 뇌가 얼마나 합리적이지 못한지 아는가? 경제 사상에 대한 당신의 기본 관점은 당신이 받는 스트레스 정도 그리고 경제적 상황과 어느 정도 관련이 있다. 당신도 대부분의 사람과 마찬가지로 "불경기에 사람들이 과도한 스트레스를 받게 되는 현실은 일반적인 현상이다"라고 말할 가능성이 높다. 그러나 도요타는 현재 상황이 가장 좋지 않은 사업 분야인 자동차를 생산하면서도 스트레스 때문에 몰락하는 대신 성장하고 있다.

생화학에 대해서는 여기서 끝내고, 이제 의학에서 보는 인간에 대해 살펴보도록 하자.

아드레날린 중독자가
일하는 방식

지금은 고전이 된 『심장병과 유형A 행태 고치기』에서 저자인 마이어 프리드먼과 레이 로젠먼은 심장발작의 원인이 되는 요소를 연구했다. 그들은 사람을 스트레스 위험이 있는 A유형과 여유가 있는 B유형으로 구분한다.

A유형	B유형
• 야심이 강하고 능력을 중시함	• 신분 상승에 대해 크게 생각지 않음
• 매우 공격적임	• 사람들을 '편안하게' 대함
• 작업을 빠르게 처리함	• 시간적 압박에 시달리지 않음
• 참을성이 없음	• 거의 초조해하지 않음
• 휴식을 취할 줄 모름	• 친구나 취미를 위해서 시간을 할애함
• '과도하게' 예민함	• 쉽게 흥분하지 않음
• 긴장되어 있고, 압박을 느낌	• 지속적으로 일함
• 격렬하게 말함	• 대화와 움직임이 비교적 여유 있음

나는 이러한 현상을 다음과 같이 해석한다. A유형은 더 많은 아드레날린이 분비되거나 일할 때 극적인 흥분이 필요한 사람이고, B유형은 건강한 노르아드레날린 조절을 통한 에너지가 있어서 과도한 흥분 상태가 필요하지 않은 사람이다.

저명한 심리학자인 D. A. 커닝엄D. A. Cunningham은 A유형에 대해 이렇게 썼다. "A유형이 인격장애가 있다는 의미는 아니다. 오히려 사회적으로 용인될 수 있는 강박 증상 정도로 이해된다." 그래서 나는 미국심리학회에서 출간한『정신장애 진단 및 통계편람 제4판DSM-Ⅳ: Diagnostic and Statistical Manual of Mental Disorders』에 A유형이 질병 혹은 인격장애로 나와 있는지 찾아

봤다. 현재 제5판까지 나온 이 책은 정신장애에 대한 '공식적인' 진단 기준을 제공해준다. 심리학에서는 어떤 사람이 정상적으로 행동하지 않을 때 장애가 있다고 본다. 예를 들면 거식증이나 우울증 같은 증상이다. 심리학에서는 이런 비정상적인 행동을 일단은 '이탈'로, 그다음 단계에서는 '질병'으로 본다. 모든 사람이 같은 병을 갖고 있다면 그들은 모두 건강한 것일까? 모든 사람이 죄를 짓는다면 그들 모두 천당에 가야 하는 것일까? 어쨌든 A유형은 지속적으로 기분을 상승시켜서 아드레날린을 소모하는 중독에 걸린 사람이지만 '용인'될 수 있다고 한다. 즉 이런 사람들은 미친 사람처럼 일하지만 미치지는 않았다는 의미다.

A유형에게는 다음과 같은 경향이 있다.

- 과도한 공격성
- 지속적인 압박감
- 목표를 초과달성하려는 경향
- '다상성 행동polyphasic behavior'과 충동성

과도한 공격성 • A유형은 기본적으로 두려움을 느끼며 자신이 있는 위치에서 압력에 시달리고 있다. 즉 실패하거나 목표를 달성하지 못할 것에 대한 두려움이다. 이런 두려움이 강화된 공격성으로 표출된다. A유형은 불확실성이라는 모든 신호나 두려움에 대해 성과를 내려는 의지와 행동, 행동계획, 도전정신 등으로 반응한다. 이런 현상은 A유형의 사람에게 항상 전투태세에 있다고 느끼게 하거나 혹은 전쟁 중에 있다고 느끼게 한다. 따라서 어떤 대가를 치르고서라도 다른 사람을 이기려 하다 보니 효

율성에 대한 감각을 잃어버린다.

지속적인 압박감・ A유형은 자신이 할 수 있다고 생각하는 모든 일을 하려고 하기 때문에 늘 시간이 부족하다. 그는 너무나 많은 과제를 떠안는 경향이 있다. 그리고 주어진 시간 안에 더 많은 일을 처리하려고 노력한다. 그러기 위해 항상 시간 계획을 세우고 데드라인과 명확한 목표를 설정한다. 또한 더 빠르게 더 많은 일을 해내려는 목표를 달성하고자 스스로 지켜야 할 규칙과 표준을 정한다.

목표를 초과달성하려는 경향・ A유형은 갈수록 더 많은 것을 이루려고 한다. 이러한 항시적인 욕구 때문에 무언가를 이루고 난 다음에 얻는 즐거움을 잃어버린다. 그는 단지 자신에게 "좋아"라고 짧게 이야기할 뿐이다. 자신이 만든 목표 리스트에 목표를 완수했다는 하나의 체크 표시만을 추가하고 "좋아, 다음!"이라고 이야기한다. A유형은 훈장, 표창, 승진, 고급 와인, 가구, 애완견, 더 큰 집과 자동차 또는 대중매체에 실린 자신에 관한 기사의 빈도수나 철인삼종경기에서 이뤄낸 순위 등과 같이 신분을 나타낼 수 있는 것을 모두 모은다. 그에게 중요한 가치는 수치화할 수 있는 것, 즉 실제로 잴 수 있어야 하는 것이다. 따라서 삶의 질이나 즐거움, 아름다움 등과 같은 것은 그가 추구하는 대상이 아니다. A유형은 "그런 것은 손에 잡힐 만큼 구체적이지가 않다"라고 말한다.

다상성 행동과 충동성・ 충동적인 사람은 모든 것을 고려하지 않고 무언가에 뛰어드는 사람이다. 이런 사람은 무슨 일이든 즉시 시작하려는 욕구가 있다. 그래서 중요한 것을 간과할 위험이 있다. 성급함 때문에 남의 말을 귀 기울여 듣지 않는다. 당연히 위험에 대한 경고나 반대 의견도 듣지 않는다. 이런 사람들은 사용설명서를 보기도 전에 미리 작업을 하기 시작한다. A유형은 다상적으로 작업을 한다. 많은 작업을 동시에 진행하는 것이다. 결과적으로 그들은 (거의 의도적으로) 산만하고 여러 가지 일을 동시에 비효율적으로 수행한다. 그러면서도 많은 것을 한 번에 해냈다는 사실을 자랑스러워한다.

스트레스에 중독된 사람은 마치 기적을 완성해야 한다는 사명감에 사로잡힌 듯 쉼 없이 책임감을 느낀다. 그는 성전을 치르는 전사처럼 내면적으로 고통받는다. 자신이 할 수 있는 것보다 두 배나 되는 일을 해내려고 한다. 또한 이런 목표를 해내지 못하면서도 쉬지 않고 완수하려고 노력한다. 그리고 경쟁이 되는 개인 혹은 회사를 상대로 내면에서 성전을 벌인다. 그는 많은 일을 동시에 해결하려 하므로 산만할 뿐 아니라 다른 생각을 하는 것처럼 보인다. 너무나 바쁘기 때문에 다른 사람의 말을 듣지 않는 것처럼 보이기도 한다. 만약 그에게 무언가를 요청하려면 상황의 엄중함을 설명하고 데드라인을 정해주는 것이 가장 좋은 방법이다.

A유형의 증상은 사실 ADHD(주의력결핍/과잉행동장애)의 증상과 똑같다. 어쩌면 A유형은 교육된 혹은 강제된 일중독을 통해 만들어진 ADHD 환자일 수 있다.

사람의 생애주기와
뇌파의 변화

『토포테지Topothesie』란 책에서 나는 '여유로운 사람'과 '스트레스를 받는 사람'이 상이한 뇌파를 갖고 있다는 사실을 연구의 출발점으로 삼았다. 우리 뇌는 스트레스 상태에서는 거의 두 배에 가까운 파장을 보인다. 우리 몸의 '긍정적' 에너지와 '부정적' 에너지가 보여주는 차이가 얼마나 큰지를 알려주는 것이다.

스트레스를 받은 뇌는 마치 병든 사람의 뇌와 같다. 그렇기 때문에 이런 상태에 오랫동안 고착된 사람은 정신적으로 그리고 육체적으로 소진되어버린다. 이런 사실이 아직까지 실감나지 않는다면 지금부터라도 마음의 준비를 하기 바란다. 먼저 우리의 뇌를 살펴보자.

뇌의 파장을 측정하는 하나의 방법으로 뇌파검사가 있다. 이것은 우리 뇌 중에서도 특히 즉흥적으로 흐르거나 실험자극에 의해서 발생하는 대뇌피질의 전기적 반응을 측정한다. 이때 특정한 파장이 기록되는데, 이 파장을 그래프로 나타낸 것을 뇌파도EEG: electroencephalogram라고 한다. 뇌파도는 뇌의 활동에 따른 파장의 범위에 따라서 이름이 다르게 붙여진다.

- **델타파**: 0~3파/초
- **세타파**: 4~7파/초
- **알파파**: 8~13파/초
- **베타파**: 14~30파/초

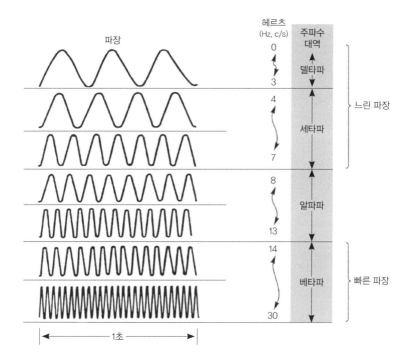

우리는 EEG를 통해 간질이나 뇌종양 등 뇌질환을 진단할 수 있다. 그리고 정상적인 사람의 뇌도 관찰할 수 있는데, 정상적인 사람들 사이에서도 완전히 다른 EEG가 있다. 의학자들은 이것을 다양한 '정상적 변형 normal variant'이라고 이야기한다. 그래서 '알파-정상적 변형' 혹은 '베타-정상적 변형'이라고 부르기도 한다.

앞에서 언급한 과도한 공격성은 심리학에서 나온 개념인 반면, 다음에 나오는 내용은 의학과 관련된 것이다. 나중에 이 두 분야를 하나로 연결할 텐데 당신은 이 부분을 읽으면서 고주파를 보이는 사람은 A유형에, 저주파를 보이는 사람은 B유형에 속한다는 사실을 알 수 있을 것이다. 의학과 심리학은 항상 똑같은 문제를 중심으로 맴돌고 있다. 즉 긍정적·부정적 에너지에 관한 문제다. 또한 철학에서는 '물질을 향한 천박한 집착이나 노력' 혹은 '선한 것을 위한 고요하고 현명한 미덕'에 관해 논한다. 이처럼 모든 분야가 한 가지 현상을 각기 다른 관점에서 바라보고 있을 뿐이다.

의학이 뇌파를 통해서 바라보는 관점은 다음과 같다. 우리가 외부에 집중해 세상에서 일어나는 일들을 정확하게 바라보고자 하면 우리 뇌에서는 베타파가 지배적이 된다. 그러면 각성도^{Vigilance}(평균적인 심리적 각성 상태)가 높아지면서 외부에서 들어오는 신호의 의미를 처리하고, 그 의미를 검토해서 논리적으로 분석한다. 일반적으로 뇌 활동에서 베타파가 활발해지면 아드레날린 분비가 증가한다. 뇌는 외부에 주의를 집중시켜야 한다는 스트레스를 받게 되고 초조한 모습을 보이며 두려움을 느끼거나 종종 분노를 느끼기도 한다. 보통의 건강한 사람들을 연구한 결과 베타파가 지배적인 뇌는 자주 나타나는 정상적 변형임이 밝혀졌다.

반면 알파파에서 보이는 긴 파장은 육체적 그리고 정신적으로 긴장이 이완된 상태를 나타낸다. 예를 들어 눈을 감거나 서서히 잠이 들 때 뇌는 알파파가 지배적인 상태가 된다. 이때 우리는 내면의 고요함과 편안함을 느끼고 커다란 안정감 속에서 자유롭게 생각이 흘러가며, 육체와 정신이 일체가 된 느낌을 받는다. 완전히 고요하고 이완된 상태가 되는 것이다. 알파파 상태, 즉 알파파 활동이 왕성해지면 사물을 여유롭게 받아들일 능력이 생기고, 많은 것을 느끼며, 직관적·창의적으로 사고하고, 왕성한 상상력을 갖게 된다. 또한 앞으로 기대하는 바에 대해 긍정적인 생각을 하게 된다. 베타파 상태에서는 아드레날린의 분비가 활성화되는 것에 비해서 알파파 상태에서는 종종 '행복'을 느끼는 기능을 하는 엔도르핀이나 세로토닌의 분비가 증가한다.

세타파는 일반적으로 건강한 사람한테서는 잠자면서 꿈을 꿀 때만 나타난다. 어떤 사람은 명상, 최면 상태 혹은 자신의 정신을 침잠시켜서 세타파를 만들어낼 수 있다. 이 상태에서는 창의력과 상상력이 극단적으로 상승하므로 사람들은 선명한 상상과 영감을 얻게 된다. 이런 현상은 비범한 아이디어와 문제 해결책으로 발전한다. 이 상태에서 우리는 무의식의 일부분과 일체가 된다. 무당이 보여주는 무아지경 상태도 이런 순간이 아닐까? 대부분의 사람은 깨어 있는 상태에서는 절대로 세타파 상태에 도달하지 못한다.

델타파 상태는 오직 깊은 잠을 자는 상태에서만 도달할 수 있다. 불교의 스님들이 참선을 하면서 삼매에 들었을 때 극락의 공空을 느끼는 상태도 델타파 상태가 아닐까 추측된다.

그렇다면 인간의 '자연스러운 뇌파'는 어떤 것일까? 이 질문의 답을 찾다가 삶의 단계에 따라 변화하는 전형적인 뇌파를 구분해놓은 자료를 발견했는데, 이를 정리하면 다음과 같다.

- 5세까지의 아이에게는 베타파가 거의 보이지 않는다.
- 유아(18개월까지)는 서서히 진폭이 높아지는 경향을 보이는 델타파 상태가 주를 이룬다.
- 소아(18개월에서 5세까지)는 세타파가 지배적이다.
- 5세부터 15세까지의 소년에게는 알파파가 지배적이고 세타파의 비중은

서서히 줄어든다.

- 베타파는 성장하면서 서서히 증가한다. 높은 베타파 비중을 보이는 '정상적인 성인의 EEG'는 14~20세 사이에 처음으로 나타난다.
- 노인이 되면 뇌파가 다시 고요해지고 알파파 영역으로 되돌아간다.

이 구분의 핵심은 사람들이 나이가 들어가면서 뇌의 주파수가 증가한다는 것이다. 나이가 들어갈수록 스트레스가 증가하다가 노인이 되어가

▼ 삶의 단계에 따라 변화하는 뇌파

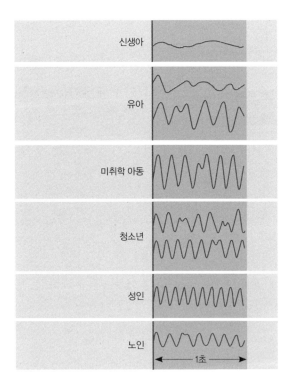

면서 다시 감소한다는 뜻이다. 나는 이 현상을 보고 서구 사회의 문화가 베타파를 요구하고 있다고 해석했다. 직장이 있는 사람들의 스트레스 수준은 인위적으로 상향조정되고 있다. 그러다 퇴직하고 나면 마침내 행복한 뇌를 가질 수 있는 것이다. 물론 스스로 긴장을 풀 수 있어야 하겠지만 말이다. 많은 사람이 매일 경험하던 아드레날린의 효과가 사라져버리면 거의 죽어가는 것이 사실이다("나는 완전히 쓸모없는 사람이 돼버렸어!").

이렇게 보면 자녀 교육이나 직원 관리라는 것이 오직 사람들을 '어린

▼ 알파파와 베타파

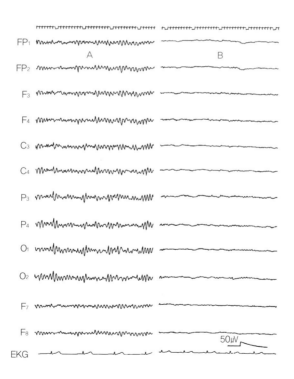

아이와 같은' 감성 상태로부터 떼어내 버리는 일인 것 같다. 그리고 우리는 그런 감성 상태를 잃어버린 다음, 나중에 힘겹게 다시 그 상태로 돌아가려고 한다.

앞의 두 그래프는 두 가지 종류의 EEG 피드백을 보여준다. 그래프에서 A와 B를 볼 수 있다. 왼쪽은 전형적인 알파파다. 높게 진동하는 장파(낮은 주파수 높은 진폭)이다. 오른쪽은 전형적인 베타파이다(높은 주파수와 낮은 진폭).

그렇다면 긴장이 이완된 뇌는 경제에 대해서 어떤 생각을 할까? 스트레스를 받는 뇌는 또 어떤 생각을 할까? 사람들의 뇌는 두 경우마다 다른 형태의 생각을 한다! 이것이 이 책의 주제다.

이 장에서 독자들의 이해를 돕고자 다른 분야의 학문을 탐색해보았는데, 다음 장부터는 다시 본래의 주제로 돌아가서 이야기할 것이다.

CHAPTER 5

경기에 따라
경제적 관점이 변한다

호황 때는 그리고 혼란한 시기에는 어떤 사상이 지배할까? 사람들은 왜 경제적 관점을 바꾸고, 또 어떻게 바뀌는 걸까? 어떤 사람이 부자가 되고 또 어떤 사람이 가난하게 되는 걸까? 이 장에서는 순환 단계마다 우리의 관점이 이리저리 변화하는 모습을 살펴본다.

●● 　　　지금부터는 일을 하는 사람들의 노동과 경제에 대한 생각
이 각자가 처한 형편에 따라 어떻게 다른지에 관해 살펴볼 것이다. 호황
때는 그리고 혼란한 시기에는 어떤 사상이 지배할까? 사람들은 왜 경제
적 관점을 바꾸고, 또 어떻게 바뀌는 걸까? 어떤 사람이 부자가 되고 또
어떤 사람이 가난하게 되는 걸까?

커다란 경기파동이 진행되는 동안 앞에서 살펴본 7단계의 시기가 나
타나고 그때마다 경제적 관점과 세계관이 바뀌게 된다. 이제 이 책의 핵
심 주제에 도달했다. 이 장에서는 순환 단계마다 우리의 관점이 이리저리
변화하는 모습을 살펴보겠다. 그리고 다음 장에서는 일상적인 가치관의
변화에 대해 구체적으로 알아보도록 하겠다.

먼저 시기마다 사람들이 처해 있는 상황에 적응하는 특정한 관점에 대
해서 알아보자. 그렇다고 해서 어떤 특정한 시기에 다른 관점이 전혀 없

다는 뜻은 아니다. 언제나 모든 관점이 존재하게 마련이다. 그러나 각각의 상황에 오직 하나의 관점이 거의 도그마처럼 지배적으로 존재하며 그 시기의 흐름을 결정한다(예를 들어 2007년경에는 주주 가치와 효율성이 강조되었고 그다음 시기에는 혁신이 강조됐다).

먼저 미리 방향을 알 수 있도록 7단계의 시기마다 나타나는 특징을 간단하게 요약해보겠다.

1. 성장: 프로테스탄트 노동윤리, 건설 분위기, '텔릭', 노르아드레날린을 통한 에너지 조율, 행복한 미래에 대한 기대감에 따른 건강한 긴장감, 경쟁, 자산 형성, 주택 마련에 대한 경미한 우려, '수공업자의 자긍심', 최고를 향한 노력

2. 포화 상태: '수공업자는 예술가라는 자신감'으로 충만함, 정교한 사치품에 대한 애착, 일반적으로 만족스러워하는 분위기, 더 높은 욕구에 대한 충족의 시작, 일할 때의 에너지 소모와 스트레스 감소, '알파파'와 '엔도르핀'의 증가와 '패러텔릭'한 행동, 끝없이 확대되는 사회보장제도, 대학·예술·연극 등에 대한 투자 증가, 이상향에 대한 호감 증가, 모든 사람을 위한 복지정책, 완전고용에 따른 높은 임금 요구, 가난한 나라에서의 노동력 유입, 노동시간 감소, 휴가기간 증가, 사치재 종류의 폭발적 증가, 선지자들의 경고

3. 주가 폭락: 호화스러운 생활 중의 경악, 재앙의 징후(의무로 돌아가라!)

4. 노동의 효용에 대한 관심증가-효율성과 표준화에 대한 집중: 의무, 세세함, 집중하는 작업 자세 등 근본적인 태도에 대한 재조명, 작업 성과의 측정과 비교, 과거에 있었던 낭비 배격, 비용 절감을 위한 기계 도입으로 노동력

대체 증가, 여전히 알파파가 지배적이지만 변화 때문에 스트레스가 증가함, 목표 지향적 행동으로의 회귀('텔릭'), 미래에 대한 두려움, 현재 상황을 유지하기 위한 노력

5. 노동비용에 대한 관심 증가능률과 성과 측정에 대한 집중: 직원들에게 더 많은 성과를 요구함, 급격하게 커지는 스트레스와 내일에 대한 불확실한 전망, '베타파' 즉 노르아드레날린 대신 아드레날린 증가, 장기적인 목표가 점점 더 중심이 됨, 격화되는 경쟁, 무자비한 비용 절감, 대량해고와 직장 폐쇄, 국가는 사회적 비참함 때문에 갈수록 속수무책이 됨.

6. (경우에 따라) 주가 폭락: 신기술의 등장으로 짧은 희망이 타오름, 그러나 결국 실패하고 절대적인 스트레스뿐 아니라 아드레날린과 유사한 엔도르핀이 증가함.

7. 노동의 이윤(또는 생존)에 대한 관심 증가-이윤 증가에 대한 집중: 이윤만을 생각하는 기업으로 재조직됨, 수익성이 없으면 아웃소싱, "이윤을 내지 못하면 떠나라!", 모든 제품의 국제적 표준화, 자원 약탈, 사회적 약자에 대한 공개적 비난과 방치, 사회유기체설 성행

1단계, 혁신이 뿌리내리는 성장기, 그리고 호황

경제는 새로운 기초기술혁신이 아직 완전하게 뿌리내리지 못했을 때까지만 호황 상태를 유지한다. 예를 들어 자동차는 수십 년 동안 지속적으로 더 실용적이고, 더 빠르고, 더 편안하게 만들어져왔다. 그래서 결국에

는 어느 때나 작동하고, 차체도 녹슬지 않고, 최종적으로 완벽하게 우리한테 맞도록 만들어졌다. 고속도로도 서서히 확장돼 간다. 우리는 이제 언제 어디서나 자동차를 이용할 수 있다. 그에 따라 여행의 중심이 형성되고, 법적으로 모든 신축 건물은 주차장을 함께 지어야 한다. 자동차뿐 아니라 모든 경제 분야가 성장한다.

농부들은 트랙터와 비싼 농기구를 구입함으로써 농업 경제 자체적으로 대부분의 일자리가 감소한다. 농업은 과거의 사이클에 속한다. 그리고 현재는 대량생산 체계 중에서 가장 낮은 수익률을 내는 분야가 되어버렸다. 그러나 정부는 이 죽어가는 산업에 대규모 자금을 투여한다.

컴퓨터는 자동차보다 더 급격하게 발전한다. 너무나 빠르게 발전해서 요즘 가장 좋은 프로그램을 사용하려면 2년마다 컴퓨터를 새로 장만해야 할 정도다. 콘드라티예프 파동을 이끌어가는 제품이 완전히 성숙하려면 아주 긴 시간이 걸린다. 모든 욕구를 충족시킬 정도로 완벽한 제품을 만들어낼 수 있는 성숙된 기술이 경제 호황의 함정이 된다. 구매자들은 수년 동안 커다란 기대를 품은 채 제품 진열대를 바라보면서 제품을 사고 싶어 한다. 모든 것이 갈수록 더 좋아지고 있기 때문이다.

콘드라티예프 파동에서 호황은 기술혁신의 태동기에서 시작해 궁극적으로는 완벽한 제품으로 가는 여행과도 같다. 계속해서 원래의 기초기술혁신을 둘러싼 새로운 '경제 분야'가 만들어지는 시기이기도 하다.

현재 우리가 사용하는 컴퓨터와 자동차에는 수백만 종류의 아이디어가 들어 있다. 호황기에는 이런 아이디어 중 하나를 갖고 독립한 수없이 많은 작은 기업이 발전을 이끌어간다. 셀 수 없이 많은 자동차 부품업체가 생겨나고 모든 가정에서 자동차 기술의 부산물인 기름보일러를 사용하고 싶어 한다. 이 시기에 기업들은 경쟁자가 없는 것이나 마찬가지인데, 이는 경제 자체가 성장하기 때문이다. 수요가 공급보다 크고, 노동자 공급 시장은 서서히 말라간다. 완전고용이 이뤄지는 것이다. 채워질 수 있는 것보다 훨씬 더 많은 일자리가 갑작스럽게 '나타났기' 때문이다. 앞에서 살펴본 육식동물과 초식동물의 관계를 생각해보라. 첫 번째 단계에서는 초식동물의 수가 갑작스럽게 늘어난다. 육식동물은 먹고 싶은 만큼 잡아먹을 수 있어 서로 먹이를 빼앗지 않는다. 자신의 영역을 방어하거나 점령할 필요도 없다. 모든 것이 저절로 조절되고 아무도 영역에 대해 신경 쓰지 않는다. 모든 육식동물은 자신이 사냥한 만큼 먹는다.

이때 경제적으로 생각하는 사람들은 경제에 대해서 어떻게 생각할까?

- 신상품 중 최고가 승리한다.
- 계속해서 더 나은 제품이 생산되어야 한다.
- 품질 좋은 상품이란 바로 다음 단계로 개선된 상품이다.
- 마지막 목표는 현재 기술적으로 생산할 수 없는 '궁극적 제품'이다.
- 예술의 경지까지 올라선 상품을 위한 흥겨운 연구개발
- 완전히 새롭고 개선된 상품을 위한 새로운 생산기술의 개발
- 직원들은 지속적인 개선을 통해서 동기를 부여받는다.
- 직원들도 증가하는 부와 복지의 한 부분을 차지한다.
- 최고의 직원은 기술적으로 뛰어난 사람이다.
- 직원들은 일하면서 지속적으로 더욱 발전한다.

- 경영층은 좋은 직원을 채용하려고 힘쓰며 그들을 장려하고 교육한다.
- 광고는 새롭게 도달한 수준을 알리는 수단일 뿐이다.

호황기 때는 증가하는 부를 통해 다른 경제 분야도 함께 끌어올려진다. 사람들은 새로운 자동차만 구입하는 게 아니라 다른 제품도 활발하게 구입한다. 그리고 아직까지 호황이 끝날 것이라고 보지 않는다. 왜냐하면 제품들이 여전히 궁극적으로 완벽한 형태에 도달하지 못했기 때문이다 (자동차는 여전히 녹이 슬고, 고속도로는 아직 완전하게 건설되지 않았다. 여전히 많은 도로공사가 진행되고 있다).

사람들은 일반적으로 삶에 대해서는 어떻게 생각할까?

- 모두를 위한 일자리가 있다. 노력하는 사람은 그만큼 번다. 따라서 모두 노력해야 하고 그러면 모두에게 좋은 일이 일어날 것이다. 일자리가 없는 사람은 노력하지 않는 사람이고 게으름뱅이다.
- 사람들은 노동과 자기책임에 관해 엄격하게 교육받는다.
- 우리에게는 좋은 미래가 기다리고 있으며, 우리 스스로가 그 미래를 설계해가고 있다. 우선 집을 마련하고 약간의 재산을 축적한다.
- 좋은 교육을 받고 언제나 배우는 것이 중요하다. 모두 최대한 받을 수 있는 수준까지 교육을 받아야 한다.
- 이웃이나 동료의 도움이 필요하면 얻을 수 있다.
- 좋은 시대에 대해 신에게 감사드린다.
- 정부는 하나의 가정, 마을, 도시 그리고 나라 전체가 활기차면서도 서서히 함께 발전해가도록 노력한다. 가장 능력 있는 정당이 정권을 잡는다.

이런 정당이 호황을 지속시켜야 한다. 실험 따위는 안 된다! 잘 돌아가는 상황에 간섭하지 마라!

- 위기 상황, 질병, 스스로 초래하지 않은 어려움 등에 대해서는 사회 공동체가 지원해준다.

호황의 시기는 건설과 최고를 향한 추구가 특징이다. 사람들은 공동으로 자신의 제품을 지속적으로 개선하려 한다. 그들은 직업적 자부심과 명예를 발전시킨다. 그리고 서로 돕는다. 그들에게는 일종의 프로테스탄트 노동윤리가 있다. 각자의 행복은 자신에게 달려 있다고 생각한다. 인간이 주어진 바에 충실하고 마음속으로도 의무를 충직하게 이행한다면 하나님의 뜻을 따르는 것이다. 일하지 않는 사람에게 축복이란 없다. 일하는 사람은 자신의 일에 깊은 사명을 받은 것이다. 사명을 아는 사람은 엄격하게 경제적으로 사고하고, 낭비를 경멸한다.

막스 베버는 1905년 『프로테스탄티즘의 윤리와 자본주의 정신』을 출간했다. 그는 프로테스탄트 윤리를 자본주의와 일종의 공생관계로 봤다. 이에 관해서는 수많은 언급이 있었다. 나는 여기에서 다시 한 번 베버의 저서 출판 연도인 1905년을 강조하려고 한다. 그해는 창업 시대(1871년 이후 몇십 년간 지속된 독일 경제 도약기를 말한다-옮긴이)가 끝나가던 때였다. 이 시대는 보불전쟁이 끝난 뒤에 프랑스가 독일에 전쟁보상금으로 약 50억 프랑을 지급한 시기이자 독일 산업에서 새로운 창업 붐이 일어난 시기였다. 이때부터(2001년에 있었던 인터넷 거품 붕괴와 비슷한 골드러시 붕괴 이후에) 제1차 세계대전이 발발하기 전까지 오랫동안 호황이 지속된다. 자본가들은 매우 화려하고 장식이 많은 '창업 시대 스타일'의 저택을 짓기 시작하고 노동자들을 위해서는 대부분 5층으로 된 임대주택을 짓는다.

40년 이상 지속된 호황기였다. 그리고 당연하게도 프로테스탄트 윤리가 사회를 지배하던 시기였다. 제2차 세계대전 이후 독일 경제 부흥기에도 똑같은 현상이 일어난다. 앞에서 인용한 내 어머니 말씀도 같은 맥락에서 이해할 수 있다. 그렇다면 프로테스탄트 노동윤리는 생화학적인 면에서 봤을 때 어떤 의미가 있을까? 바로 노르아드레날린과 같은 역할을 한다. 사람들은 내면에서 우러나 성실하게 일하고 자신의 책임을 다한다. 호황기에 사람들은 자신의 노력과 성실함이 보상을 받는다고 느낀다. 이러한 생각이 모두에게 내일도 일할 수 있는 힘을 주고 미래에 대한 희망을 품게 한다. 그리고 자본가들은 모두를 존중하면서 대할 수 있는 충분한 돈을 갖고 있다.

2단계, 정점까지의 풍요와 안정

점점 새로운 것의 건설이 진행된다. 자동차가 계속해서 생산되고 개인주택도 연속적으로 건설된다. 임금이 상승한다. 번영의 시기가 온 것이다. 사람들은 직장과 생존 외에도 자신의 삶으로 시선을 돌리기 시작한다. 그들은 일만 하는 게 아니라 생전 처음으로 무언가를 즐길 수 있게 된다. 1963년 7월, 《타임》에 실린 '독일의 경제 기적과 함께 나타난 식탐 바람'에 관한 기사를 보면 이해하기 쉬울 것이다.

히틀러가 버터보다는 총을 선택한 이래로 서독인들은 기아에 가까운 상태와 내핍을 알게 되었다. 그러나 지난 10년간 독일은 급격하게 풍요로워졌고 오늘날에는 지방^{脂肪} 사회가 되어버렸다. 전후 붐이 시작됐던 1950년대 초반 독일에 '화려한 식탐'이라 부르는 현상이 나타났다. 독일인의 엉덩이와 가슴둘레가 경제보다 더 빠르게 성장했던 것이다. 이때 의사들은 (독일 사회에) 보편적으로 퍼져 있는 두 가지 증상을 인식하게 되었다. 이중턱증후군과 복부비만이 그것이다. 갓난아이에서 장관에 이르기까지 대다수 독일인이 더 뚱뚱해졌고……

그리고 1957년 『모두를 위한 번영^{Wohlstand Fur Alle}』을 출간한 루트비히 에르하르트는 1963년에 벌써 국민에게 소비를 절제하라고 경고했다. 그러나 당시에는 누구도 그 경고에 귀를 기울이지 않았다.

1954년에는 에이브러햄 매슬로의 저서 『동기와 성격』이 출간되었다. 이 책에서 매슬로는 유명한 '욕구 5단계설'을 주장했다. 그는 사람들에게 많은 욕구가 있으며, 이러한 욕구는 단계에 따라 차례차례 충족된다고 생각했다. 예를 들어 사람은 철학적으로 삶의 의미에 대해서 사고하기 이전에 먼저 먹어야만 한다. 물론 기도가 우선이고 먹는 것은 나중인 사람도 있기는 하지만 그런 이들은 아주 적은 수에 불과하다. 따라서 매슬로는 사람들이 먼저 가까이 있는 생리 욕구부터 해결한 다음에 더 높은 수준의 욕구를 충족하려 한다고 가정했다. 그가 말한 욕구의 단계는 다음과 같다.

1. **생리 욕구**: 생존, 음식, 잠, 번식
2. **안전 욕구**: 집, 직장, 공적인 법과 질서, 건강, 인생 설계, 종교의 자유, 보

장된 삶

3. 애정·소속 욕구: 친구, 배우자, 공동체, 소속감, 사회적 네트워크, 연대감

4. 자기존중 욕구: 감사, 명예, 존경, 명성

5. 자아실현 욕구: 개인 잠재력 계발, 인격적 성장, 예술, 철학, 현명함, 선함

　등 더 높은 가치에 대한 관심

오늘날에도 단지 권력을 얻을 수만 있다면 친구건 다른 소중한 가치건 송두리째 무시해버리는 사람이 많다. 물론 매슬로의 욕구 5단계설에는 비판할 점이 많다. 하지만 내가 주장하고 싶은 것은 '영원할' 것처럼 보이는 사상도 단지 시대적인 본능을 따를 뿐이라는 점이다. 이 욕구 5단계설은 우리의 생각이 복지 건설과 한참 거리가 멀던 시기에 나왔다. 그 당시는 번영이 막 시작되던 시기로 음식이나 질서, 즐거움 등이 있을 뿐이었다. 그렇다면 그다음 시대에는 자기계발을 열망하는 시기가 열릴 것인가? 이상주의자들은 분명히 그렇게 생각할 것이다. 왜냐하면 (섹스가 아니라) 자기계발은 원래부터 그들의 생리 욕구이기 때문이다. 오히려 대부분의 사람은 풍요로운 시절에 '현재의 음식과 즐거움에 만족하면서 더 높은 가치'에 대해서 이야기하는 게 아니라 더 많은 '낮은' 단계의 욕구를 찾는 경향이 있다. 더 많은 음식, 더 많은 섹스, 더 좋은 건강, 더 많은 사회보장제도, 끝없이 보장된 삶 등을 원하는 것이다.

따라서 '사회적 시장경제'는 이 시기 최고의 사상이 된다. 이 사상은 순수한 프로테스탄트 윤리를 넘어서 더 많은 것을 원하는 보통 사람들의 지향점을 보여주고 있다. 번영기에 보통 사람들이 지향하는 더 높은 가치추구는 오직 간접적으로만 나타난다. 구속 없는 연구의 자유를 가진 대학

이나 극장, 미술관, 박물관 등이 새로 지어지고 모든 낡은 것이 새로이 단장된다. 문화와 교육이 보통 사람들 주변에서 활성화된다. 그렇다고 그들이 꼭 극장이나 대학에 갈 필요는 없다. 어떤 사람은 주말농장을 가꾸거나 고서점에 들러 오래된 가죽장정 책을 사서 유리 책장에 보관하는 것을 더 선호하기도 한다.

이제 사람들은 모든 것을 향유하기 시작한다. 오랜 휴가, 여행, 오지까지 연결되는 도로, 휴양 병원, 모두를 위한 휴양지, 모두를 위한 복지, 대학, 교육 개혁, 가로등, 호화로운 행정관청, 각종 지원책과 사회안전망 등. 여기에 목록을 더 추가하고 싶어 하는 사람이 있다면 그렇게 할 수도 있다. 사무실 안의 꽃, 사내 조경사, 안내 데스크에 앉아 있는 모델처럼 아름다운 여성, 더 큰 사무 공간 등이 허락되고 회사에 과제가 생길 때마다 새로운 부서가 생겨난다. 조직이 확장되기 시작하는 것이다. "아이가 있는 모든 집 앞에 얼룩말 무늬의 보행자 건널목 표시가 그려진다."

이러한 상황에서 사람들은 여전히 성실하고 집중해서 일하기는 하지만('노르아드레날린'), 확실히 더 느긋하고 편안한 상태에서 일하게 된다('엔도르핀', '알파파 EEG', 스트레스 없음), 사람들은 노동 스트레스가 없는 상태를 즐긴다(전형적인 '패러텔릭 상태'). 그들은 단계적인 목표를 따라 가는 것이 아니고 단순하게 일이기 때문에 할 뿐이다. 어떤 것도 몹시 급하거나 촉박한 시간에 구애받지 않는다. 기업 본사에서는 계급 구조마다 절차와 계통을 밟아서 차례차례 일이 진척된다. 그래서 기업에는 갈수록 거대하고 불투명한 관료주의가 형성된다.

이처럼 삶이 호화스러워지는 시기에는 세상을 다스리고 관리하는 특별한 부서와 새로운 규정이 생겨난다. 다른 말로 하면 관리자들의 천국이 되는 것이다(나중에 사람들은 '관료주의 정글'이라고 비난하게 된다). 피라미드와 같이 높은 계급체계도 생겨난다. 기업의 조직은 여전히 비용이 많이 들어가는 복잡함을 유지하고 있다. 극단적인 사례지만 어떤 기업은 최고 경영자층의 입맛에 맞는 와인을 구비해놓으려고 와인 농장을 통째로 사들이기도 한다. 기업은 하나의 완전한 통합체가 되어, 복잡하지만 유기적인 조직을 지향한다. 그들은 하나의 '독립된' 나라처럼 되어가고, 그 안에서 만족하며 영원히 존재할 것이라 생각한다.

혹시 당신의 학창 시절을 기억하는가? 당시 생활기록부의 행동발달사항에 '매우 승부욕이 강함'이라는 내용이 적혀 있으면 그 학생은 적응하기 어려운 사람으로 낙인찍혔다. '우리 모두보다 더 좋은 점수를 받으려 하다니, 다른 사람보다 돋보이려 하다니!' 사람들은 반권위주의적인 교육이나 사회주의, 성의 해방 등 궁극적인 세계 질서를 위한 모든 종류의 이상향에 대해서 토론했다. 이러한 경향에 반대하던 로마클럽Club of Rome(1968년 4월 서유럽의 정계·재계·학계의 지도급 인사들이 이탈리아 로마에서 결성한 국제적인 미래연구기관-옮긴이)은 사람들에게 '성장의 한계'를 경고했다. 하지만 호화로운 생활에 빠져 있던 사람들은 이런 경고를 비관적이라고만 생각했다. 그들은 오일쇼크로 주말에 서너 번 고속도로를 이용하지 못하게 되었을 때에야 비로소 현실을 깨닫고 경악했다.

이때 경제적으로 생각하는 사람들은 경제에 대해서 어떻게 생각할까?

- 새로운 사치품이 증가한다.
- 우리는 선택할 수 있는 더 많은 종류의 제품들이 필요하다.
- 최종 목표는 '모든 선택사양을 완벽하게 갖춘 상품'이다(자동차, 개인 주택).

- "또 새로운 무엇을 만들어낼 수 있을까?" 기초과학 연구를 중시한다.
- 직원들은 자신의 복지가 확실하게 상승할 것이라고 믿는다.
- 최고의 직원은 가장 잘 작동하고, 성실하고, 지구력 있는 조직인이다.
- 경험 많고 오랫동안 근무한 직원이 승진한다. 모든 것이 차례대로, 갈등 없이 처리된다.
- 직원들은 정확한 시간에 일을 마치고 집으로 돌아간다.
- 경영층은 일을 분리하는 작업을 한다. 문제가 생기면 더 많은 직원을 채용하거나 더 많은 돈을 신청한다. 기업 자체적으로 모든 일을 처리한다.

사람들은 일반적으로 삶에 대해서는 어떻게 생각할까?

- 모두 조용히 각자의 일을 해낸다. 모두 사정이 좋다. 모두 많은 돈을 벌고 실업자에게는 다시 직장을 잡을 때까지 짧은 기간 도움을 줄 수 있다.
- 내게 일을 주는 내 회사는 나의 분신과 같다.
- 사람들은 관대해지지만 교육은 더 목적의식적이고 집중적으로 되기를 원한다. 자녀들은 부모보다 더 좋은 삶을 살아야 할 테니 말이다.
- "주택담보대출을 거의 다 갚아간다. 이제 우리도 무언가 즐겨야 할 때 다!"
- 교육을 받아서 세상이 돌아가는 것을 조금은 알아볼 수 있는 능력이 중요하다.
- 모두가 어떤 단체에 열성적으로 참여한다(스포츠, 적십자, 음악, 사냥 등).
- 정부는 개인이 처리할 수 없는 모든 걱정을 떠안아야 한다. 그래서 가장 믿음직스럽게 국민 복지를 약속하는 정당이 선거에서 이긴다. 정부는

프로테스탄트처럼 엄격할 게 아니라 사회민주주의적인 성격을 띠어야 한다.

- 도움이 필요한 사람은 담당 부처에 신청하라. 그럼 해결될 것이다.

스스로 돈을 벌어 자기 자신을 위해 쓰는 여성들이 있다. 물론 자기 소유의 자동차도 있다. 이웃들은 그녀에게 어떤 특정한 의미의 눈빛을 보내면서 이렇게 말한다. "그녀는 자기계발을 하고 있어." 그들은 돈 잘 버는 남편을 두고도 삶을 즐기기 위해 아이를 갖지 않는 여성에 대해서도 똑같은 말을 한다. 보통 사람들의 자기계발! 그게 도대체 무엇인가?

3단계, 호황의 정점에서 맞닥뜨린 위기

◖●

1987년 10월 19일, 맑은 하늘에 날벼락이 떨어졌다. 이날은 당장 '검은 월요일black Monday'이라는 이름으로 주식시장 역사에 기록되었다. 이런 갑작스러운 날벼락은 모두에게 커다란 영향을 미친다. 우리는 심적인 붕괴도 동시에 경험하게 된다. 이것은 마취보다 더한 것이다. 사람들은 믿을 수 없다는 표정으로 주식 계좌에 있는 자신의 자산을 바라보지만, 이미 모든 것이 사라지고 없다.

우리는 모든 것이 다시 제자리를 찾길 기대하며 며칠을 기다린다. 투기 거품이 꺼진 것일까? 주식 소유자들은 모든 것이 다시 잘될 거라고 믿는다. "객관적으로 봤을 때는 아무런 일도 발생하지 않았기 때문이다. 공장들은 어제와 똑같이 돌아가지 않는가!" 그러나 수개월 전부터 계속해서 하늘 높은 줄 모르고 올라버린 주식을 열광적으로 살 준비가 되어 있던 가정주부들은 까무러칠 정도로 놀라서 주식시장을 멀리한다. 텔레비전에서는 "주식 매입자들이 시위를 한다"라고 보도한다.

진실은 '쇼크가 크다'. 그 쇼크는 육체 안에 깊숙이 자리 잡는다. 어떤 사람은 엔도르핀 쇼크에 의한 마취 상태로 넋을 잃어버리고, 어떤 사람은 베타파와 아드레날린에 취한 채 과도하게 성급한 상태가 되어 조금이라도 손실을 만회해보려고 이리저리 뛰어다닌다.

육체의 생리현상이 한 번의 충격으로 전부 뒤바뀌어버렸다. 이제 침착함이란 없다. 집단적인 아드레날린 분출 상태가 된다. "경고! 위기 상황 발생!"

어떤 사람들은 최대한 집중해서 분단위로 주가를 체크한다. 반면에 쇼크로 마비가 된 사람들은 신문조차 제대로 읽을 수가 없다. 차마 주식시세표를 볼 수가 없기 때문이다.

이러한 경악의 순간은 광범위하게 엄청난 본능적 반응을 불러일으킨다. 마치 거대한 스위치를 돌려놓은 듯하다. 사회 전체가 함께 움찔 놀라서는 새롭게 생각하기 시작한다.

얼마 후 사회는 고요함으로부터 강제로 일깨워져서 또렷한 이성을 갖고 자신이 위험에 둘러싸여 있다는 사실을 보게 된다. 깊은 고요함 속에서는 걱정이 없다. 이런 상태에서는 어떤 위험이나 변화도 보이지 않기 때문이다. 사람들은 매일 일터로 가서 기대했던 임금 인상을 얻어내고 술 한 잔을 더 마실 뿐이다. 삶이란 차근차근 계단을 오르는 것과 같다고 생각한다.

그런데 갑자기 우리 모두와 사회 시스템이 붕괴한다. 쇼크가 우리의 의식과 육체를 깨운다. 이제 모두 질문을 하게 된다. 세상이 정말로 우리 같은 바보들이 생각했던 것과 같을까?

'검은 월요일'은 우선 은행과 보험회사의 위기를 불러온다. 이제 그들은 위험을 새롭게 보고 다시 평가해야 한다. 그러면 다시 여러 사람의 눈이 새롭게 열린다. '가치 있는 듯 보이던 것들이 정말로 그만한 가치가 있는 걸까?' 그러나 대부분의 사람은 열렸던 눈을 다시 감아버린다. '이것은 빨리 지나가버리는 짧은 저주가 아닐까?' 그들은 다시 살짝 눈을 떠보고는 머릿속에 이런 생각을 퍼뜩 떠올린다. '주가 폭락이 전부였을까? 이제 모든 것이 조용히 넘어갈까?'

도요타의 성공 비결을 알면서도…

●●

'검은 월요일'의 주가 폭락이 발생하기 3년 전인 1984년에 유명한 MIT 연구서 「자동차의 미래Future of the Automobile」(제임스 워맥, 다니엘 존스, 다니엘 루스 공저)가 발표되었다. 저자들은 도요타의 생산 시스템을 분석하고 나서 미국에 도요타의 아이디어, 특히 감량경영에 대해 알리기 시작했다.

이 연구서는 서구 세계에 폭탄이 터진 듯한 충격을 주었다. 과연 이 연구서가 주가 폭락을 유발한 것일까? 연구서에서 제시한 숫자들은 '일본 자동차 회사'가 전 세계 어느 곳보다 더 저렴하게 자동차를 생산한다는 사실을 지적했다. 따라서 도요타가 자동차를 더 저렴한 가격에 공급할 수 있으므로 미국 자동차 회사는 경쟁에서 치명적인 패배를 당할 것이라고 예견했다. 일본인들이 가진 비밀무기는 유명한 카이젠이었다. 카이젠 경영방식의 규칙은 성실한 직원들이 지켜야 할 교과서와도 같다. 카이젠은 최고의 품질, 최고의 고객만족, 직원들에 대한 존중과 협력, 낭비와 과부하와 불규칙성의 기피, 좋은 것에 대한 지속적인 개선을 추구한다. 일차적으로 수익에 모든 관점을 집중하는 게 아니라 언제나 좋은 것, 최고의 것을 이루려고 작업하다 보면 결국에는 그 열매를 맺을 거라는 생각에 기반을 두고 있다.

잠깐! 여기서 읽기를 멈추라. 그리고 카이젠 방식에 관해서 다시 생각해보라. 그리고 앞의 문장을 다시 한 번 읽어보라. 이 방식은 일본 외에는 세계 어느 나라에서도 한 번도 올바르게 이해되거나 실현된 적이 없다. 카이젠은 모든 것의 지향점이 된다. 인간, 지향점, 덕성, 작업의 목적 등이 하나로 일체화된다. 도요타가 실제로 보여주지 않았다면 우리는 '모든 것이 동시에' 실행되는 건 가능하지 않다고 생각했을 것이다.

카이젠은 모든 일선 현장에서 훌륭한 작업과 특히 '좋은 것의 향상'을 요구한다. 좋은 것의 향상임을 기억하라. 약한 부분을 제거하고 그것을 통해서 개선을 이뤄내는 것이 아니다. 이미 좋은 것을 지속적으로 개선하는 게 중요하다. 모든 훌륭한 직원이 이렇게 행동한다. 이해하겠는가? 그들은 이미 전문가만큼 뛰어나지만, 전문가를 뛰어넘어 진정한 대가가 되고 싶어 한다. 평생토록 말이다. 패러텔릭과 알파파, 평생의 열정인 것이다.

이러한 카이젠이라는 사상이 1984년경 마치 다른 별에서 온 지식처럼 (사실은 현재까지도 그렇다) 서구 세계에 전달되었다.

사람들은 도요타에서는 어떤 낭비도 없다는 사실에 경악했다.

이제 아무리 머리가 나쁜 사람이라 해도 도요타가 누구보다 더 저렴하게 자동차를 생산해내고 경쟁에서 커다란 우위를 차지하게 될 거라는 사실을 당장에 이해했을 것이다. 서구의 자동차 기업들은 갑자기 자신들이 위험에 처해 있음을 알아차렸다.

당신이 치과의사, 약사 혹은 상점 주인으로 오랫동안 부유한 마을에서 일해왔다고 상상해보라. 그런데 그곳에 경쟁자가 들어와서 당신이 요구하는 가격의 절반만을 요구하면서도 당신보다 더 친절하고, 더 빠르고, 흠잡을 데 없는 품질을 제공한다. 또한 직원들에게도 친절하고, 마을 사람들과도 좋은 관계를 맺을뿐더러 당신과 달리 철저하게 시간 약속을 지켜서 누구도 기다릴 필요가 없게 하고, 거래가 끝난 다음에는 모두가 그의 서비스에 만족해한다고 가정해보자. 당신의 기분이 어떻겠는가?

우선은 '말도 안 돼!'라고 생각할 것이다. 그리고 믿을 수 없을 정도로 놀랍기는 하지만 어렴풋이 이제 때가 왔음을 느끼게 된다. 더 이상은 풍요를 누리면서 일할 수 없으며 새로운 경쟁자만큼 좋아져야 할 때가 왔음을 말이다. 이제는 당신의 상점 혹은 일터를 스파르타식으로 원래 목적에 맞게 재구성해야 한다. 그리고 직원의 절반을 해고하고, 당신 자신도 지금보다 절반만 벌고, 근무시간도 늘리고, 모두에게 다시 친절해져야 한다. 더 겸손해지고, 직원들에게 폭군처럼 굴지 말고, 새로운 경쟁자보다 더 잘할 것은 없는지 찾아야 한다.

요약하자면 도요타의 카이젠은 절대 풍요의 시기에 태어난 것이 아니다. 그들은 1950년대부터 언제나 철저하게 근본적인 것에만 집중했다. 그것도 고객이나 직원, 생산, 제품 등 모든 차원에서 그렇게 했다. 이에 반해 1960~1970년대의 서구 기업은 온갖 누릴 수 있는 호사를 다 누렸다. 많은 직원이 높은 임금을 받았고, 해고 불가능한 지위를 누렸으며, 높은 연금을 받았다. 그리고 도심의 넓은 땅 위에 호화로운 사옥을 지었다.

이때 카이젠이 왔다. 군더더기와 허영, 과도한 요구사항 따위 없이 근본적인 데 충실함으로써 활력과 에너지가 넘치는 경쟁자가 온 것이다. 이런 사실을 생각할 때면 언제나 야노쉬의 만화영화 〈개구리도 날 수 있다〉의 한 장면이 떠오른다. 어떤 개구리가 자기가 날 수 있다고 주장했다. 이 개구리는 많은 개구리가 모여 있던 곳에서 실제로 날아보겠다고 호언장담하면서 높은 장대 위로 올라간다. 그러고는 정말로 날아버린다. 이때 내레이터가 그 광경을 보고 있던 개구리 군중의 표정을 설명한다.

"그들 모두 개구리가 나는 것을 보았지만 아무도 믿지 않았습니다."

어떤 놀라운 일이 쓰나미나 지진처럼 직접 파괴하는 형태로 오지 않는 한 모두 이런 식으로 반응한다. 그러면서 이야기한다.

"말도 안 돼."

도요타는 50년 전부터 계속해서 승승장구하고 있다. 그리고 지금은 주식시장에서 도요타 다음으로 큰 5~6개의 자동차 회사를 합친 것보다 더 높은 자산 가치를 인정받는다. 도요타는 카이젠의 모든 방법론과 철학을 이미 수십 년 전부터 공개해왔다. 그러나 서구 기업들은 마치 중독이라도 된 것처럼 이윤을 내기 위한 성공 비결을 전혀 다른 곳에서 찾고 있다. 더욱 놀라운 점은 그들 모두 도요타의 성공 비결을 보면서도 아무도 따라 하려고 시도하지 않는다는 것이다.

4단계, 린 경영과
비용 절감의 시작

●●

서구 기업은 자신들이 일본과 비교해서 낭비가 많고, 그렇기 때문에 서서히 경쟁에서 불리해지고 있다는 사실만 인식하고 있을 따름이다. 서구 기업들에는 기업 운영에 꼭 필요하지 않은 요소나 단지 과시와 사치만을 위한 요소가 많다. 그들은 이러한 낭비를 막을 수 있어야 '일본'처럼 저렴하게 생산할 수 있다고 생각한다. 그렇게 될 때에야 비로소 경쟁할 수 있는 상태가 된다는 것이다.

그래서 1980년대 말 '낭비와의 전쟁' 혹은 '낭비 추방'이라는 슬로건이 등장했다. 그로부터 얼마 후에 모든 경영이론가가 '린 경영lean management', 즉 감량경영을 설파하기 시작했다. 여기에서 린lean은 '마른, 얇은'이라는 뜻이다. 따라서 감량경영은 기업이라는 몸체가 건강을 유지하면서 지속적으로 운동을 한 튼튼한 육체를 갖고, 몸에 지방이 끼지 않도록 노력하는 것을 말한다. 그 결과 생산 과정은 새롭게 조직되고 불필요한 부분은 제거된다.

이 시기에 서구 기업은 자신들의 문제를 상세히 들여다보았지만 어떤 낭비도 찾을 수가 없었다. 모든 것이 잘 짜여 있고 조직되어 있는 것처럼 보였다. 단지 모든 것이 '일본'에서보다 더 많은 사람과 비용으로 조직되어 있을 뿐이었다. 서구 기업의 관점으로만 봤을 때는 어떤 낭비도 찾지 못한다. 하지만 도요타는 서구 기업에 대해 지금까지 그들이 이뤄온 복지를 보다 근본적인 것에 집중해서 엄격한 시각으로 바라볼 것을 강요한다. 유복한 상태에서는 생산에 근본적으로 필요하지 않은 것들도 중요하게 여기고 소중히 다루게 된다. 하지만 그럴 필요가 있을까? 과연 그것이 정말로 필요할까? 서구 기업들은 한숨을 쉬면서 그런 복지혜택을 포기하려 하지 않는다. 그동안 일본은 세계를 지배하려 든다. 이때 카이젠은 거의 경제전쟁의 시작을 알리는 선전포고와도 같다. 서구 기업들은 좋든 싫든 그들을 따라야 한다. 즉 강제로 끌려가야 하는 것이다.

좋든 싫든 이성은 뒤로 물러서야 한다. 여기에서 이성은 환영받지 못한다. 이는 심리적으로 봤을 때 매우 중요한 것이다. 덕목을 행하느냐 아니면 덕목을 행하도록 강제되느냐의 차이인 것이다! 그렇다면 어떻게 덕목을 행하도록 강제할 수 있을까?

서구 기업은 자신들이 위임한 컨설팅 회사를 통해서 스스로를 강제한다. 컨설팅 회사는 거의 야만적일 정도로 무자비하게 기업의 낭비를 찾아낸다. 이러한 무자비함은 오랫동안 습관화되어 자신의 잘못에 대해 아무것도 볼 수 없는 직원들에게는 필요한 것이다. 컨설턴트는 논리적이고 질적으로만 낭비를 지적하는 수준을 넘어 객관적으로 수량화해서 보여줘야 한다. 그래야 실질적인 행동이 뒤따를 수 있기 때문이다. 그래서 컨설턴트는 검은색 양복을 입고 규격화된 설문지를 들고 위협적으로 직원들에게 다가와서 성스러운 작업 과정의 전부를 훑어본다. 우리의 삶이 분 단위로 분석된다. 일하는 매분 매초가 기업의 가치를 생산하는 데 쓰이고 있는가? 휴식시간이 지나치게 긴 것은 아닌가? 점심 후 휴식시간으로 30분이 허락되었는데도 실질적으로는 40분간 휴식하는 건 아닌가? 직원들은 정말로 1년에 8주 동안이나 교육을 받아야 하는가? 사무실 비품이 필요할 때 꼭 새 가구를 구입해야 할 이유가 있는가? 세 명의 부하직원만을 둔 간부가 비서를 두 명이나 둘 필요가 있는가? 사무실은 얼마나 커야 적당한가? 승진 후에도 여전히 하급직원이나 할 만한 일을 하는데도 모든 직원을 과장까지 승진시킬 필요가 있는가? 회사는 모든 직원을 끝도 없이 먹여 살려야만 하는가? 왜 곧 해고할 직원을 연금을 올려주려는 목적으로 승진시키는가?

컨설턴트는 언제나 부가가치 창조를 위해 이바지하는 부분이 있는가를 묻는다. 이 직원 혹은 이 작업이 정말로 필요한가? 모든 것은 어떤 가치를 갖는가? 어떤 효용 혹은 추가효용을 가져오는가?

첫 조사만으로도 엄청난 낭비가 드러난다. 우리는 이런 식으로는 계속될 수 없다는 사실을 인정하게 된다. 그리고 컨설턴트가 제시한, 그동안 누리던 혜택에 대한 첫 번째 삭감안을 충분한 이해심을 갖고 동의한다. 그러나 그들은 갈수록 더욱 강력하게 우리에게 다음과 같은 질문을 던진다. '이것은 정말로 필요한가?' '저것은 의미가 있는가?' '이것이 효용이 있는가?' '저것이 효율적인가?' '이 조직은 어떤 목표를 갖는가?'

컨설턴트는 우리의 삶에 스트레스(EEG상의 베타파)를 가져다준다. 그는 우리의 시선이 목표로 향하도록 이끈다. 우리가 더욱 많은 노력을 기울일 수 있게 정기적으로 계속해서 아드레날린이 분비되도록 한다. 그는 서서히 '패러텔릭'한 작업 분위기를 목표 지향적 분위기인 '텔릭 행위'로 전환시킨다. 우리는 이때부터 "나는 이곳에서 몇 년 전부터 연구를 진행하고 있다. 연구가 진전될수록 커다란 기쁨을 느낀다"라고 말해선 안 된다. 대신에 이렇게 설명해야 한다. "이것은 내가 X개월 내에 도달하려는 목표입니다. 이를 위해서 Y자원을 투입하려고 합니다. 그 결과 우리 기업에 Z만큼의 부가가치가 창출될 것입니다."

특정한 목표 없이 '무작정 계속해서 일하기'는 명확한 프로젝트로 대체된다. 프로젝트라는 단어가 처음에는 우리에게 혼란을 일으킨다. 그 단어 자체가 매우 모호하고 일처럼 들리지 않기 때문이다. 또한 한시적이고 단편적인 느낌이 든다. 처음에 사람들은 프로젝트의 근본을 이해하지 못한다. 지금까지는 목표를 위해서 일한 것이 아니라 단순히 직장을 갖고 있었을 뿐이기 때문이다. 직장을 가지는 대신에 갑자기 우리가 5개의 프로젝트에서 동시에 일해야 하고 그 안에서 '역할'을 맡아야 한다고? 이상하다! 그리고 과거에 해왔던 일과의 차이도 명확하지 않다. 우리는 지금까지도 같은 일을 해왔잖아! 무엇 때문에 번거롭게 다른 이름을 붙이고 난리야? 왜 갑자기 '현황 보고서'를 쓰고 '방향 제시'를 해야 하는 거지?

이제 작업의 스트레스 수준은 지속적으로 상승한다. 카이젠 혹은 도요타의 다양한 노력에서 일부를 배워온 몇 개의 경영학교와 컨설팅집단이 생겨난다('컨설팅 모리배'라고 쓰고 싶은 유혹을 억눌러야 했다). 목표관리MBO: management by objectives, 전사적 품질관리TQM: total quality management, 고객관계관리CRM: customer relationship management, 저스트 인 타임JIT: just in time, 변화관리change management 등. 이처럼 기업이 주의를 기울여야 할 모든 것(모든 단계, 모든 차원에서 발생하는 낭비에 대한 관리)에 '관리(혹은 경영)'라는 단어가 붙는다. 기업을 합리적이 되도록 강제해야 하는 필요성 때문에 강제 관리체계가 발생한다.

우리도 절약이 필요하다는 사실을 이해하며 여러 가지 '불필요한 요소'가 없어져야 한다는 사실을 인정한다. 이런 관점에서 일련의 사태를 바라볼 때까지는 여전히 좋은 느낌('알파파')으로 일한다. 그래서 이제 명확하게 더 목표 지향적이 되려 하고, 더 많은 노력을 기울인다. 도요타와 비교했을 때 우리는 왜 이렇게 나쁜가? 카이젠의 원칙이라는 것이 사실은 좋은 게 아닌가? "과부하와 낭비 그리고 실수를 피하라. 직원들을 존중하고 당신이 할 수 있는 만큼 최선을 다해서 개선하라." 이성적인 사람이라면 이런 카이젠의 원칙을 받아들인다! 너나없이 도요타와 카이젠 방식을 호소하는 걸 볼 때 우리는 이렇게 말한다. "우리도 충분히 이성적으로 일하고 있잖아! 그런데 왜 그렇게 나쁘다는 거지?" "정말이지 말도 안 돼!"

그러면서도 이제 더 심화되고 빨라지는 긴축 조치에 대해 걱정하기 시작한다. 긴축 조치는 어디까지 진행될 것인가? 또한 우리 위로 쌓여가는 통제에 대해서 걱정한다. 기업은 지속적으로 우리 작업의 질에 대해 의심하게 된다. 이것은 참혹한 오해다! 그렇기 때문에 컨설턴트도 결국에는 더욱더 야만적이 된다.

직원들은 작업의 질에 대해 검사를 받을 거라고 믿는다. 그러나 정작 중요한 것은 그들의 작업이 효용을 가져다주는가 하는 문제다. 세 번째 여비서에 대해서는 그녀가 충분히 일을 잘하는지에 대해서가 아니라 그 자리 자체를 완전히 없애버릴 수 있는지에 대한 질문이 던져지는 것이다. 직원들은 자신의 생존과 직결되는 문제인데도 작업에 어떤 흠이 있지 않을까만 두려워한다. 질문은 "당신은 일을 잘하는가?"가 아니라 "당신이 커다란 노력을 들여서 매우 잘하는 이 일이 과연 무엇에 필요한가? 당신이 하는 일의 효용은 무엇인가? 당신의 자리가 없어진다면 어떤 일이 일어날 것인가? 어떤 일이 일어나기나 할 것인가?"인데 말이다.

그러나 결국에는 우리 일의 질을 평가하는 게 문제가 아니라 일 자체가 필요한지에 대한 문제라는 사실을 서서히 인식하게 된다. 그리고 평가자들은 갈수록 더 자주 우리의 일이 필요하지 않다는 결론을 내린다. 그러자 갑자기 우리 자신이 과연 필요한 사람인지에 대한 회의가 밀려든다. 이런 생각은 그것이 단지 가능성에 대한 생각뿐일지라도 우리를 무척이나 가슴 아프게 한다.

이제 우리는 내면적으로 불만을 터뜨리고 은밀한 저항을 시작한다. 많은 직원, 특히 간부층에서는 고통과 나쁜 결과를 피하기 위해 컨설턴트에게 하는 대답을 미화한다. 그리고 작업시간의 상당 부분을 그들에게 잘 보이기 위해서 낭비(!)하게 된다. 그리고 여기에서 커다란 거짓말이 시작된다. 질문하는 사람들은, 즉 최소한 첫 번째 해고가 시작될 때부터는 우리에게 적이나 마찬가지다. 컨설턴트들은 해고를 다운사이징downsizing이라고 부른다. 꼭 필요한 업무만 남겨놓음으로써 일자리를 대규모로 줄일 수 있는 것이다.

우리는 강한 확신을 갖고 세 사람의 일을 두 사람이 하는 것은 불가능하다고 큰 소리로 항변하지만 결국 상황에서 오는 압력과 작업을 더 표준화하라는 컨설턴트의 조언에 따르게 되고 모든 것이 다시 자리를 잡아간다. 우리의 예상을 뒤엎고 기업은 믿을 수 없을 규모의 구조조정을 하고서도 잘 돌아간다. 우리는 갈수록 표준을 정의하고 모든 것을 같은 방식으로 행하도록 강제된다. 이를 통해서 일은 점점 더 단순해지고 더 잘 통제된다. 우리는 자신의 직업에 자부심을 느끼고 있었기 때문에 매우 가슴이 아프다. 수십 년 전부터 최고의 일을 제공하는 데 익숙해 있는데, 이제 컨베이어벨트 앞에서 지나가는 빵을 집어 포장하는 것과 같은 일을 해야 한다. 이제 우리는 아무나 할 수 있는 평범한 일이나 해야 하는가?

우리의 일은 점점 더 표준화된 공정이 되어간다. 작업이 더욱 효율적으로 재조직된다. 경영학에서는 이런 과정을 '과정 지향process orientation' 혹은 '업무 재설계BPR: business process reengineering'라고 부른다. 작업은 최대한 광범위하게 하나의 흐름으로 정의되고 이것을 하나의 단기 과정으로 본다. 이 과정을 통해서 우리 작업은 하나의 구조 혹은 체계를 갖게 된다. 이미 이야기한 대로 모든 것이 최대한 컨베이어벨트에서처럼 흘러가야 하는 것이다.

이 시기의 특징은 능률화·체계화·구조화다. 이런 과정이 사치의 시기를 끝내고 다시 이성적인 태도로 돌아가게 한다. 어쨌든 컨설턴트는 그렇게 만들고 싶어 한다. 외관상으로는 작업장에 다시 이성이 돌아온 것처럼 보이지만, 그 과정에서 직원들은 많은 상처를 입었다. 그래도 그들은 아직 직장이 있다는 사실에 안도해야 한다. 이제부터 일은 즐거움의 원천도 아니고, 스트레스 없는 과정도 아니고, 아름답지도 않을 것이다. 아쉽게도 많은 사람이 직장을 잃거나 조기명퇴를 당했다. 그들에게 발생한 일은 전혀 나쁜 것이 아닌지도 모르겠다. 조기명퇴한 모든 사람이 가끔 옛날 직장에 찾아와서 자신들은 잘 지낸다고 하니까 말이다. 하지만 아직 일하는 우리는 서서히 새로운 환경에 적응해야 한다. 우리는 현재 농부에서 산업적 돼지 생산자로 바뀌는 과도기에 있는 것처럼 느낀다. 공식적인 관점에서 봤을 때 작업장에는 이성이 되돌아왔고 우리는 일본을 따라잡았다. (주의: 우리는 현재 강제된 이성 안에서 살고 있다. 이 강제된 이성은 우리가 은밀하게 저항하고 거짓말을 하는데도 관철되었다. 이것은 진정으로 이성적인 자들의 이성이 아니다. 경영자들은 비이성적인 자는 강제된 이성에 적응하고 그 상태를 사랑하게 될 것이라고 가정한다. 그럼으로써 이성적이기를 강제받은 자가 자연적으로 이성적인 자가 된다고 생각한다. 이러한 가정은 언제나 틀린다. 그렇지만 그런 가정이 컨설턴트나 부모, 교사의 잔인성을 정당화하는 것이다.)

이때 경제적으로 생각하는 사람들은 경제에 대해서 어떻게 생각할까?

- 우리는 평소처럼 제품을 생산한다. 단지 더 효율적으로 생산할 뿐이다.
- 연구개발은 이론 혹은 뜬구름 잡는 이야기로 치부된다. 따라서 효용이 증명되어야 한다. 이 단계에서 기초과학 연구는 가능하지 않다.
- 직원들은 더 효율적으로 일해야 한다. 그리고 구체적인 효용 없이는 아무것도 해서는 안 된다.
- 최고의 직원은 변화와 효율적인 구조에서 효용을 가져다주는 직원이다.
- 승진은 얼마나 많은 효용을 가져오는가 하는 기준에 따라 이뤄진다.
- 모두 중요한 일을 해야 한다. 이를 위해서 온몸을 바쳐야 하고 무급 초과 근무도 해야 한다. 임금 상승은 공무원처럼 단지 나이 들어간다는 이유 혹은 현 상태를 유지하는 직원이라는 이유 때문이 아니라 더 좋아지는 직원을 위한 것이다. 자리만 차지하는 사람이 아니라 더 많은 성과를 내는 사람이 더 많은 돈을 벌어야 한다.
- 관리자들은 가시적인 성공을 보여줄 것을 강요하고, 성과의 질을 통제한다. 문제가 생기면 더 효율적인 과정이 도입된다. 전반적인 다운사이징 조치가 취해진다.
- 제품 광고도 효용을 전면에 내세운다.

사람들은 일반적으로 삶에 대해서는 어떻게 생각할까?

- 사람들은 '쓸모 있는' 사람이 되도록 길러진다. 구체적으로 쓰일 데가 없는 추상적인 교육이란 이제 없다. 문학을 배울 필요가 있는가? 예술은? 삶도 효용에 따라 평가된다. 어떤 직업이 장기적으로 가장 전망이 좋은가?

- "우리는 자산 형성에 대해서 생각해야 해. 그리고 보험도 들어야지."
- 모두 추가 지식을 얻을 수 있는 것에 열심이다. 음악학교나 외국어, 컴퓨터 등등. NGO 같은 곳에서 봉사활동을 하는 것은 추가로 효용을 가져올지가 확실하지 않아서 인기가 없다.
- 정부조차도 행정기구에서 낭비를 줄이고 더 능률적으로 일해야 한다. 정부는 다양한 차원에서 이뤄지는 다운사이징에 아무런 대응도 할 수 없거나 자신의 잘못 없이 어려움에 처하게 된 실업자들을 돌봐야 한다. 또한 기업이 일자리 만드는 것을 돕거나 자체적으로 일자리를 만들어야 한다. 부득이한 경우에는 사람들을 어려움에서 보호하기 위한 국가 정책의 재원을 재정적자를 통해서라도 마련해야 한다.

다시 한 번 정리하면 기본적으로 일본의 자동차산업은 이성적으로 행동했을 뿐이다. 즉 '게으름뱅이를 위한 천국'에서 사람들이 행동하는 것과는 다르게 일했을 뿐이다. 하지만 그들은 그렇게 함으로써 '서구 세계'를 공격했다. 일본이 그렇게 행동하지 않았다면 서구는 계속해서 자기들끼리 호화롭게 살아갈 수 있었다. 하지만 이웃이 마음에 들지 않는 행동을 하면 아무도 평화롭게 살 수 없는 것처럼 세계의 다른 쪽에서 모든 시장에 더 저렴한 가격으로 제품을 공급한다면 이제 누구도 최고의 임금과 높은 사회안전망을 유지할 수 없게 된다.

'일본의 공격' 때문에 서구의 국민들도 매우 빠르게, 약 10년 동안 (1985~1995년)의 호화로운 생활에서 다시 검소한 생활로 돌아왔다. 이러한 변화는 처음에는 아주 느리게 진행되다가 급격히 속도가 빨라졌다. 처음에는 서서히, 그러다가 갈수록 빠르게 호화로운 생활에서 멀어졌다. 그것은 그동안의 사치가 도를 넘었기 때문이다. 그리고 이제 사치에서 기본적인 것, 이성적인 것으로 돌아오는 정도를 넘어 사치의 반대편을 향해 질주한다. 그러면서 사치의 억제를 뛰어넘어 과도한 긴축 쪽으로 가고 있다. 그 전개 과정을 살펴보자.

5단계, 더 빨리,
더 많이, 더 싸게

새로운 컴퓨터 기술이 과거보다는 훨씬 더 '이성적인' 작업 흐름을 구조화하는 데 도움을 준다. 작업의 효율을 더욱 증가시킬 수 있게 된 것이다.

컴퓨터와 제어 소프트웨어라는 새로운 도구가 생김으로써 효율의 시대가 시작되었다. 세계적으로 선두를 달리는 시스템 SAP R/3는 1993년부터 모든 소형 컴퓨터에서 성능을 발휘하기 시작했다. 이 소프트웨어는 기업에 엄청난 능률 향상을 가져다줬다(이전 버전인 SAP R/2는 이미 오래전부터 있었지만 메인 프레임이라 불리는 거대한 중앙컴퓨터에서만 작동했다. 그러나 R/3는 PC에서도 작동하기 때문에 이제는 본사의 작업만이 아니라 개개인을 모두 장악한다! 모두를! 이것이야말로 변화의 전환점이 됐다).

이제 사람들은 모든 과정을 더욱 강력하게 가속화시킨다. 같은 일을 더욱 빠르게! 같은 성과를 더욱 짧은 시간에! 효율의 증가는 능률의 증가를 의미한다. 능률은 시간 단위당 투입되는 노동량이다. 속도조절 장치, 메트로놈, 계수기 등의 역할을 하면서 컴퓨터가 어디에나 투입된다. 컴퓨터는 작업 외에도 개인이 얼마나 빠르게 혹은 시간 단위당 얼마의 성과를 내는지 측정한다. 이 상점은 제곱미터당 얼마의 매출을 올리는가? 한 은행원의 상담 시간당 드는 비용은 얼마나 되는가? 시간당 몇 대의 자동차가 생산되는가? 한 대의 자동차가 조립되는 동안 얼마나 컨베이어벨트 위에 머물러야 하는가?

이제는 한 손에 스톱워치를 들고 한 가지 작업의 목표와 기본적인 효용만 보지는 않는다. '효용 없는' 작업들은 이미 앞에서 언급한 컨설턴트들에 의해 제거되었다. 스톱워치 혹은 일반적으로 말하자면 능률 측정은 실제로 더 이상은 존재하지도 않는 '사치'에 대한 새로운 공격성을 유발시킨다.

'최고를 찾아서In search of excellence!' 이 말은 최초의 진정한 경영 베스트셀러라 할 수 있는 톰 피터스와 로버트 워터먼의 저서 제목이기도 하다 (우리나라에서는 『초우량 기업의 조건』이라는 제목으로 출간되었다-옮긴이).

1982년 이후 수백만 권이 판매된 이 책은 철저한 실행, 고객에 대한 밀착, 최고의 생산성, 가치 창조, 핵심 사업에 대한 집중, 단순한 조직, 자율성과 기업가정신 등을 강조한다. 이 책도 '도요타'와 비슷한 경우다. 기본적으로 이성적인 책이기는 하지만 이성적이 되도록 강제당한 사람들에게는 맞지 않는다.

그러나 '최고를 찾아서'라는 키워드는 이제 다른 종류의 컨설턴트 학파에게 스톱워치를 손에 들고 최고의 능률을 찾도록 만들었다. 분석가와 컨설턴트들은 누가 가장 빠르고 효율적인가 찾기 위해 전 세계로 다닌다. 그래서 찾은 최고의 기업과 다른 모든 기업을 비교한다. 벤치마킹, 비교 측정, 스코어카드, 리뷰, 리포팅, '수치처리' 등등. 그리고 측정된 기업에는 "어떤 이유 때문에 최고가 되지 못하는가? 이 기업에 부족한 것은 무엇인가? 어떤 단점을 메워야 하는가?" 하는 질문들이 던져지고 무서운 컨설턴트들이 계속해서 갭 분석gap analysis을 하러 온다.

앞서 언급한 바와 같이 능률은 시간 단위당 투입되는 노동량을 말한다. 1990년대는 스톱워치와 측정 그리고 고문처럼 치러지는 엄격한 비교의 10년이 되었다. 온통 "더 싸게! 더 빠르게!"라는 구호가 울려 퍼졌다. 그리고 마치 다른 것은 전혀 생각하면 안 되기 때문에 반복해서 기도하는 사람처럼 모든 사람에게 "측정할 수 없는 것은 관리할 수도 없다What you can't measure you can't manage"라는 구호를 반복해서 외쳐댔다. 이런 광신적 태도가 개인들의 엄청난 노동 집중과 시간 단축을 이끌어내고 비용 절감을 가져왔다.

직원들의 목표는 지속적으로 상향조정된다. 기업은 갈수록 직원들에게 신뢰를 이끌어낼 만한 의사소통을 하려고 하지 않는다. 그 대신 현재 기업이 위험에 처해 있고, 어려운 시기를 지나고 있으며, 살아남으려면 직원들의 총체적인 노력이 필요하다고만 역설한다. 어떤 사람은 그런 말에 쉽게 설득당해서 다른 사람들까지 함께 끌어들인다. 그럼으로써 측정되는 직원들의 능률수준은 상승한다. 그 이유 중 하나는 측정되지 않은 직원들의 능률수준이 원래 상태에 머무르기 때문이다.

직원들은 지속적으로 상승하는 요구수준에 맞추기 위해 점점 더 많은 무급 시간외 근무를 하게 된다. 많은 기업이 (측정의 시대에!) 시간외 초과근무 수당을 지급해야 하는 의무를 피하려고 출퇴근 기록장치를 없애버렸다. 기업들은 체계적으로 직원들에게 과도한 작업을 요구해서 이제는 자발적으로(!) 커피타임 혹은 점심 후의 휴식을 희생하는 일들이 벌어진다. '부가가치'를 가져오지 못하는 비용은 무자비하게 삭감된다. 이제는 직장

단위의 축제나 세계 저축의 날 기념 고객선물, 회의장의 꽃장식이나 케이크 등은 없다. 비즈니스 클래스 항공권이나 일등석 기차 승차권 등도 다시는 기대할 수 없다. 출장 때 머무를 호텔도 저렴한 곳으로 잡아야 한다.

추가적인 해고와 부분적인 작업장 폐쇄가 잇따르면서 더 많은 실업자가 생겨난다. 나이 든 직원들 가운데 많은 수를 비교적 후한 대접을 하며 조기퇴직을 하도록 유도한다. 그럼으로써 연기금의 사정이 나빠지고, 국가에서 지원책을 마련해야 하지만 국가도 역시 세수의 감소를 하소연한다. 국가는 얼마 지나지 않아서 어찌할 수 없는 상황임을 알게 된다. 고통에 신음하는 사람들은 고객으로서의 소비를 억제하기 시작한다(육식동물과 초식동물의 관계에서 보면 사냥당하는 초식동물의 수가 현저하게 줄어들자 육식동물 자체도 서서히 사라져간다).

이때 경제적으로 생각하는 사람들은 경제에 대해서 어떻게 생각할까?

- 우리는 언제나처럼 제품을 생산하지만, 더욱 빠르고 저렴하게 생산한다.
- 연구개발은 높은 비용 때문에 필수불가결한 부분만으로 제한되었다. 개발 시간은 그 결과가 어찌 되든 간에 극적으로 단축된다.
- 직원들은 새로운 작업도구에 대한 투자도 없이 더 오랫동안 그리고 더 빠르게, 더 많은 일을 하도록 강요당한다.
- 최고의 직원은 성실하고 열정적으로 일하면서 회사를 위해 온몸을 희생하는 직원이다.
- 승진은 에너지와 의욕 그리고 희생정신에 따라 평가된다.
- 모두가 일하고, 일하고, 일해야만 한다. 저녁 6시 정각에 퇴근하는 직원은 뒤에서 "너는 반나절 동안 휴가 받았니?"라는 말을 들어야 한다.

- 관리자들은 매일 목표 달성을 독촉하고 성과를 체크한다. 문제가 생기면 직원들에게 회사를 위해서 더 많은 노력을 기울일 것을 요구한다.

사람들은 일반적으로 삶에 대해서는 어떻게 생각할까?

- 사람들은 직장인이 되도록 교육받는다. 어디에 최고의 일자리가 있는가? 아니면 어디에서 가장 잘 살아남을 수 있는가? 어려운 과목인 국어와 수학, 영어가 다시 필수과목으로 받아들여지고 모두 나쁜 성적을 두려워해서 아무도 이런 과목을 회피하려 하지 않는다.
- "우리는 이 시기를 극복해야 한다. 아래를 내려다보지 마라. 사실 우리는 이런 시기가 끝날 것이라고 믿지 않는다. 생각하지 마라. 그렇지 않으면 침울해지고, 그런 기분은 누구에게도 도움이 되지 않는다."
- 눈에 띄지 않으면서 계속 일하는 것이 낫다. 일자리는 유지해야 하니까.
- 힘든 시기를 위해서 저축해야 한다. 임금은 더 이상은 오르지 않는다.
- 정부가 일자리를 창출해야 한다! 우리도 설계할 미래가 필요하다.

6단계, 과도기
그리고 버블 붕괴

이제 노동자의 삶은 스트레스 속에 빠져버렸다. 일자리를 잃을지도 모른다는 두려움이 만연하다. 여전히 모든 사람이 최소한 최고의 사람들에게는 일자리가 보장될 거라고 믿는다. 직원들은 쉬지 않고 다람쥐 쳇바퀴

돌듯 열심히 달리기 위해 노력한다.

이 시기에는 모두 탈출구에 대해서 꿈꾼다. 할리우드 영화는 누군가가 젊은 금발 아가씨를 위협하거나 미국을 위험하게 한다는 이유로 우주 전체를 파괴해버리는 인류의 구원자에 관한 이야기를 보여준다. 이런 시기에 갑자기 새로운 것이 나타났다!

1985년부터 이메일이라는 말이 들려오기 시작했다. 1987년 내가 IBM의 연구개발센터로 자리를 옮겼을 때, 보안 책임자들은 과학자들이 모든 자료를 이메일을 통해서 쿠바로 보내버릴 수도 있다는 두려움에 사로잡혀 있었다. 초창기에 자유로운 이메일 사용은 과학자들 사이에서만 허락된 일이었다. 이미 그 당시부터 이메일과 인터넷이 세상을 변화시킬 것이라는 사실은 명백해 보였다.

그러나 1998년이 되어서야 e-비즈니스 관련 주식 붐이 시작되었다. 갑자기 여기저기에서 e-지식, e-학습, e-경영 등과 같은 말들을 쓰기 시작하고, 'e-'가 들어간 회사의 주식이라면 무조건 상승하기 시작했다. 모든 기업이 소위 신경제라고 부르는 신세계로 뛰어들었다. 구경제는 의식적으로 폄하당하면서 굴뚝산업이라 불렸지만, 그들은 역으로 신경제가 거품이라고 주장했다. "e가 들어가건 아니건 간에 결국에는 자동차가 만들어진다!"

인터넷을 둘러싼 주식 붐은 2개의 우연한 사건으로 인해 더욱 확대된다. 모든 컴퓨터 시스템을 2000년이 되면서 두 자리 숫자에서 네 자리 숫자의 데이터베이스로 변환시켜야 했다. 여기에 유럽에서는 화폐 단위를 '유로'로 변환시키는 일이 필요했다. 이때 아마존과 야후의 매출이 처음으로 10억 달러를 넘어서자 주식 붐은 이제 멈출 수 없는 상태가 되어버렸다. 상상해보라. 기업들은 그동안 효율이라는 이름으로 사무실의 연필 수까지 세거나 탕비실의 커피가루까지 절약했다. 그러나 이제 방만하기 그지없는 '비즈니스 모델'만으로도 수백만 달러를 벌 수 있는 시대가 된 것이다.

은행이나 보험, 연기금 등은 오래전부터 자신들에게 위탁된 자금을 매우 조심스럽고 보수적으로 관리해왔다. 항상 '신뢰'가 중요시되었다. 하지만 그런 현상은 누군가가 처음으로 입금된 보험료로 주식투자를 해서 엄청난 돈을 벌었을 때까지만 유지되었다. 이들 업계에서도 갑자기 주식투자 열기를 멈출 수가 없었고, 우리의 돈은 모두 투기자금의 일부가 되어버렸다. 그리고 주가 폭락이 오자 이렇게 될 줄 모두 사전에 알고 있었다고 주장한다. 주가는 급격하게 하락하고 우리 자산에서 커다란 부분이 사라져버렸다. 구경제가 승리하기는 했지만, 진정으로 승리한 것은 아니다. 그들도 투기자금을 잃었기 때문이다.

이제 우리에게 남은 것은 무엇인가? 과도하게 투자된 광섬유 케이블, 새로운 인터넷 기반시설, 각 가정에 연결된 DSL, 개인마다 가진 무선 인터넷과 노트북, 그리고 세 대의 휴대전화.

마치 열병이나 전염병처럼 인터넷 주식 붐이 세상을 휩쓸고 지나가버리고 우리에게는 커다란 금전적 손실을 안겨줬다. 그리고 더 나은 미래에 대한 아이디어도 함께 남겼다.

이때 경제적인 사람들은 경제에 대해서 어떻게 생각할까?

- 우리는 언제나처럼 제품을 만든다. 그러나 인터넷의 도움으로 만들고, 판매도 인터넷에서 한다.

- 어떻게 하면 모든 것을 e-비즈니스로 개조할 수 있을까?
- 직원들은 신경제 체제에서도 여전히 일만 해야 한다. 사무실 의자 대신 오렌지 상자 위에서 일하는 것이 다를 뿐이다.
- 성과를 내는 직원은 매우 적다. 그래서 그들의 비위를 잘 맞춰야 한다. 그리고 나머지 직원들은 일자리를 유지하는 것만으로도 다행으로 생각해야 한다.
- 승진은 항상 직장을 그만두겠다고 위협하면서도 성과를 내는 직원만의 몫이다.
- 관리자들은 직원들을 지속적인 정밀평가로 위협한다. 두려운 분위기가 지배한다.

사람들은 일반적으로 삶에 대해서는 어떻게 생각할까?

- 사람들은 살아남아야만 하고 경우에 따라서는 직업과 사는 곳을 옮겨야 한다. 이제 만족스럽지 않다고 하더라도 일자리를 찾아나서야 한다. 로또 대신 자리를 차지한 인터넷 주식으로 큰돈을 꿈꾼다.
- "우리가 지금 사는 시대는 재앙의 시대인가 아니면 골드러시의 시대인가? 확실한 것은 무엇인가? 우리는 지금 아이를 가져도 되는가?"
- 스스로 삶을 헤쳐나가는 게 쉽지 않다. 대량실업과 사회적 지위의 하락에 대한 두려움이 크다. 골드러시에 함께 동참해야 하는가?
- 회사가 살아남기 위해서 경쟁은 필수적이다.
- 정부는 아무것도 하지 않는다. 무력해 보인다.

새로운 혁신의
태동

모든 새로운 기초기술이나 변화는 우리의 세계를 확장시킨다. 배는 대륙과 대륙을 연결하고, 증기기관과 기차는 지역과 지역을 연결하고, 컴퓨터는 가상의 세계를 열어준다. 그러나 인터넷이야말로 전 세계를 하나로 묶어준다. 즉 진정한 '세계화'가 된 것이다.

주식 붐과 폭락이 현재 우리의 뇌를 제대로 흔들어놓았다. 우리는 큰돈을 꿈꾸다가 많은 돈을 주식시장에서 잃어버렸다. 국가는 부채 때문에 제 기능을 잃었다. 오랫동안 지속된 효율에 대한 과도한 집착으로 모든 것이 지독하게 '말라'버렸다. 어떤 이들은 경제가 얇아졌다고도 말한다. 오늘날 언론에서 비꼬는 식으로 표현하면 "경제는 거식증 환자가 되어버렸다"(최근 보도에 따르면 너무 마른 여성 모델이 런웨이에 서는 것을 금지했다고 한다. 마치 아름다움에 대한 이상형이 경제의 전개 상황과 함께 바뀌는 것처럼 보인다).

환상에서 깨어난 오늘날의 경제는 새로운 방향을 모색하고 있다. 인터넷은 인도와 중국을 우리의 이웃나라로 만들고, 인도인과 중국인을 우리의 경쟁자로 만들어버린다. 인터넷은 이른바 '홈 오피스'라고 부르는 집에서 작업하는 것을 가능하게 한다. 우리가 집에서 일할 수 있다면 그 일을 인도인이나 중국인, 독일인, 미국인이 자기 나라에서 하는 것과 무슨 차이가 있을까? 이제 세상은 인터넷이라는 단 하나의 대륙 위에 존재한다는 사실을 모든 사람이 인식하게 되었다. 경영자들은 토머스 프리드먼의 저서 『세계는 평평하다』를 복잡한 심정으로 읽는다.

왜 유럽인과 미국인에게는 다른 지역보다 10배나 되는 임금이 지급되어야 하는가? 이런 질문이 세상에 유례가 없는 변화를 불러왔다. 진정으로 새로운 시대가 왔다. 우리는 새로운 것이 전자적이거나 디지털일 거라고 생각했다. 그러나 그렇지 않다. 우리 세상을 넘보는 수십억의 이웃을 새로이 얻었을 뿐이다. 그들은 일단 우리의 경쟁자로 등장한다. 그래서 불청객으로 느껴져 우리는 그들을 좋아하지 않는다.

이제 우리의 새로운 이웃들이 우리보다 더 많은 열정을 갖고 행동한다. 왜냐하면 잃을 것이 없는 상태에서 오직 얻을 것만 있기 때문이다. 또한 그들은 원하는 걸 얻게 될 것이다. 그들은 이미 호황기에 있으며, 프로테스탄트의 노동윤리로 정신무장을 하고 있다.

그러나 우리는 여전히 내면적으로 과거에 누렸던 복지만을 추억하고 있다. 새로운 이웃들이 장밋빛 미래로 보는 상황을 인생에서 가장 고통스러운 적응의 시기로 느낀다. 15년 전부터 우리의 복지 상황은 답보 상태다. 이제 우리는 방향을 새롭게 잡아야 한다. 과연 우리가 해낼 수 있을까? 아니면 오랫동안 성장해온 우리의 문화가 죽어가게 내버려두어야 할까? 아니면 곧 인도와 중국에서 모두의 걱정을 날려버릴 만한 경제 호황의 바람이 일어나게 될까?

진행되는 콘드라티예프 파동에서 새로운 건설이 일어나기 위해서는 우선 자신의 세상에서 변혁을 경험해야 한다. 새로운 이웃들이 우리의 일자리를 넘보고 있다. 일하려는 의지가 있는 사람들이 세계 곳곳에서 우리의 부를 함께 나누려고 온다. 그들은 무력으로 우리를 침략하지는 않는다. 이것은 경제적 침략이다. 더 정확하게 이야기하자면 침투다. 우리의 심장은 경제 뉴스를 보면서 마치 옆에서 폭탄이 터진 것처럼 떨고 있다. "이윤을 3퍼센트 더 올리기 위해서 1만 명의 국내 노동자가 해고되었습니다." (우리는 임금이 비싼 만큼 일을 더 잘해야 한다. 그런데 사실은 더 잘하지 못한다!)

대량해고에서 해고된 당사자 모두 단지 무력한 분노만을 느낀다. 성과는 언제나 보답받는다고 이야기했던 거짓말! 연금은 안전하다고 했던 거짓말! 최고의 직원은 해고되지 않는다는 거짓말! 모든 약속이 거짓말이었다. 성이 무너지면서 이제 겁쟁이와 영웅이 구별되지 않은 채로 모두 함께 죽어간다. 우리는 소리치기 시작한다. 사회적 다위니즘은 물러가라! 터보 자본주의에 반대한다! 임금 덤핑과 노동자에 대한 협박에 반대한다! 인간을 상한 물건 취급하는 것에 반대한다!

그러나 우리는 이미 새로운 방향 전환의 한중간에 있다. 우리에게 부족한 한 가지는 오직 호황기의 호르몬이 다시 분비되는 것뿐이다. 새롭게 성장한 이웃 나라들이 우리에게 가져온 호황기의 분위기로 돌아가는 일만 남아 있다. 더 이상은 아래로 내려가지 않을 것이라는 사실을 인식하는 순간에 우리는 악몽과 엔도르핀 쇼크, 제거된다는 느낌에서 깨어나게 된다. 그러면 이제 다시 시작이다. 콘드라티예프 파동에서 바닥은 마치 거대한 해일과도 같다. 그때 우리는 이틀 동안은 해일의 충격 때문에 꼼짝 못하고 파괴된 재산 속에서 누워 있겠지만, 그다음에는 다시 일어나서 건설하기 시작할 것이다. 해야 할 일이 무엇인가를 알고 있기 때문이다. 그것을 아는 사람은 다시 일을 시작한다. 단지 우리는 상황이 더 나빠질까 봐 두려워할 뿐이다. 그렇지 않은가?

이때 봄을 알리는 소리가 여러 곳에서 들려온다. 이제 많은 사람이 혁신이나 낙관주의, 감성지능emotional intelligence, 리더십, 새로운 것 등에 관해서 이야기한다. 그러나 아직까지는 과거의 인터넷 재앙에 대한 기억과 효율에 대한 집착이 더 강하게 남아 있다. 여전히 '1인 주식회사', 비즈니스 프로세스 전환, 인력 공급망human supply chain, 종합관리, 저성과자 퇴출, 오프쇼어off-shore 등이 거론된다.

7단계, 불황의 정점, 극단적 이윤 추구

●●

그러나 모든 것이 다시 좋아지기 전에 경제적 압력은 사람들을 거의 망가뜨리기 직전까지 상승한다. 이제 효율 증가와 추가 작업으로는 충분하지 않다. 정말로 생존 자체가 문제가 된다. 어떤 것이 살아남을까? 여기에 이런 답이 있다.

> 이윤이 있는 것이 살아남는다.

모든 것이, 모든 개인이 국부적 혹은 개별적인 차원에서 수익성이 있는가를 검증받는다. 아무리 작은 부서라도 이윤을 내고 있다는 사실을 개별적으로 증명해야만 한다. 대기업의 법무부서나 홍보팀이라고 예외는 아니다. 그런데 이들은 수익도 없고 이윤을 낼 수도 없는 부서이므로 자신의 효용성을 증명하는 게 쉽지 않다.

따라서 전체 경제가 극단적으로 재조직된다. 모든 부서, 그리고 개개인마저도 다른 부서 혹은 고객으로부터 자신의 성과에 대한 대가를 지급받을 수 있어야 한다. 모든 부서가 자신들의 작업에 대해서 가격표를 작성한다. '한 건의 계약서 작성=계약 총액의 2퍼센트' 혹은 '한 건의 출장비 정산=20유로'. 모든 직원이 자신이 낸 성과를 정확하게 기록한다(남성 세명 이발, 한 명 머리 감기기, 자산 상담 두 건, 주택담보대출 한 건 판매 등등). 각각의 성과에 대해서 정확한 임금이나 수수료가 정해진다. 모든 직원이 오직 정산이 이뤄진 뒤에만 일하도록 교육받는다.

직원이 해야 할 일과 그것에 얼마를 지급할 것인가는 사전에 협상을 통해 정해지고 서비스수준협약SLA: service level agreement에 따라 작성된다. 건물관리인은 사전에 전구 교환이나 회의실 의자 배치, 마이크 설치에 대한 수수료를 확정받는다. 모든 작업 단위마다 가격표가 정해진다. 각각의 직원은 각각의 행위마다 계산서를 청구하고 자신의 소득으로 종합한다. 그는 1인 주식회사로서 수익을 내야 한다. 그리고 자기 자신을 판매해야 한다. 그러지 않으면 수익성이 없다. 어쩌면 가격을 올려야 할지도 모른다. 그러나 아무도 그가 요구하는 금액을 지급하지 않는다면? 그는 사라질 수밖에 없다.

모든 경제가 시간이 가면서 이익센터로 분리된다. 사람들이 거기에 익숙해지기까지는 수년에 걸친 고통스러운 적응 기간이 필요하다. 각각의 이익센터는 임의의 사람, 부서, 기업에 이른바 '서비스'를 제공한다. 그리고 서비스를 받는, 그래서 돈을 지급하는 상대방을 '고객'이라고 부른다. 모든 직원이 자신의 '고객'에게 집중해 그들한테서 충분히 많은 돈을 받고자 노력한다. 이처럼 수익성 위주로 방향을 전환하는 것을 '고객 지향'이라고 부른다. 이 개념은 종종 '친절'해야 한다는 의미로 오해되거나 아니면 실수 혹은 의도적으로 그렇게 강조되기도 한다. 그러나 사람들이 고객 지향에 대해서 어떻게 이야기하든 간에 서비스를 받는 사람(혹은 조직)에 대한 수익성이 이 개념의 핵심이다.

어떤 부서나 기업의 일부분이 이윤을 내지 못하면 감독부서의 방문을 받게 된다. 이때 수익을 내지 못하는 부서가 제공하는 작업을 기업의 외부에 있는 시장에서 더 저렴하게 구입할 수 없는가라는 문제가 제기된다. 종종 그 대답은 거리낌 없이 "그렇다"로 나온다. 대기업에서 전통적으로 관대하게 지급하는 저임금 직업의 대부분이 여기에 해당된다(여비서는 가족보다 더 긴 시간을 직장 상사와 함께 보내는 경우가 많은 만큼 신뢰관계도 높다. 과연 상사가 그런 그녀에게 최저임금만을 받게 하겠는가?).

시장에서는 이런 서비스를 훨씬 저렴하게 얻을 수 있다. 청소, 건물관리, 우편물 배달, 구매대행, 운전 등의 서비스를 시장에서 더 저렴하게 이용하면서 원래 있던 회사 직원은 해고된다. 그러고는 다른 회사에 저임금-비정규직으로 고용된다. 이렇게 해서 아웃소싱이라는 흐름이 생겨난다. 기업은 항상 회사 내 크고 작은 부서의 서비스를 '외부'에서 더 저렴하게 살 수 없는가라는 질문을 던진다. 출판사는 회사 밖에서 교정하고, 필름을 뜨고, 인쇄하고, 제본을 한다. 회사 안에는 오직 전략적으로 중요하고 높은 이윤을 가져다주는 분야만 남게 된다. 이런 과정을 통해서 기업은 더욱 가벼워진다.

그런데 사람들도 똑같은 원칙에 따라 비교된다. 어디서나 좋은 직원과 나쁜 직원이 있음이 밝혀진다. 즉 성과가 우수한 사람은 그렇지 못한 사람과 비교했을 때 그 차이가 대단히 크다는 사실이 밝혀지는 것이다. 한 부서에서 대부분의 이윤은 매우 훌륭한 몇 명의 직원이 만들어내는 것이며 직원 중 약 3분의 1은 오히려 손실을 내는 사람이라는 말도 있다. 이런 직원들은 곧바로 거리낌 없이 저성과자라고 불린다. 기업은 이런 직원들을 쫓아내려고 한다. 그리고 그런 직원들이 좋은 성과를 낼 수 있는 다른 분야를 찾는 데 도움을 준다(당연히 새로운 분야의 임금은 훨씬 적다).

이런 잔인한 과정은 미국식의 임시고용 방식hire & fire으로 넘어가기 위해 필요한 것이다. 직원들은 오직 비정규직 계약만을 하게 된다. 소위 인적자원이 되는 것이다. 파트타임 인력은 '숨 쉬는 자원'으로 인식되어 필요에 따라 고용되었다가 계약이 해지되곤 한다. 할인마트에서 볼 수 있는 계산원들이 좋은 예가 된다. 사람들은 작업 단위로 관리되는데, 이를 인력 공급망이라고 부른다. 모든 직원이 빠듯한 일과 후 시간에 개인적으로 자기계발을 하고 자신을 '수익성 있게' 만들 의무가 있다. 그러지 않으면 해고되기 때문이다.

얼마 지나지 않아서 한 부서가 단순히 수익을 내는 것만으로는 충분하지 않게 된다. 갈수록 내야 하는 목표수익이 높아지기 때문이다. 우리는 방송을 통해서 "우리 회사는 올해 25퍼센트의 자기자본수익률을 내려고 합니다!"라고 주장하는 경영자의 놀라운 장담을 듣는다. 이러한 목표는 한 국가의 복지를 책임질 수 있는 전체 예산치보다 높다. 이제 '국가'는 없다. 세상은 인터넷을 통해 하나의 마을이 되었다. 어디에서든 더 적은 임금으로 일할 준비가 되어 있는 더 가난한 사람들이 있다. 단순히 이윤이 문제가 아니라 이윤의 증가가 중요하다!

사람들은 무자비하게 교환 가능한 상품으로 취급된다. 그래야만 비용이 절약되기 때문이다! 제품들도 무자비하게 '세계화'된다. 과거 항공사들은 기내식을 서비스할 때 모든 접시와 잔에 회사 이름이 찍혀 있는 것을 자랑스럽게 생각했다. 하지만 이제는 그런 광경이 사라지고, 모든 항공사가 공동으로 집기를 사용한다. 자동차 생산자들도 똑같은 엔진과 부속품을 여러 가지 모델에 장착시킨다. 차의 겉모습만이 자동차 브랜드의 특성을 드러낼 뿐이다. 모든 기업이 원료나 컴퓨터 부품, 케이블, 전기모터, 기계 부속 등을 전 세계에 흩어져 있는 시장에서 구입한다. 마지막에 이 모든 것이 한곳에서 조립될 뿐이다. 모든 것이 표준화됨으로써 가격이 내려가는 것이다.

"당신이 더 저렴하게 공급할 수 없다면 우리는 다른 곳에서 사겠다." 기업은 임시고용 방식에 따라 사람들을 교환하는 것과 똑같은 방식으로 하청업체들을 대한다. 모든 것이 교환 가능하고 정체성을 강탈당한다. 이제는 배려도, 신뢰도, 오랫동안 형성된 비즈니스 관계에 대한 존중도 없다. 개인 역시 자신의 이익에 따라 사업관계 혹은 은행 등과의 신뢰관계를 철회한다. 그들은 기업들이 하는 것처럼 가장 저렴한 공급원을 찾는다.

"탐욕은 좋은 것이다."

낙오하는 사람은 저성과자가 될 수밖에 없다. 남들이 그렇게 낙인찍도록 하는 것도 자기 잘못이다! 이윤을 내지 못하는 기업도 자기 잘못이다! 모두 높은 압력을 받고 있기에 실패한 자는 어떤 배려도 없이 그냥 살벌한 길 위에 나앉도록 놓아둘 수밖에 없다. 이런 분위기에서 공동체가 죽어버린다. 교회는 비어간다. 자원봉사로 유지되는 사회단체들도 해체된다. 각자 스스로 행동해야 한다. 국가의 구성원이 점점 줄어드는데도 아이를 낳고 기를 시간은 없다. "나에게 돈을 달라. 그러면 아이를 낳겠다. 다른 모든 것과 마찬가지로 아이도 이윤이 있어야 낳는다!" 국가가 더 많은 아이를 원하는 고객인가? 그렇다면 돈을 지급하라!

갈수록 많은 사람이 가난해진다. 오늘날 우리는 프레카리아트의 발생에 대해 이야기한다. 프롤레타리아라는 말은 사용하지 않겠다. 이 개념은 마르크스에게 선점당했기 때문이다. 그러나 기본적으로는 경제 흐름 중에서 '하층민의 가족에서 태어나는 아이들이 죽어가는 상황과 가깝다'(이 인용문은 애덤 스미스의 책 앞부분에 나온 문장이다. 오늘날 우리는 다른 양상의 곤궁함을 경험하고 있지만 그 메커니즘은 매우 비슷하다).

영화 〈지옥의 묵시록〉과 비슷한 분위기가 세상을 지배한다.
"지금이 세상의 종말일지니……."

사람들은 고통에 시달리고 이런 상황에서 벗어나고자 모든 노력을 기울인다. 그들은 속이기 시작한다. 고객에게는 주문을 내도록 뇌물을 주거나 계약서의 중요한 문구를 작은 글씨로 써넣어 함정에 빠뜨린다. 제품과 가격은 비교하거나 평가할 수 없도록 교묘하게 만든다. "소비자는 혼란스러워한다." 고객들은 정신적으로 혼란에 빠진다. 이것이 애커로프가 주장한 '레몬시장'으로 향하는 과정이다. 경영자들은 숫자를 미화하거나 대량해고를 빠르게 진행시키려고 노조를 매수한다. 고위직에는 해고 위로금이 지급되고, 내부자 거래가 횡행하고, 비자금이 형성된다. 직원들한테서 절약된 자금이 이제는 변호사나 경찰, 그 밖의 협조자들 주머니로 들어간다. 그러면서도 그들은 남들 앞에서 좋은 모습을 보이기 위해 윤리적으로 문제가 없다는 증서에 서명해야 한다. 세상은 고통과 죄악으로 끓어오른다.

순수하게 수익만을 지향하는 태도는 높은 이윤을 낸다. 왜냐하면 이런 지향성은 모든 성스럽고 역사적인 이해관계와 도덕을 무시해버리기 때문이다. 그것은 지금까지의 모든 믿음과 신뢰, 관계를 깨뜨린다. 이제 사람들은 절대로 국가나 인간, 문화, 지역 등에 대한 책임을 지지 않는다. 일반적으로 지금까지 해왔던 가치에 대한 어떤 지속성도 고려하지 않는다. 전쟁에서 그러한 것처럼 모든 것이 더는 존중될 필요가 없다고 생각하므로 중요한 문화적 자원을 파괴하고 많은 이윤을 발생시킨다. 모든 종류의 약탈에 대해 거리낌이 없어진다. 모든 것이 약탈되고 가장 근본적인 가치까지 팔려나간다. 임금은 삭감된다. 이윤을 내지 못하는 기업은 뜨거운 감자처럼 이리저리 던져지고 팔려나간다. 기업은 이제 일자리를 주는 곳이 아니라 오직 '가치'일 뿐이다. 과거에 주식이나 사람들을 대했던 것처럼 이제는 기업과 산업 분야를 그렇게 다룬다. 자원 약탈이 일어난다. 기업 평가자와 해체 전문가들은 마치 '메뚜기 떼'처럼 행동한다.

'더는 신성한 것이 없기 때문에' 분노가 퍼져나간다. 곧 반란이 일어나게 될까?

이때 경제적으로 생각하는 사람들은 경제에 대해서 어떻게 생각할까?

- 고객이 불만을 표시하지 않을 정도의 품질만을 유지한 채로 최대한 저렴하게 생산하라.
- "트럭에 있는 것은 모두 팔아라! 재고를 팔지 않고서 새것을 생산하는 것은 의미가 없다. 모두 판매하러 나서라!"
- 모든 직원이 이윤을 내야 한다. 그렇지 않으면 떠나야 한다.
- 직원들과는 오직 한시적으로만 계약하라! 직원들은 단지 '숨 쉬는 생산 요소'일 뿐이다. 개개인에 대한 배려는 비용이 많이 든다.
- 노동조건은 될 수 있는 한 최대로 나빠져야 한다. 그래서 누군가가 사표

를 쓴다면 더욱 좋은 일이다.

- 경영자들은 모든 직원에게 언제나 똑같은 희생을 요구하느라 탈진 직전 상태에 있다. 경제는 전쟁 상황이므로 아무도 피해갈 수 없다. 말투는 완전히 거칠어야 한다. 그렇지 않으면 아무도 움직이지 않기 때문이다. 인간적인 면을 보일 시간이 없다.

- 모든 잠재능력도 이윤으로 변화되어야 한다. 필요한 경우에는 회계 조작을 해서라도 그렇게 해야 한다.

사람들은 일반적으로 삶에 대해서는 어떻게 생각할까?

- "탐욕은 좋은 것이다." 모두가 흥정하고 이익을 추구한다. 정직한 사람은 바보가 된다. 진정한 품질은 상관없어질 가능성이 높다. 미래가 없을 수도 있기 때문이다.

- "인도가 우리를 죽인다. 연금이 없어진다."

- 경쟁은 가뜩이나 마른 나귀의 등을 때리는 것처럼 여력이 전혀 없는 사람들과 기업을 더욱 탈진시키는 역할만 할 뿐이다.

- 정부는 더 이상 기능하지 못한다. 모든 것이 선거 전쟁일 뿐이다. 정치가들은 무언가를 해보겠다는 의지조차 없다.

- "이렇게 했어야만 하는데, 이건 말도 안 돼. 이건 가능해야 하잖아. 그런데 그렇지가 않아. 정말 미치겠어." 불평과 불만이 만연한다.

다시, 새로운 경기 사이클이
시작된다

2006년 초 나는 IBM의 기술담당이사로서 '갑자기' 혁신에 대해 다시 강연해야 했다. 이제는 사람들을 더욱 비참하게 만드는 것에서가 아니라 더 나은 제품에서 탈출구를 찾기 시작한 것이다.

"지금까지 우리는 분기마다 직원들에 대한 압력을 강화해왔다. 그리고 그 결과는 스스로 생각하기에도 놀랍게 직원들이 언제나 기대 이상의 성과를 보여줬다는 것이다. 그러나 이제는 그러한 성과들이 정체되고 있다. 고위 경영층도 한계를 느낀다. 더는 이런 방식으로 가능하지 않다. 그러나 우리는 계속 전진해야 한다. 하지만 어떻게?"

이미 언급했듯이, 인도와 중국에서도 자동차와 주택이 필요하다. 인터넷을 통해 더 커진 세계는 더 커다란 경기 사이클을 보일 것이다. 새로운 사이클이 시작된다. 언제? 정확하게 언제? 독자들은 나에게 이렇게 물어볼 것이다. 주식에서 많은 돈을 번 어떤 사람이 생각난다. 그는 주가가 폭락한 직후 가장 적절한 시기에 다시 주식을 샀다. 대단한 용기다. 내가 그런 결단력에 경의를 표했을 때 그는 웃으면서 다음과 같이 대답했다.

"그날 증권거래소 앞을 지나갔는데, 검은 양복을 입은 어떤 주식 거래인이 건물 앞 계단에 앉아서 창피한 줄도 모르고 흐느껴 울고 있었습니다. 그때 알았습니다. 이제 폭락은 끝났다고요."

이런 시기에는 경영자와 컨설턴트가 욕을 먹게 되어 있다. 경영자들은 회사 돈을 자기 돈처럼 사용하고 컨설턴트는 보통 '먹튀꾼' 성향이 있다고 평가받는다. 실행력 없는 권력을 두고 장기적인 정치투쟁을 벌이는 정치가들 역시 더는 영향력이 없기에 진지하게 받아들여지지 않는다.

그러나 이미 언급한 것처럼 나는 여러 곳에서 봄을 알리는 소리가 들려옴을 안다. 우리는 지금, 아니면 얼마 지나지 않아서 곧 경기가 완전한 바닥에 도달했다는 사실을 믿게 될 것이다. 그러면 우리의 본능이 다시 봄으로 전환한다. 그리고 과거에 있었던 일들은 모두 잊어버린다. "다 지난 일이야!" 우리는 다시 새로운 목표를 세운다. 그러고는 다시 만족스러운 마음으로 일터로 간다. 실업률은 감소하고 경영자들은 다시 우리에게 미소 짓는다. 전에는 마음이 차가워야 했지만 이제는 미소가 이윤을 가져다준다.

순환하는 미친 세상이다.

증시는 어떻게
움직였을까?

생동감 있는 사례로 금융의 세계를 잠시 살펴보자. 다음 그래프는 미국 주식시장에서 다우존스 지수의 흐름을 보여준다. 트렌드를 알아보기 쉽게 하기 위해서 그래프에 나타나는 곡선에 직선을 그려 넣었다.

제2차 세계대전 직후에 우리는 비교적 변화가 없는 상태를 볼 수 있다(전후 처리와 안도의 시기). 그다음에 1950년부터 1965년까지는 지수가 지속적으로 상승하기 시작한다(호황기).

독일에서는 이 시기를 재건기Wiederaufbau라고 부른다. 이때는 우리 모두가 에너지가 넘치고 눈동자에는 확신에 가득 차 있었던 시기였다. 독일은

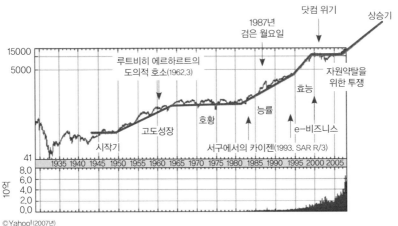

소위 '경제기적'을 경험했다. 각자가 스스로의 '재건'을 위해 할 일이 차고 넘쳤다! 진정한 경쟁이 존재하지 않았었다. 이런 시기에는 정말로 각자가 스스로를 위해 열심히 일하면 모두를 위해 좋은 결과가 나올 수 있었다.

당시 어렸던 우리는 어른들이 모든 것을 빠르고 새롭게 다시 건설해내고 있다는 자부심 가득한 목소리를 자주 들을 수 있었다. 독일은 폐허에서 다시 유럽 최강의 경제대국이 되었다. 여기에서 중요한 핵심은 에너지가 슬픔과 적대감에 의해 마비되어서 우울증과 무기력증에 빠져 있는 상태에서보다는 아무것도 없는 폐허에서 강력한 에너지와 자신감을 다시 해방시키기가 쉽다는 사실이다. 저번에 베를린에서 나를 태워준 택시 기사가 이렇게 말했다.

"쿠르퓌르스텐담(통일 전 서베를린의 중심지역)은 여전히 활기차지만 좋은 음식을 먹고 무엇인가 새로운 것을 경험하려면 베를린 미테(현재 베를린의 중심가. 동베를린 구역에 있다)로 갑니다. 서베를린 사람들은 우월감을 즐기느라 오랜 시간을 허송세월로 보냈지요."

이것이 베를린에서 벌써 내가 네 번째로 듣는 말이었다.

1965년부터 1980년까지 다우존스의 곡선은 비교적 기울기가 완만하게 흐른다. 그렇다고 해서 주식투자에서 아무런 소득도 없었을 것이라고 생각해서는 안 된다. 주식시세는 거의 변화가 없는 상태였지만 주식회사는 훌륭할 정도로 배당금을 지불했다. 최소한 이 시기의 독일에서는 주식회사가 이윤을 증명하려고 굳이 노력하지 않았었다.

"이윤을 내면 그만큼 세금을 지불해야 하고 노동조합도 그중 일정 부분을 가져가버린다."

그래서 당시에는 이윤을 숨겨서 마치 전혀 이윤이 나지 않는 것처럼 하려는 노력이 독일에 유행처럼 번졌었다. 그런 노력에 주주들은 환호했다! (현재 만연해 있는 주주배당 우선주의 철학과 비교해보라!) 과도한 감가상각을 통한 이윤의 은닉은 소위 '비밀적립금'의 축적으로 이어졌다. 사치의 시대가 시작되었다. 물가가 크게 상승하면서 통제불능 상태에 빠졌다.

'외국인 노동자'의 수입을 통해서도 일할 사람을 구하기가 어려워졌다. 노동의 가격이 위협적으로 비싸졌다. 수많은 사람들이 경고했다! 그러나 노동자들은 케이크의 조각을 하나둘씩 자신의 것으로 가져왔다. 연금, 휴가, 요양, 보험적용 범위, 낭비적인 노동조건, 특별급여, 자산 형성, 더 많은 급여 등등.

도요타 연구와 함께 알려지게 된 일본의 카이젠을 통해 각성이 찾아왔다. 일본이 비용 절감 원칙과 엄격한 규율을 통해 세계지배권을 넘겨받게 되는 걸까? 일본은 한 나라 전체가 마치 거대한 게마인샤프트처럼 행동했다. 유럽은 공포에 떨었다.

효율의 시기가 도래한 것이다. 노동자의 모든 행동이 연구대상으로 되었다. 모든 행동에 "이것은 유용한가?" 또는 "이것은 기업의 목적에 부합하는가?"라는 질문이 던져졌다. 그럼으로써 기업은 더욱 합리적으로 되었으며 수익과 주가는 상승했다.

약 1995년부터 주가는 더욱 빠르게 상승했다. 그래프를 보라. 곡선의 기울기가 더 높아지기 시작한다. 컴퓨터의 데이터베이스가 한 걸음 더 나아간 질문을 할 수 있게 해줬고 결국에는 어떤 노동자의 행동이 돈을 벌게 해줄 것인가를 계산할 수 있게 해줬다. 이때 "이것은 유용한가?"라는 질문이 "이것은 주주 가치를 생산하는가?"로 바뀌어버렸다. 이런 사고방식 하에서는 돈이 어디로부터 흘러들어 오는가에는 전혀 관심이 없게 된다. "돈에서는 냄새가 나지 않는다Pecunia non olet." 금융 화이트칼라가 업계를 점령해버렸다. "이것은 유용한가?"라는 질문에는 엔지니어가 답을 하고 "이것이 돈이 되는가?"라는 질문에 대한 답은 경리부장이 안다. 기업들은 정신적으로 기업의 비용 측면에만 집중하게 되고 결과적으로 자원을 약탈하기 시작한다('기업운용에 필수불가결하지 않는 자산의 매각', '핵심 역량으로의 집중', '다운사이징').

그래프 중에서 다우존스 지수 곡선의 아래쪽에서는 주식의 매매량 추이를 읽을 수 있다. 매매량이 폭발적으로 증가하는 모습을 볼 수 있다! 그때까지는 투자자가 자금을 투입했다면 이제는 투기꾼들이 도박을 시작했다. 자산 형성이라는 목적이 탐욕으로 바뀌었다. 특히 이러한 매매량의 변화에서 '터보 자본주의Turbo- Capitalism'으로의 발전과정을 볼 수 있다.

1999년부터 2006년까지 우리는 커다란 혼란을 겪게 된다. 소위 '밀레니엄 버그'가 컴퓨터 업계에서 특수 호황을 가져왔다. 인터넷 기업들이 거품주가를 만들어냈다. 유로의 도입도 특수에 특수를 더했다. 그러나 9.11테러는 세상을 뒤흔들었고 막대한 전쟁비용을 쏟아붓게 만들었다. 우리가 쾌감 또는 혼돈처럼 느꼈던 이 시기는 환호와 통곡이 교차하는 광기의 시대였다. 우리는 제자리에서 빠른 속도로 맴돌았다. 주가는 커다랗게 요동쳤지만 거의 같은 수준에 머물러 있었다. '수많은 자원약탈과 소득 없는 투쟁'의 반복이었다.

우리는 2006년부터 커다란 호황이 시작되는 모습을 볼 수 있다. 인도와 중국으로부터 흘러들어온 호황이다. 원재료가 부족해졌다. 시기에 따라서는 중국으로 가는 화물선박 요금이 그 배에 실린 철광석 가격보다 더 비싼 경우도 있었다. 우리는 자원에 대한 약탈이 사회간접자본의 쇠락으로 이어졌음을 알 수 있다. 공항과 항만은 과부하 상태이지만 정유시설과 발전소는 오래전부터 추가로 건설하지 않고 있다. 도로의 상태는 나빠지기만 했고 건축도 마비 상태다. 대신 이 모든 것들이 브릭스 국가들에서 건설되었다! 과거 독일에서처럼 아무것도 없는 폐허로부터 만들어졌다! 그리고 얼마 지나지 않아 그곳의 택시 기사는 이렇게 말할 것이다.

"미국과 유럽은 여전히 좋지만 비즈니스는 바로 이곳에서 해야죠. 그들은 너무나 힘들어 하고 있고 우월감을 즐겼거나 아니면 원래부터 두려움을 느꼈는지 모르지만 어쨌든 너무 많은 시간을 허비했어요."

그렇다면 지금은 어떤가? 왜 이곳 유럽에서는 여전히 호황이 오지 않는가? 우리는 썩은 채권을 가지고 부정하게 재주를 부린 결과로 서브프라임 위기 때문에 떨고 있다. 여기가 바로 호황의 마지막 시기다. 2000년경 당시에는 여전히 합법적이었던 금융적 잔재주를 부렸다면 시간이 갈수록 더욱 수상쩍고 노골적인 거래가 이뤄졌으며 서로가 서로에게 사기를 치고 있다. 금융적 잔재주는 장사가 잘된다. 서로가 서로에게 팔아먹고 있다. 그러나 새로운 지역에서는 정상적인 생산활동이 이뤄지고 있다.

경기에 따라
춤추는 경제 이론
●●

지금까지 경기순환의 전형적인 흐름에 대해서 설명했다. 애덤 스미스에 따르면 모든 것이 한 번은 이렇게, 다른 한 번은 저렇게 흘러간다고 한다. 그리고 '보이지 않는 손'이 한쪽으로 과도하게 진행된 것을 다시 균형 상태로 돌려놓는다고 한다. 시장에 맡겨두라! '레세페르laissez-faire(자유방임주의)!' 경제학의 신자유주의 학파는 국가의 역할을 오직 자유로운 시장이 작동하도록 해주는 일에만 제한하고 다른 어떤 경제행위에도 간섭하지 말아야 한다고 주장한다. 케인스는 국가 혹은 지방자치단체가 안정과 균형을 위해 행동해야 한다고 주장한다. 플라톤(국가)과 토머스 모어(유토피아), 장 자크 루소, 카를 마르크스 등 여러 사상가가 반복해서 경기파동이 발생하지 않는 일종의 계획경제를 설계하려고 노력해왔다. 즉 국가가 모든 것을 사전에 결정하는 체제다. 그리고 사회적 시장경제와 같은 원리는 개인의 자유와 사회 전체의 계획, 즉 개인의 자유와 사회적 책임이라는 2개의 가치를 높은 차원에서의 조화로 이끌어내려고 노력한다.

앞에서 말한 이론들은 그동안 지지자들에 의해서 끝없이 논의되었다.

그러나 우리는 경험적으로 하나의 이론이 특정한 시기에만 우위를 점하고 그 이론에 따른 정책이 실행된다는 것을 알고 있다. 이 이론 중 어떤 것도 장기적으로는 전체 여론의 지지를 받지 못한다. 그러나 해당 시기에 지지자들의 머릿속에는 자신들이 지지하는 이론 말고는 어떤 것도 들어 있지 않다. 그들은 경제적 환경이 지속적으로 변화하고 그에 따른 해석 가능성도 바뀔 수 있다는 사실을 이해하지 못한다. 따라서 그들의 머리는 경직된 채로 있고 경제라는 낙타는 계속해서 움직여간다.

> 경제 이론은 현재 국가가 행해야만 하는 조치들이 취해지는 것을 방해한다.

호황기 초기에 사랑받는 이론, (신)자유주의 • 호황의 초창기에는 모든 것이 스스로 알아서 잘 작동한다. 개척자들은 경제 이론이 필요하지 않다. 그들은 단지 기득권자들을 위한 기존 구조가 자신들이 하려는 혁신을 방해하고 있다고 불평할 뿐이다. 옛것을 위해 만들어진 법은 아쉽게도 새로운 것을 금지시킨다. 관세는 중국과의 교역을 방해한다. 모든 나라가 각각 다른 규정을 갖고 있다면 인터넷도 완벽하게 자유로울 수는 없다. 사회간접자본(철도, 전선, 가스관, 전화망, 케이블 네트워크)은 모두에게 개방되어야 한다. 개척자들은 모두에게 개방된 사회간접자본을 새로운 것을 건설하는 데 사용하려 한다. 그것을 못하게 한다면 국가는 사라져주는 편이 낫다. 지금 사회문제는 별로 없다. 왜냐하면 호황기이기 때문이다. 모두가 더 빠른 경제성장을 방해하는 반자유주의적인 구조에 고통받고 있으므로 그들 모두 자유주의 경제 이론에 대해서 이야기한다. 각자가 새로운 구조를 방해받지 않고 세울 수 있어야 한다(e-비즈니스, 온라인 카지노, 섹스 비디오 서비스)!

계속되는 호황기에 사랑받는 이론, 지속적인 혁신을 통한 성장과 모두를 위한 복지 · 호황의 후기에는 사람들이 부를 축적한다. 그들은 갈수록 더 호화로운 사회복지 프로그램을 향유한다. 국가는 국민을 위한 모든 하부구조(병원비, 도로 등)를 무료로 제공하려고 한다. 그리고 대학과 박물관, 거대한 문화 공간 등을 세운다. 또한 복합적인 복지 네트워크가 사회에 뿌리를 내리게 된다. 이러한 네트워크의 유지비용은 갈수록 증가하게 된다. 모두를 위한 복지와 자산 형성!

케인스나 성경에 나오는 이집트의 요셉이라면 흉작인 해를 대비해서 곳간과 보물창고를 채워놓으라고 요구할 것이다. 어려운 시기에 새로운 도약을 위한 '행동 가능성'을 갖는 것은 매우 중요하다. 보통의 현명한 사람이라면 이러한 대비를 풍년이 든 해에 한다. 모든 이론에서 그렇게 이야기한다. 그러나 이미 언급한 바와 같이 이 시기의 유권자들은 언제나 더욱 커다란 재정지출을 공약하는 정치가에게 표를 던진다. 요셉과 같은 사람의 말에는 아무도 귀 기울이지 않는다.

불황 초기에 사랑받는 이론, 케인스의 국가 프로그램 · 사치의 시기가 지나고 불황기가 와도 한동안은 온갖 종류의 경고가 계속해서 나온다. 왜냐하면 지금이 정말로 불황의 시작인지 아니면 짧은 경기순환상의 작은 공백인지가 명확하지 않기 때문이다. 경기가 심각하게 나빠지면 무언가 효과적인 행동을 취해야 한다는 목소리가 커지기 시작한다. 이 시기에는 케인스 학파가 나와서 경기를 회복시키려 한다. 정부는 편안한 마음으로 재정 적자를 감수한다. 충분한 자금을 갖고 있을 뿐 아니라 가장 좋은 신용을 가진 것도 정부이기 때문이다. 선거 때도 케인스 학파가 유리하다. 그러나 다른 측면에서는 이런 추세를 걱정하면서 이성을 찾으라고 호소하는 사람들도 있다. 그들은 "모두를 위한 복지국가란 재정적으로 감당할 수 없다"라고 주장한다.

계속되는 불경기에 사랑받는 이론, 감량경영과 리엔지니어링 · 근본적으로 비싼 하부구조와 그것이 유발하는 거대한 후속비용을 더는 재정적으로 감당할 수 없을 때가 되면, 모두 다시 절약해야만 한다. 기업들은 '다운사이징'으로 넘어간다. 또한 상품 생산은 히트 상품에만 제한되고 이윤이 남지 않는 모든 제품의 생산라인은 정리된다. 생산방식을 개선하고, 낭비를 끝내고, 긴축하기 시작한다.

불경기 후반에 사랑받는 이론, (신)고전주의 · 사치하는 시기에는 한동안 약간의 절제와 더욱 합리적인 행동을 함으로써 많은 돈을 절약할 수 있다. 그러나 불경기가 지속되면 '비축분'에까지 손을 대야 한다. 이제 불만을 표시하고 '자산 유지'를 위한 저항이 시작된다. 불경기가 장기적으로 지속되면 모든 경제주체가 많은 것을 감수해야만 한다는 사실에는 이론의 여지가 없다. 대량 실업이 생겨날 것이다. 사람들은 두려워하기 시작한다. 그리고 도움을 요청한다. 케인시안들은 이미 모든 것에 실패한 상태다. 국가는 많은 부채를 졌고 국가의 모든 경제 조치가 오래전에 실패했다.

이제 다시 애덤 스미스의 추종자가 나타나 자신들은 국가가 이 모든 하부구조 건설 프로젝트를 처음부터 시작하지 말았어야 함을 이미 알고 있었다고 주장한다. 국가는 지금부터라도 이때까지 해온 실수를 만회해야 한다! 모든 것을 다시 민영화하고 모든 것을 자유시장에 맡겨야 한다! 경쟁력이 없는 것들은 모두 사라져야 한다! 그들은 나쁜 것들이 빠르게 사라질수록 다음 활황이 더욱 빠르게 다가올 것이라고 주장한다. 시장 정화가 최대한 빠르게 완료되어야 경제를 위한 공기가 다시 건강해진다는 주장이다. '보이지 않는 손'의 추종자인 고전주의자와 신고전주의자는 증가하는 실업률을 감수한다. 그들은 이것을 필수적인 현상으로 본다. 부자들은 어려운 시기를 살아남을 테지만, 중산층이 사라지고 새로운 빈곤층이 생겨나게 된다. 각자가 자신의 힘으로 살아남아야 한다. 국가의 재정 상태를 보면 국가는 국민을 위해서 해줄 수 있는 일이 거의 없기에 얼마 지나지 않아서 국민을 방치할 것이다. 기업들은 이미 오래전부터 패배자나 게으름뱅이, 저성과자를 쫓아내는 중이다.

경제 이론들은 각각의 국면에 따른 실행계획의 정당화에 이용된다. 이것들은 사실상 영원한 진리가 아니다. 윤택할 때 사람들은 자기계발을 포기하지 않으면서도 자산 형성의 가능성을 이야기해주는 이론을 좋아한다. 그러나 불경기 때는 자신들에게 닥쳐오는 어려움에 대한 원인을 찾는다. 처음에는 '단기 경기조정'일 것이라고 꿈꾸다가 부채에 빠져 허우적거리고, 그때서야 서서히 현실을 파악하게 된다. 하지만 그때는 벌써 생존을 위한 투쟁 한가운데에 있게 되고 다시 과장되게 다윈과 신성모독에 대해서 심사숙고하게 된다.

기본적으로 우리는 언제나 무절제함을 통해서 죄를 짓는다. 그리고 우리의 무절제함이 초래하는 부작용을 사실 그대로가 아니라 미화시켜서 보기 위한 이론과 실천 프로그램을 만들어내고자 경제학을 공부한다.

CHAPTER 6

경제 이론의 최대 변수, 국면적 본능

경제 이론은 분명히 이성적인 뇌로부터 나온 학문이다. 그래서 현재 평균 정도의 성능을 지닌 컴퓨터로도 검증할 수 있을 만큼 수학적으로 명확한 형태를 띠고 있다. 하지만 경제학이 실존적이고 비합리적인 사람들과 관련된 것이라면 어떻게 될까? 현실은 너무나 많은 '국면적 본능'과 연관되어 있다.

●● 　　　우리의 기분은 자신이 처한 형편과 분위기에 따라서 왔다 갔다 한다. 이에 반해 경제 이론은 분명히 이성적인 뇌로부터 나온 학문이다. 그래서 현재 평균 정도의 성능을 지닌 컴퓨터로도 검증할 수 있을 만큼 수학적으로 명확한 형태를 띠고 있다. 하지만 경제학이 실존적이고 비합리적인 사람들과 관련된 것이라면 어떻게 될까? 다시 말해서 호모이코노미쿠스라는 모델이 맞지 않는다면? 이제 우리는 느낌이나 감성, 직관 등을 새로운 이성 개념에 통합시켜야 한다. 비수학적이라 해서 '원시적인 것'이라고 무시하거나 무관심으로 일관해서는 안 된다는 말이다.

　내 아들도 경제학을 전공하는데, 지금은 고전학파의 미시경제학과 합리적 소비자 이론을 공부하고 있다. 1970년대 말 괴팅겐에서 지냈던 나의 대학시절이 생각난다. 그때 우리는 교수님들에게 메마른 인간 행위에 대한 가정에 숨어 있는 의미가 무엇인지 설명해달라고 요청한 적이 있다. 교수님들은 설명하려고 몇 번이나 시도했지만 곧 포기하고 단지 어깨를 들썩였을 뿐이다. 그들은 답을 알지 못하면서 이렇게 말하곤 했다. "이성적 인간이라는 이론적 가정이 없다면 좋은 경제학 이론이 성립할 수 없다. 그러나 대학에서는 이론이 필요하다. 그렇지 않다면 왜 우리가 대학에 있겠는가?"

그때 우리는 항상 이렇게 되물었다. "경제적으로 힘든 시기에 '보이지 않는 손'에 의해서 죽어가는 빈민촌의 거주자들은 경제적인 의미에서 합리적인 것인가요?"

나는 언젠가부터 마음속에서 일어나는 경제학에 대한 거부감 때문에 대학원에서는 수학을 전공했다. 수학도 똑같이 이론적이기는 하지만 인간성과 모순되는 주장을 하지는 않는다.

지금도 대학에서 가르치는 경제학 이론은 '합리적인' 소비자 혹은 고객을 전제로 한다. 합리적인 소비자는 효용이 같을 때는 가장 값이 싼 제품을 선택하는 것이다. "탐욕은 좋은 것이다." 이 구호는 요즘처럼 불황의 시기에만 맞는 말이다. 보통의 혹은 좋은 시절에 고객은 친절한 공급자한테서 물건을 사거나 동네 경제에 도움이 되도록 집 근처 상점을 이용한다. '친절한' 그리고 '지역을 위한' 이러한 행동에 대해 이론가들은 즉시 '추가효용'이란 말을 들먹이면서 모순된 자신들의 이론을 구제하려 한다. 그러나 그것은 궁색한 궤변으로 들릴 뿐이다. 실제 삶에서는 모든 것이 이리저리로 흔들린다. 추가효용이 도대체 뭐란 말인가! 감성이나 인간관계, 그 밖에 다른 인간적인 것들도 중요하다. 예를 들어 어느 빵집 주인이 나에게 험악한 소리를 했다면 나는 다른 곳에서 빵을 산다. 전에는 맛있던 것이 몇 초 후에는 구역질이 날 정도로 싫어지기도 하는 것이다.

경제 이론은 모든 사람이 일정 기간 안정적인 성격을 갖고 있고 완전한 선호도를 갖고 있다고 가정한다. 상품 A와 B 중에서 어떤 것이 더 가치가 있는지 느낀다는 것이다. "A가 더 좋아!" "B가 더 좋아!" "둘 다 똑같이 좋아." 이런 식으로 말이다. 그러고는 이런 선호도가 서서히 변한다고 가정한다.

경제학자들은 매우 우유부단한 여성과 함께 파티복을 사러 쇼핑몰에 한번 가봐야만 한다. 그 여성은 사람들이 보통 초대받은 파티에 어떤 옷을 입고 가는지에 대한 정보가 없을 뿐 아니라 전화를 걸어서 물어볼 사람조차 없다고 하자. 과연 그 파티는 최대한 격식을 차리는 자리일까 아니면 편안하고 자유로울까? 이런 상황에서는 어떤 옷이 더 나을까? 이에 대한 답은 아쉽게도 여러 가지 요소에 따라 달라진다. 그녀가 다른 사람들처럼 무난하게 보이려는 욕구가 큰지, 아니면 반대로 다른 사람과 똑같은 옷을 입는 것을 싫어하는지 말이다.

하이테크 제품을 좋아하는 남자들은 수년 동안 디지털카메라와 평면 TV 사이에서 고민해야 할 것이다. 왜냐하면 그들은 각 제품의 기술이 앞으로 어떻게 발전할지 알 수 없기 때문이다. 현 시점에서 최고의 기계가 내일이면 벌써 완전히 지루한 중고품이 되어버리지 않을까? 이런 일이 정말로 발생한다면 전형적인 남자들은 스스로 한없이 멍청하다고 자책하게 된다.

이때 소비자들의 본능이 투쟁을 한다. 상품의 가치가 불확실한 미래에 따라 달라지기 때문에 선택의 어려움이 생기는 것이다. 이럴 때는 어떤 것이 더 나을까?

파티복을 선택하는 문제로 고민하는 여성은 이러저러한 생각을 한다.

'나는 엄격한 격식을 차린 옷으로 하겠어.' '조금 편안한 옷으로 선택하겠어.' '무난한 검은색으로 하겠어. 그러면 최소한 창피한 일은 일어나지 않을 거야.'

하이테크 제품을 선택하는 문제로 고민하는 남자 또한 이러저러한 생각을 한다. '나는 현재 가장 비싼 제품을 사겠어.' '차라리 조금 저렴한 것을 사고, 이 기계가 얼마나 더 개선되는지 지켜보겠어.'

파티복 혹은 평면 TV는 왜 팔리는 것일까? 파티 일정이 코앞으로 다가왔거나 축구 월드컵이 곧 열리기 때문일 수도 있다. 다행히도 우유부단한 고객일지라도 언젠가는 결정을 내려야만 한다. 그렇다면 시간이 촉박한 상황에서 결정을 내리게 하는 요소는 무엇일까? 두려움이나 확신 혹은 카드 하나에 모든 것을 걸 것인지 말 것인지 결정하는 것은 본능이다. 구매 결정은 계산대 바로 앞에서 마지막으로 이뤄진다. 그리고 계산대에서 값을 치르고 1미터도 채 지나지 않아서 다음 본능이 신호를 보낸다. 후회가 몰려오는 것이다. "내가 한 것이 옳은 선택이었을까? 내가 도대체 무슨 짓을 한 거야?"

다음의 대화를 보자.

"나는 화장실이 급해. 그렇지만 한번 보라고. 이 화장실은 2유로나 내야 하잖아. 이건 날강도 같은 짓이나 다름없다고. 아무리 급해도 여기 화장실은 가지 않겠어."

"여보, 이 근처에 다른 화장실이 있다는 보장이 없잖아요. 당신이 화를 내는 바람에 화장실이 더 급해지지는 않았나요? 화가 나더라도 여기 화장실을 이용하도록 해요."

"싫어."

"그렇지만 나도 이제 화장실에 가고 싶어졌다고요."

"안 돼. 더 찾아보자고. 여기는 냄새도 나잖아."

"그렇지만 나는 무료 화장실을 찾았다고 해도 그곳에서는 정말로 심한 냄새가 날까 봐 두렵다고요."

경제학 이론에서는 우리가 모든 상품과 그 가격이나 품질에 대해서 알고 있다고 가정한다. 그러나 우리는 미래를 알지 못한다. 따라서 어떻게든 느낌에 따라 의사결정이 이뤄져야 한다. 미래에 대한 판단은 분 단위 심지어 초 단위로 수도 없이 왔다 갔다 한다.

"나는 이것이 마음에 들어. 그렇지만 너무 비싸."

"오, 선생님께 너무나 잘 어울립니다. 제가 분명히 말씀드리는데, 이 제품은 오늘 완전히 매진될 겁니다. 이게 마지막 남은 제품입니다. 아주 인기가 좋지요."

판매원의 말에는 항상 '미래'와 '미래의 희망'이 언급된다. 판매원은 의도적으로 고객의 본능이 결국에는 제품을 사려는 쪽으로 기울도록 고객의 기분을 변화시키고자 노력한다. 사람들이 말하기를 유능한 판매원은 북극에서 냉장고도 팔 수 있다고 하지 않던가.

그러나 현재 내 아들이 배우는 미시경제 이론에서는 여전히 다음과 같은 주장을 하고 있다.

"구매자의 선호도는 관찰하는 기간에는 안정적이라고 가정한다. 이 가정이 실제로 항상 들어맞지는 않는다. 그러나 이론의 성립을 위해서는 이 가정이 무조건 세워져야만 한다. 그렇지 않으면 이론이 유지될 수 없기 때문이다. 구매자가 취하는 미래의 행동에 관한 모든 수학적 예측은 선호도의 안정성이라는 가정 없이는 진실임도 혹은 거짓임도 증명할 수 없다. 왜냐하면 모든 실수를 관찰 기간에 변해버린 구매자의 행동 탓으로 돌릴 것이기 때문이다. 우리는 좋은 이론을 갖고 싶기에 이런 현상이 일어나는 것을 원치 않는다."

이처럼 경제 이론가들은 미래를 예측하기 위해서 구매자의 안정적인 선호도를 가정한다. 그러나 구매자는 스스로 미래를 보려고 시도한다. 그러면 과학적인 측면에서 봤을 때 모든 것이 '비합리적'이다. 왜냐하면 사람은 미래를 본능적으로 혹은 느낌에 따라 결정하기 때문이다.

따라서 이런 가정에 근거를 둔 경제학 이론은 결국 실패하고 만다. 왜나하면 현실은 너무나 많은 '국면적 본능'과 연관되어 있기 때문이다. 여기서 한 단계 더 발전한 이론은 '불완전한 정보 하에서의 의사결정'을 다룬다. 다시 말해서 불확실한 상황에서 이뤄지는 합리적 의사결정에 관해서 연구하는 것이다. 그러나 이것이 핵심이 아니다. 중요한 것은 우리가 불확실한 상황에서 실제로 어떻게 느끼느냐 하는 문제다. 호황기에서처럼 미래에 대한 희망을 느낄까? 아니면 불황기에서처럼 두려움을 느낄까? 혹은 이러저러하게 전개될 수밖에 없기 때문에 무기력함을 느낄까? 우리는 낙관적 성격인가 아니면 항상 무엇에 대비해놓지 않으면 안 되는 성격인가? 우리는 모험을 선호할까 아니면 안전을 도모할까? 다른 사람들은 어떻게 행동하는가? 현재의 경제 동향은 어떠한가? 어떤 정책이 추천되는가? 우리 바로 옆에 있는 사람은 무엇이라고 말하는가? 우리가 속한 그룹은 안전한 집단에 속하는가?

'죄수의 딜레마'는
신뢰의 문제

최근 들어서 경제학 이론은 사람들의 경제적 상호작용을 게임으로 이해하려는 경향이 있다. 즉 서로 최대한 많은 것을 얻으려 하는 게임 말이다. 게이머들은 특정한 규칙 아래서 자신의 이익을 위해 투쟁한다. 그러기 위해서 그들은 특히 머리를 사용한다.

그에 반해서 경제학자들은 경쟁 상황에서 반복적으로 관찰되는 매우 특별한 현상을 해명하기 위해 머리를 쓴다. 그러면서 그 특별한 현상을 소위 '죄수의 딜레마'라고 부른다. 죄수의 딜레마가 생겨나는 출발점은 이렇다. 두 명의 죄수가 범죄를 저질렀는데, 그들의 유죄를 증명하기가 쉽지 않은 상황이다. 검사는 죄수들에게 거래를 통해서 자백을 유도하려고 한다. 두 죄수가 함께 입을 다물면 당연히 그들은 가장 최선의 결과를 얻게 된다.

두 죄수는 침묵을 지킬까(협력), 아니면 그들 중 하나가 다른 사람을 배신할까? 만약 한 명이 자백한다면 자백한 자신에게는 좋겠지만 다른 사람에게는 해가 될 것이다.

곧 자세하게 설명하겠지만, 이 작은 사례가 경제현상의 매우 중요한 문제를 건드리고 있다. 기업이나 부서, 혹은 개인은 모두에게 더 좋은 결과를 가져온다는 이유로 협력을 할까? 아니면 경제라는 커다란 게임판에서 상대방을 이기려는 게임을 할까? 여기에서 거칠게(그리고 약간은 과도하게 일반화해서) 법칙화를 시도해보면 호황기나 평화 시기에는 서로 신뢰하고, 불황기나 전쟁 시기에는 상대를 배신한다. 사실 이는 삼척동자라도 알 수 있는 이야기다. 이런 사실은 소설이나 액션영화를 봐도 알 수 있다. 따라서 지금 나는 아주 뻔한 사실을 설명하는 것이다. 하지만 이런 평범한 사실을 경제학 교과서에서는 본 적이 없다.

이 유명한 '죄수의 딜레마'에서 죄수에게 제시된 정확한 거래조건은 다음과 같다. 두 사람이 함께 침묵하면 그들은 증거가 불충분하기 때문에 불법무기소지죄 같은 가벼운 형벌로 1년간의 금고형을 받는다. 둘 중 한 명만 범죄 사실을 자백한다면 자백한 죄수는 석방되지만 다른 죄수에게는 사형이 선고된다. 두 사람이 함께 죄를 자백하면 둘 다 10년 형을 받게 된다. 두 죄수는 당연히 서로 대화할 수가 없다. 검사가 그들이 사전에 대화할 수 없도록 조치를 취했기 때문이다.

이제 죄수의 처지가 되어 생각해보라. 그들에게는 결정하는 데 두 가지 원칙이 있다. 두 사람이 서로 협력하거나 신뢰한다면 두 사람은 침묵을 지켜서 1년의 금고형을 받게 된다. 이것이 최선의 집단적 의사결정이다. 그러나 불신 상태에서는 개인적으로 자신을 위한 최선의 해결책을 찾아야만 한다. 먼저 다른 사람이 자백한다고 가정해보자. 그렇다면 자신도 자백해야 한다. 그래야만 사형 대신 10년 형에 머무를 수 있기 때문이다. 이제 다른 사람이 침묵한다고 가정해보자. 이때도 역시 자백하는 것이 더 유리하다. 그렇게 되면 바로 석방될 수가 있기 때문이다. 따라서 적의 의사결정에 대한 최적의 대응을 찾는다면 두 가지(!) 경우의 수에 모두 자백하는 것이 옳다. 그러나 서로 협력하거나 신뢰하고 있다면 침묵을 지켜야 한다. 즉 '윤리적인 측면'은 침묵을 요구하고, 이기심은 자백을 요구한다. 죄수들 모두에게는 두 사람이 서로 신뢰할 때 둘 중 한 명이 이기적으로 행동할 때보다 더 좋은 결과가 나온다. 집단적 침묵은 공동체적 의사결정인 반면, 자백은 공동체적으로 연결되는 신뢰를 쌓을 수 없는, 분리된 개인이 내릴 수 있는 '최선의' 결정이다.

따라서 죄수들은 근본적인 딜레마에 빠지게 된다. 두 죄수 모두에게 최고의 의사결정이 되도록 공범이 침묵을 지킨다고 믿을 것인가? 아니면 자신의 신뢰를 무자비하게 이용당할지도 모르니 다른 죄수를 믿지 않을 것인가? 다른 죄수가 당신을 '배신'할지 몰라서 두려운가, 아니면 기꺼이 다른 사람에게 이용당하겠는가? 협력이냐, 투쟁이냐? 신뢰 혹은 불신, 무엇을 갖고 규칙을 정할 것인가? 다시 말해서 경제란 협업을 이뤄내는 과정인가, 아니면 서로 생존경쟁을 벌이는 링인가?

경제학자들은 이때 올바른 행동을 취하도록 구체적인 조언을 할 줄 모른다. 죄수들은 어떻게 결정을 내려야만 할까? 이때는 정답이 있을 수 없다. 그렇지 않은가?

다시 한 번 강조하지만, 이 딜레마에 대한 명쾌한 답은 존재하지 않는다. 이런 종류의 딜레마는 살아가면서 항상 나타나는 일이지만 그럴 때마다 아쉽게도 윗사람에 의해서 완전히 명백한 답이 주어지는 경우가 많다.

이런 딜레마 상황에서 어떻게 행동해야 하는가에 대한 정답이 없기 때문에 경제학자들은 사람들이 '실제로는' 어떻게 의사결정을 내리는지 연구하고자 실험을 실시한다. 실험에서는 금고형과 사형을 상금으로 대체시킨다. 두 사람이 협력하면 그들은 많은 돈을 받는다. 그리고 둘 중 한 명만 '협력'하고(혹은 '침묵') 다른 사람은 '배신'하거나 혹은 상대방을 이용하면, 배신자 혹은 사기꾼은 더 많은 돈을 받고 협력한 사람은 아무것도 받지 못한다. 두 사람이 서로 '속이면' 그들은 매우 적은 보상만을 받는다. 1980년대에는 대학에서 학생들을 대상으로 이런 실험을 하는 것이 유행이었다. 가끔 경제학도들의 분노에 찬 절규가 내가 공부하고 있던 수학과 강의실에까지 들려올 정도였다.

당시 경제학과(빌레펠트 대학에는 나중에 노벨상을 받은 게임이론가 라인하르트 젤텐 교수가 있었다)에서는 학생들에게 이 죄수의 딜레마 게임을 수십 번에 걸쳐 되풀이하도록 했다. 처음에는 두 사람 모두 충분한 돈을 벌기 위해서는 서로 협력해야 한다는 사실을 잘 지켰다. 하지만 대부분의 경우 몇 번의 협력이 있은 다음에는 두 사람 중 한 명이 상대방을 속이고 더 많은 돈을 혼자 챙긴다. 그러면 배신당한 상대방은 경악하거나 때로는 매우 분노해서 고함을 지르기도 한다(학생들은 각각 다른 공간에 '격리 수감되어' 있으므로 알지 못하는 상대방과 익명으로 게임을 한다). '배신당한' 쪽의 학생들은 게임이 끝난 뒤 그 '나쁜 놈'을 때릴 수 있도록 자기 앞에 데려다달라고 요구하기도 했다. 그들은 분노 때문에 그때부터 더는 자신을 위해서 게임하지 않고 상대방이 아무것도 얻지 못하도록 행동했다. 상대방에게 복수하기 위해서 자신의 돈을 기꺼이 포기한 것이다.

양측이 정말로 돈을 벌려 한다고 가정했을 때, 사람들이 이 게임에서 이론적으로 어떻게 행동해야 하는지에 대한 연구가 오랫동안 이어졌다. 미국의 정치학자 로버트 액설로드는 이를 주제로 컴퓨터 대회를 개최했다. 죄수의 딜레마 게임에서 의사결정이 반복될 때 최선의 전략은 무엇인가? 상대방이 협력하지 않을 때 이론적으로 최선의 대응 방식은 무엇인가? 혹은 어떻게 하면 상대방을 가장 잘 속일 수 있는가?

이 대회의 승리자는 수리심리학자였던 아나톨 래포포트Anatol Rapoport였는데, 그는 팃포탯tit-for-tat(받은 만큼 돌려주기)이라는 단순한 전략으로 승리를 거뒀다. 상대방이 나를 속이면 나도 다음번에 그를 속인다. 그러면 시간이 지나면서 상대방은 그 사실을 인식하고 협력할 수밖에 없게 된다. 즉 팃포탯 전략에 길들여진 상대방이 이제 계산된 '신뢰'를 근거로 해서 행동하는 것이다. 그런데 흥미롭게도 경기의 끝부분에 도달하면, 예를 들어 백 번의 게임이라면 백 번째 라운드에서는 사람이건 컴퓨터건 다시 마지막 배신을 시도한다. 다음에 올 강력한 복수를 생각할 필요가 없기 때문이다.

죄수의 딜레마는 수많은 논문에서 인용되고 이야기되었다. 던져지는 문제는 언제나 같았다. 사람들이 실제로는 어떻게 행동하는가? 또 어떻게 행동해야 하는가? 하지만 이처럼 반복적인 상황을 전제로 한 실험은 인간을 대상으로 하는 게 아니라 순전히 이론적으로 혹은 컴퓨터 프로그램을 통해서 인간의 본성을 알아내려고 실험하는 것이나 다름없다. 죄수의 딜레마에서 사람들은 단지 감정이나 본능에 따라 의사결정을 내린다. 논리와 전략이라는 개념은 학자들이 게임을 여러 번에 걸쳐서 반복시킴으로써 인위적으로 만들어낸 것에 불과하다. 이런 반복실험은 충분한 수의 통계자료를 얻게 되는 학자들에게만 만족감을 안겨줄 뿐이다.

그렇다면 단 한 번의 딜레마 상황에서는 어떻게 행동할 것인가? 정말로 죄수에게 감옥 아니면 사형, 죽음 아니면 삶의 문제가 되어버린다면 그들은 어떻게 행동할까? 그들은 분명히 본능에 따라 결정할 수밖에 없다. 아니면 다른 방법이 있는가? 내가 죄수고 다른 한 사람이 예를 들어 내 아내라면, 나는 침묵할 것이다. 우리는 서로 신뢰하기 때문이다. 따라서 전혀 문제가 없다. 또한 상대방이 내 친구들이라면 대부분의 경우 나는 침묵할 것이다. 그러면서 조금은 초조해할 것이다. 만약 조금 더 거리가 먼 사람들이라면 어떻게 할까? 나는 고민에 고민을 거듭하면서 두려움에 떨 것이다. 당신의 경우라면 어떤가? 누구와 함께라면 침묵하고, 어떤 사람과는 자백하겠는가? 상대방이 수도승이고 그가 깊은 종교관 때문에 침묵할 것이라고 매우 정확하게 알고 있다면 당신은 자백하겠는가? 또는 상대방이 당신의 현재 직장 상사이거나 이혼한 부인이라면?

구체적으로 들어가면 이것이 매우 감성적인 문제라는 사실을 이제 알겠는가?

'죄수의 딜레마'
어떻게 작동하는가

시장에서 비슷한 제품을 판매하는 두 공급자가 있다고 상상해보자. 어떤 마을에 2개의 은행이 있다. 이 두 은행은 지금까지처럼 마을 주민을 상대하고, 아이들을 일찍부터 고객으로 받아들이려 노력하고, 넉넉한 수수료를 받으면서 영원히 평화롭게 공존할 수 있을 것이다. 그들은 한 마을에서 사업을 나눠먹고 있는데, 이것은 죄수들끼리 침묵하면서 협력하는 것과 같다. 그들은 조용히 침묵을 지킨다.

그러다 한 은행이 갑자기 모든 서비스를 수수료 없이 제공했다고 하자. 즉 그 은행이 오랫동안 이런 서비스를 준비해오다가 마침내 전격적으로 추진한다면 어떨까? 그 은행은 많은 새로운 고객을 자기 은행으로 끌어들여서 다른 은행이 더는 수익성 있게 일할 수 없게 만들고, 결국 이 마을에서 영업을 포기할 수밖에 없는 지경으로 몰아갈 수도 있다. 이것이

'배신'의 전략이고 오늘날에는 이것을 '경쟁자 구축 전략'이라고 부른다. 이 경우에는 하나의 은행이 모든 것을 얻고 다른 은행은 모든 것을 포기 하게 된다. 왜냐하면 배신당한 은행이 계속해서 존재하기에는 너무나 적 은 고객만이 남아 있기 때문이다.

　그러나 대부분의 경우 한 은행이 공격적으로 나오면 다른 은행도 눈물 을 머금고 수수료를 변제한다. 이 경우에 두 은행은 지금까지 확보했던 모든 고객을 이전과 똑같은 비율로 보유할 수 있다. 그러나 두 곳 다 지 금까지처럼 많이 벌지 못하고, 그렇기 때문에 서로 마음이 상한다. 그들 은 계속해서 상대방에게 화가 나 있고 서로 감시한다. 이처럼 두 은행이 화가 나서 서로 감시하는 데 많은 에너지를 쏟다 보면 과거처럼 고객들 에게 긍정적인 자세로 서비스를 할 수 없게 된다. 결국 두 은행은 낮은 수 수료 때문에 곤란해졌을 뿐 아니라 고객들을 불친절하게 대하는 것이다. "그들은 경쟁을 넘어 원래의 과제를 잊어버린다." (이 은행 사례는 앞서 언급 한 자전거 경주나 다른 스포츠 종목에서의 약물 복용과 매우 비슷하다. 어떤 사람이 자신을 위해서 한 일이 다른 사람에게는 해가 된다. 그러면 그 결과는 어떤가? 사람들 이 교훈을 얻어서 서로 협력하는 것이 아니라 오히려 해를 입힌다. 모두가 집단적으로 바보처럼 행동하는 것이다. 즉 모두가 약물을 복용한다. 고립된 이기주의는 전체를 해 쳐서 결국에는 전체가 해체되는 결과를 가져온다.)

　협업 전략을 쓰면 두 은행은 고객들에게 공정한 가격을 받고 나란히 조용한 공존 속에서 살아가면 된다. 그러나 어느 순간이고 두 은행 중 하 나가 공격을 시작할 수 있다. 일단 공격을 시작하면 그 목표는 가장 빠른 시간에 경쟁자를 제거하는 것이 된다. 가격전쟁을 통해서 적을 파산시키 지 못한다면 적도 역시 가격을 내릴 것이기 때문이다. 그렇게 되면 둘 다 어려움에 빠지게 된다.

자전거 경주나 다른 스포츠 종목의 사례와 비슷한 점이 보이는가? 여기에서도 세 가지 상황이 있다. 서로 암묵적으로 신뢰하거나, 하나가 승리하고 상대방은 죽어 나가는 경우, 그리고 둘이 서로 격렬하게 싸워서 종국에는 둘 다 상황이 나빠지는 경우다. 첫 번째 상황에서는 양쪽 모두 상당한 돈을 번다. 두 번째 상황에서는 한쪽이 모든 것을 갖고 다른 쪽은 모든 것을 잃는다. 세 번째 상황에서는 양쪽 모두 거의 얻는 것이 없다. 이런 상황은 냉전시대를 떠올리게 하는 측면이 있다.

당시에 미국과 구소련은 서로 우호적으로 대하거나 아니면 서로 공격할 수 있었다. 또는 미국이나 구소련 어느 한쪽이 선제공격을 할 수도 있었다. 만약 그랬다면 공격자가 모든 것을 얻고, 패배자는 제거되었을 것이다. 이때 선제공격이 기습적으로 이뤄지지 않았다면 전쟁이 길어졌을 것이고 둘 다 패배자가 되었을 것이다. 경제학자와 게임이론가들은(『갈등의 전략』의 저자인 토머스 셸링 같은 사람) 이런 경우에 어떻게 행동해야 하는가에 대해서 고민했다. 두 초강대국은 상대방의 선공을 실제로 가능한 일로 상정하고 어떤 경우에도 상대방을 멸망시킬 수 있도록 무장하는 데 온 힘을 집중했다. 이 게임에서는 배신자가 '보상을 받아서는 안 된다'는 것이 목표였다. 그래서 군비경쟁이 일어났고 세상에서 가장 의미 없는 낭비가 진행되었다. 그 당시 상호간의 신뢰에 대한 가능성은 공식적으로는 결코 고려 대상이 아니었다.

결국 두 초강대국은 무장에 무장을 거듭하며 무장을 가속화했는데, 경제 분야에서라면 다음과 같은 방식으로 전개되었을 것이다.

"우리는 경쟁사가 자금을 축적하고 있다는 사실을 알아냈다. 그 회사는 모든 자산을 현금화해서 커다란 유동자산을 형성하고 있다. 그래서 우리는 지금 신경이 곤두서 있다. 경쟁사는 과연 축적된 자산으로 무엇을 하려는 것일까? 공격적인 시장전략을 구사하려는 것일까? 가격전쟁을 준비하려는 것일까? 우리는 가격전쟁에서 경쟁사가 우리보다 더 오랫동안 견뎌낼 수 있을 것 같아서 두렵다. 우리는 축적된 자본이 없는 상태이므로 결국 경쟁에서 패배할 것이다. 오, 우리는 지금부터라도 이에 대비하기 위해 절약해야 한다! 가장 좋은 방법은 우리가 경쟁사보다 더 많은 자본을 축적해서 그들을 제거하는 것이다. 그렇다. 그것이 가장 좋은 방법이다.”

두 은행이 서로 신뢰한다면 좋은 상태에서 함께 살아갈 것이다. 하지만 서로 불신하거나 자신만을 위해 이기적으로 행동한다면 죄수의 딜레마에 처한 죄수와 똑같이 생각하게 된다.

“상대방이 남을 잘 믿는 성격이라고 가정해보자. 그러면 나는 공격적으로 가격전쟁을 벌이는 편이 더 좋다. 왜냐하면 상대방을 시장에서 퇴출시킬 수가 있기 때문이다. 상대 은행이 가격전쟁을 먼저 일으킨다고 가정해보자. 그렇게 된다면 나는 어차피 적과 가격전쟁을 치러야만 한다. 그러지 않으면 내가 시장에서 퇴출될 것이기 때문이다. 그러니 두 경우 모두 먼저 공격을 시작하는 것이 더 유리하다. 가장 좋은 방법은 은행 자산의 일부를 투자자에게 팔아서 마련한 자금으로 전쟁을 벌이는 것이다.”

“미국이 남을 잘 믿는 성격이라고 가정해보자. 그렇다면 구소련은 당장에 미국을 공격할 것이다. 반대로 미국이 먼저 공격하려 한다고 가정해보자. 그래도 구소련은 당장에 공격해야만 한다. 그렇기 때문에 미국은 최대한 강력하게 구소련에 두려움을 안겨줘야만 한다. 그 결과 미국은 사용할 수 있는 모든 돈을 들여서 무장을 한다. 또한 땅을 투자자에게 팔아서라도 막대한 자금을 군대에 투입한다."

앞의 사례들은 실제보다 더욱 과장되게 표현되었다. 그러나 전달하고자 하는 핵심은 그대로 표현되었다. 이제는 정말로 신뢰와 함께하는 협력의 논리와 전쟁과 함께하는 냉정한 논리가 있다는 사실을 가슴 깊이 느껴야 한다. 이 2개의 논리는 전혀 다른 결과를 가져온다. 그 결과는 사회적 분위기에 따른 감정의 방향에 달려 있다. 지금 현재 누가 어떻게 생각하는가, 그리고 지금이 전쟁의 시기인가 혹은 평화의 시기인가에 따라 결과는 달라진다. 이는 국면적 본능에 달려 있는 것으로, 어떤 종류의 논리가 적용되느냐가 결정적이다. 이것만이 좋은 시대와 나쁜 시대를 결정한다.

그런데 경제학자들은 지금까지 관습적으로 내려온 오직 하나의 논리만 알고 있다. 이윤을 획득하려는 의지와 상대방에 대한 맹목적인 믿음이 그것이다. 하지만 이것은 진정한 논리가 아니다. 이것은 의미(독일어로 '진Sinn')다. 의미란 포괄적이고 집단적인 '최적optimum' 혹은 조화의 느낌 혹은 관찰된 환경 내에 있는 모든 관계들 간의 조화를 말한다. 경제학에 의미라는 단어가 나타나지 않는 한 죄수들은 이기적인 행동을 하면서 서로 배신하거나 상대방의 배신에 대해 경악할 것이다.

오늘날 경영학에 관한 논의에서는 고객과 직원의 만족, (세계적) 통합, 팀, 완벽함, 통합 서비스 등과 같은 단어들이 난무하고 있다. 이런 논의는 현재 경제가 가진 죄수의 딜레마와 이런 딜레마를 더욱 강력하게 부정적인 수단으로 극복하려는 시도를 보여준다. 우리는 이기적인 분쟁으로 전체를 희생했다. 그리고서 이제 새로운 전체를 찾고 있다. 기본적으로 우리는 '의미 있음'을 찾고 있다. '의미 있음'이란 통합된 것이고 사람들을 만족시키는 것이지 투쟁을 만들어내지는 않는다.

이기주의의
도미노

딜레마는 2개의 서로 상충되는 대안 사이에서 일어나는 갈등이다. 여기에서는 협력과 개별적 최선 사이의 딜레마를 다룬다. 삶이란 공동체적인 협력인가, 아니면 다윈이 말하는 적자생존을 위한 경쟁인가? 답은 사회와 경제의 분위기에 따라 변한다.

우리가 살아가면서 지켜야 할 원칙을 '윤리'라고 부른다. 보통의 기독교 윤리 하에서는 죄수의 딜레마가 발생하지 않을 것이다. 두 명의 기독교인은 서로 신뢰하고 둘이서 함께 좋은 결과를 만들어낼 테니 말이다(기독교인이기 때문에 처음부터 죄수가 되지 않아야 한다는 사실은 논외로 한다). 윤리는 이웃 사랑과 배려, 신뢰 등을 가르친다. 그리고 도덕은 윤리의 원칙을 넘어서 우리가 일반적인 윤리적 가르침들 사이에서 어떻게 살 것인가에 대한 수많은 개별적인 지침을 가르친다.

예를 들어보겠다. 도로교통법 제1조는 상호간의 배려와 주의를 중심 사상으로 하고 있다. "조심하라. 그리고 다른 사람들을 생각하라." 이것이 최고의 (윤리적) 핵심 원칙이다. 개별적인 지침들은 우리가 따라야 할 교통표지판에 들어 있다. 모두가 교통표지판을 따라 하면 교통은 잘 흘러간다. 그런데 아쉽게도 몇몇 개인이 종종, 심지어는 의식적으로 배려 없이 행동한다. 그들은 앞 차에 위협을 가하고, 위험하게 추월하고, 상대방 우선표시를 무시한다. 그들은 성실하게 규칙을 지키는 우직한 사람들을 이용해서 이득을 취한다.

여기서 생기는 개인의 딜레마는 다음과 같다. 각 개인은 질서를 지킬 수 있다. 그러면 전체에 최선이 된다. 다른 한편으로 개인은 이기적으로 행동해서 이득을 취할 수 있다. 그런 행동이 다른 사람에게 직접적으로 손실을 끼치지만 전체적으로는 거의 알아채지 못할 정도의 작은 손실이다. 이때 운전자가 급한 일이 있다면 어떤 결정을 내릴까? 그는 평소처럼 교통규칙을 지키며 운전할까? 그것이 전체적으로 봐서 의미가 있기 때문에? 아니면 그는 이기적으로 행동할까?

풍요로운 사회에서는 가난한 사람과 실업자를 지원하고 공동체가 그 자금을 지원한다. 병자나 사회적 약자와 함께 더불어 살아가며, 업무 때문에 과부하가 걸린 사람은 휴양을 보내준다. 이때 윤리적인 원칙은 이러한 공동체의 보조에 대해 정말로 필요한 사람만 받아갈 것을 요구한다. 모두가 이 원칙을 지키면 사회는 잘 돌아간다. 그러나 이러한 사회적 시스템을 개인적인 이익을 위해서 이용하는 사람이 항상 나타난다. 이런 사람은 신뢰를 바탕으로 꼭 필요한 사람에게만 제공되는 모든 것을 가로챈다. 그들은 우직한 사람을 이용하고 전체에 작은 손실을 준다. 전체적으로 봐서 이런 이기주의자들은 거머리처럼 사회 시스템을 빨아먹는 것이다.

경제적으로 어려운 시기에는 기업이 직원들을 끝까지 이용하기 위해 그들을 무자비하게 다룬다. 좋은 시절에 이런 대우를 받는다면 직원들은 사표를 낼 수가 있다. 하지만 어려운 시기에는 일자리를 유지해야 하므로 모든 부당함을 참아 넘긴다. 윤리적 원칙은 경영자에게 경제적 상황에 상관없이 인간의 존엄성을 존중할 것을 요구한다. 그렇게 하는 것이 의미가 있는 일이다. 그러나 현실 속 경영자에게는 직원들을 탈진할 정도로 혹사시키는 것이 더 의미가 있다. "밖에는 더 적은 임금으로도 일하려는 사람들이 수백 명이나 기다리고 있다." 전체적으로 봐서 몰락의 시기에는 시스템이 인간을 빨아먹는다. 그래야만 소수의 시스템 소유자들끼리 먹이를 나눠 가질 수가 있기 때문이다.

따라서 어느 시기에나 윤리의 원칙 또는 공동체 도덕을 지키는 것이 중요하다. 사람들은 '협력'해야 한다. 그럼으로써 모두를 위한 최선이 가능하도록 해야만 한다. 이러한 공동체적 의미를 지키는 일이 하나의 문화에서 가능하지 않다면 경찰과 군대, 세관, 행정기관 등이 형벌이나 감옥, 감시 등을 통해서 질서가 안정되도록 강제해야 한다. 개인들 각자가 의문을 제기하지 않고 윤리 원칙을 지키는 공동체는 모든 것이 잘 돌아간다. 그러나 개인이 스스로 무엇이 더 좋은가에 대한 의문을 제기한다면? 그렇다면 문제가 생긴다. 처음에 몇몇 사람이 거짓말을 하고, 몇몇 기업이 가격전쟁을 시작하고, 몇몇 사람이 사회보장제도를 부당하게 이용하면 도미노 효과가 발생한다. 모두가 차례로 물들어서 이기적이 된다. 눈사태처럼 이기주의가 공동체 문화를 파묻어버린다.

그렇다면 사람들은 언제 협력하는가? 공동체는 언제 변화하는가? 이기적인 사람은 또 언제 긍정적으로 변화하는가?

답은 언제나 스트레스 수준에 있다.

경기가 인간 심리를
지배한다

경제 호황의 초창기는 사람들이 공동체적으로 무언가를 이바지하는 유일한 시기다. 실리콘밸리에 있는 '신경제 기술광들techies of new economy'의 전체 공동체가 그런 경우다. 이들 모두는 몰입flow한 상태, 최적의 에너지('노르아드레날린') 상태, 힘찬 고요함('알파파 EEG')의 상태에서 일한다. 모든 것이 잘되고 부유함이 커지면 사람들은 점점 더 평온한 상태에서 일한다. 그리고 어떤 의미에서는 느긋한 '공무원'처럼 일하므로 그들의 직업을 더는 놀고먹는 자리로 보지 않는다.

힘든 시기에는 스트레스가 쌓인다. 시스템은 사람들에게 더 많은 노동을 하도록 압박한다. 노동은 생존투쟁과 같은 것이 된다. 아드레날린('베타파 EEG')이 사람들의 정신을 지배한다.

전체적으로 봤을 때 에너지가 충만하고, 뇌가 알파파 상태이며, 커다란 스트레스가 없는 상태일 때 인간은 선하고 협력적이다. 이 시기에는 대부분의 사람이 혹시 딜레마라는 것을 발견하게 되더라도 공동체적 작업을 선택한다. 기본적으로 일반적인 작업을 할 때는 사람들이 이기적인가 아닌가는 전혀 중요하지 않다. 몇몇이 탈선을 하고, 너무 욕심을 부리거나 비윤리적으로 행동할 때도 호황기에는 '공동의 압력'을 통해서 착실하게 행동하라고 경고한다. 이런 공동의 압력 혹은 공동체 윤리가 교정작용을 할 수 있는 한에서는 모든 것이 평온하다.

종종 호황기에는 지나치게 복지가 확대되는 경향이 있다. 이 시기에 사람들은 너무나 배가 불러서 윤리적 문제에는 거의 신경을 쓰지 않는다. 집단적인 시각이 약해져서 더는 '배신자' 혹은 '기생충 같은 삶'에 대해 커다란 문화적 압력을 행사하지 않는다. 사람들이 보험회사의 비용으로 휴양을 떠나고, 자주 병가를 내고, 세금을 포탈하고, 상점에서 도둑질을 해도 어떻게든 용인된다. "그렇게 나쁜 일이 아니야. 모두가 그렇게 하니까." 그 결과 공공의 윤리를 지탱하는 데 필요한 에너지가 마비되기 시작한다. 배부르고 부유한 시스템은 비열한 자들이 이익을 채우는 장이 되어버린다. 국민이 국가를 빨아먹고 노동자는 지속적으로 더 많은 임금을 요구한다.

그러고는 경기 하락이 시작된다. 이때 선각자들은 절제의 윤리로 돌아갈 것을 요구하지만 사람들은 단번에 거절해버린다. 사람들이 자신의 자산에 손을 대게 하기까지는 먼저 그들에게 직접 어려움이 닥쳐야만 한다. 경제는 스트레스 단계로 들어서고 사람들에게 채찍을 휘두르기 시작한다. "이성으로 돌아가라!" 하지만 엄청난 압박과 추락에 대한 두려움을 통해서는 사람들이 이성으로 돌아가지 않는다. 단지 사람들의 육체가 스트레스 상태로 넘어갈 뿐이다.

사람들은 뇌파가 베타파 상태이고 피에는 아드레날린이 증가하는 상태에서야 생각을 하게 된다. 이제 그들은 자신을 위해서 무엇이 최선인가를 생각한다. 어떻게 하면 지금 상황에서 탈출할 수 있을까? 누가 침몰하는 배에서 탈출하는 쥐처럼 첫 번째로 탈출할 수 있을까? 이제야 모두 딜레마를 보게 된다. 계속해서 공동체적 가치를 자신의 이익보다 우선할 것인가? 불황과 스트레스 상태에서 인간은 정말로 본능에 사로잡힌 죄수처럼 행동하게 된다. 이제 대부분의 사람이 배신이나 불공정, 개인의 이익을 무자비하게 선택한다. 공동체의 별은 떨어지고 각자의 투쟁이 시작된다. 만인 대 만인의 투쟁 말이다.

무엇이 이 상태를 구원할 수 있을까? 종종 새로운 기초기술이 그것을 해낼 수 있다. 새로운 콘드라티예프 파동이 다시 모두를 위한 일자리를 가져온다. 그렇게 되면 수레바퀴는 다시 굴러간다. 간략하게 요약하자면 다음과 같다.

새로운 기초기술이 호황을 불러오고 걱정 없는 시기가 되면 사람들은 친절해지고 협력적으로 변한다. 그들이 더욱 부자가 되면 공동체적 윤리는 빠르게 마비된다. 그리고 시간이 지나 경기가 하향곡선으로 돌아서면 "모두가 현재의 위치를 새롭게 돌아본다". 이 시기에 사람들은 신으로부터 멀어져 다윈에게로 간다.

이처럼 경제는 시대의 원초적 본능과 함께 파드되^{pas de deux}(발레에서 두 사람이 추는 춤-옮긴이)를 춘다. 호황기에는 지킬 박사가 왈츠를 추고, 불황기에는 하이드가 분노의 춤을 춘다. 호황기에는 프로테스탄트 노동윤리가 지배하고, 불황기에는 자본가와 프레카리아트 및 프롤레타리아가 생존을 두고 투쟁한다. 이러한 인간 본성의 변화를 경제학 이론에서는 다루지 않는다. 그렇기 때문에 경제학자들은 시기에 따라, 사람에 따라 항상 상반되는 이론에 빠져든다. 그들은 역사와 심리학을 이해하지 못하기 때문에 시기에 따라 나타나는 경제 이론을 매번 새로운 것으로 인식한다.

아무도 그것을 원하지 않지만, 모든 것이 그렇게 진행된다. 레밍 떼처럼 모두가 똑같은 방식으로 행동해서 현재의 잘못된 경향을 강화시킨다. 이것이 인간의 본능에 대한 지식 없이 조정되는 경제의 자체 동력인 것이다.

미국인과
유럽인의 차이

나는 독일인이고 독일 IBM에서 일했다. IBM은 정보통신 분야의 선도적인 기업으로 본사는 뉴욕 근처에 있다. 그곳에서 나는 종종 유럽과 미국의 문화적 차이를 목격한다.

이 책에서 언급한 개념들을 통해 관찰한 바에 따르면 나는 미국이 모든 분야에서 유럽보다 더 극단적이라고 생각한다. 미국인들은 무엇인가 시작되면 모든 에너지를 쏟아붓는다. 그들은 혁신에 대해서 더 많이 즐거워하고, 호황기에는 더욱 즐겁게 몰입하며, 더 많은 에너지를 갖고 행동한다. 그리고 그때 얻은 부를 유럽인들보다 더 개방적이고 당당하게 즐긴다. 하지만 유럽인들은 이런 태도를 '돈 자랑'한다고 천박하게 생각한다.

그러나 불황기가 다가오면 미국인들은 정말로 진지하게 스트레스를 받는다. 유럽인들은 미국인들의 이런 극단적인 태도에 다시 한 번 머리를 좌우로 흔들게 된다. 미국인들은 불황기에 살아남기 위해서 최선을 다해 투쟁하고, 때로는 해고되거나 거꾸로 백만장자가 되기도 한다. 그들은 가장 암울한 상태에서도 지칠 줄 모르고 새로운 기회를 찾으며, 극단적일 뿐 아니라 더 빠르게 근시안적으로 행동한다. 또한 기본적으로 '국면적 본능'을 커다란 저항 없이 세상 흐름의 한 부분으로 받아들인다.

그에 반해서 유럽인들은 모든 것을 영원한 가치의 이상 속에서 보고 변화가 없기를 희망한다. 미국인들이 보기에 유럽인들은 커다란 변화를 너무 소심한 시각에서 바라본다. 미국인에 비해서 활력이 떨어지고 기업가 정신이 부족하다. 유럽인들은 미국인들의 감동을 잘 받는 성격과 가벼운 자의식을 유치하다며 경멸한다. 미국인들이 보는 유럽인들은 겁이 많고, 재산에 대한 집착이 강하고, 너무 긴 휴가를 즐기고, 특히 기나긴 토론으로 모든 변화를 방해한다. 이런 태도는 아무리 교양 있는 미국인이라도 분노하게 만든다.

4장에서 A유형 인간과 B유형 인간을 소개했다. 아마도 유럽인은 B유형, 미국인은 A유형 인간에 더 가까울 것이다.

조지 부시 대통령 시절 국방장관을 지냈던 도널드 럼스펠드는 2003년에 일어난 이라크 전쟁을 가장 앞장서서 추진했던 사람이다. 그는 주저함이나 부끄러움, 자기반성도 없이 즉시 결정한 뒤에 모든 것을 하나의 카드에 걸고서 "닻을 올려라!"라고 외쳤다. 대부분의 유럽인은 이런 맹목적인 '스트레스 생산행위'에 경악했다. 그러자 럼스펠드는 엄청나게 분노하면서 유럽인들에 대해 매우 폄하하는 발언을 했다. 그는 거의 경멸하는 말투로 비겁함과 무기력함, 약함의 의미를 내포한 '늙은 유럽'이라는 표현을 사용했다. 이것이야말로 과도하게 공격적인 A유형 인간이 구대륙에 사는 B유형 인간에 대해서 느끼는 감정이다. '늙은 유럽'이라는 표현은 2003년 그해 최악의 단어로 선정되었다. 그리고 많은 유럽인이 자랑스럽게 이렇게 말했다. "그렇다. 우리는 미신에 빠져서 스트레스를 스트레스로 배격하려 하고, 테러를 폭력으로 맞서려 하는 생각 없는 전쟁광이 아니다!"

미국은 젊고 유럽은 늙었다. 그렇더라도 둘은 서로를 그렇게 부정적으로 바라볼 필요가 없다. 젊은 쪽이 좋을 때가 있으면, 다시 늙은 쪽이 좋을 때가 있는 법이다. 청춘은 열정이 있다. 그러나 노인은 "젊음은 너무 과격하고 성급하다!"라고 말한다. 노인은 사려 깊게 행동한다. 그러나 젊은이는 그들을 "느리고 비겁하다!"라고 비난한다.

불황기의 X이론,
호황기의 Y이론

호황의 초창기에는 모든 사람이 인간적이다. 그러나 그들에게는 프로테스탄트 노동윤리가 요구된다. 공동체가 개개인에게 자신과 타인에 대한 책임감을 요구하는 것이다. 각자가 할 수 있는 일을 해야 한다. 얼마나 많은 일을 하는가는 중요하지 않지만 그것이 무엇이든 간에 할 수 있는 일은 해야만 한다. 그것이 가능하도록 좋은 교육이 제공되고 개성의 계발이 장려된다. 부모와 교육 시스템, 공동체가 함께 인성 교육에 책임이 있다고 느낀다. 이런 의미에서 좋은 사람은 공동체의 보호를 받는 것이다. 자신의 잘못이 아닌 이유로 위기에 처한 사람은 도움을 받는다. 반면 좋은 사람이 되려고 노력하지 않는 사람은 그에 합당한 대가를 치러야 한다.

풍요로운 시기에는 재화에 대한 의무 따윈 중요하지 않다. 모두가 잘 지낼 수 있는 충분한 재화가 있기 때문이다. 개개인은 자기 자신에 대해서 무조건적인 책임을 지라고 강요받지 않는다. 사회 시스템이 어떤 요구도 없이 그를 돌본다. 이때는 각자가 원하는 대로 인간적일 수 있다. 불황 때는 더 강한 스트레스 상태에서 무언가에 이바지해야 한다는 요구가 갈수록 강하게 제기된다. 노동을 회피하는 사람은 가치가 없으며 통제가 강해진다. 성과는 정확하게 파악되고 능률이 저조한 사람은 경멸당하고 해고된다. 사회 시스템은 그런 사람을 배제시키고 개인에 대한 책임을 부정한다. 누군가가 길가로 나앉게 된다면 모든 것이 자신의 잘못이다. 시스템은 오직 성과를 내는 사람들만을 위해 존재한다. 사람들은 성과를 내는 사람과 프레카리아트 혹은 프롤레타리아로 추락하게 되는 '쓸모없는 사람'으로 나뉜다. 호황기에는 시민사회의 중심인 중산층이 형성되는 반면에 불황기에는 부자와 빈자의 차이가 더욱 날카롭게 갈라진다.

불황기의 끝에 가면 너무나 많은 사람이 길가로 나앉았고 이제 그들의 처지가 이렇게 된 것이 자신들의 잘못만은 아니라는 사실을 깨닫는다. 그래서 저항을 시작하고 다수로서 다른 정당을 선택해 지금까지 분노와 경멸로 자신들을 몰아냈던 공동체가 다시 그들을 돌보도록 압력을 넣는다.

1960년 MIT 대학 교수인 더글러스 맥그리거는 『기업의 인간적 측면』에서 인간의 본성에 대한 두 가지 서로 다른 견해를 제시했다. 맥그리거는 이것을 X이론과 Y이론이라 부르고 X이론에 대한 반론을 제기해 Y이론을 옹호하려고 했다. X이론은 당시 경영학에서 주를 이루던 인간관, 특히 노동자의 본성에 대한 이론이다.

- **X이론**: 인간은 천성적으로 게으르며 일하기를 싫어한다. 생존을 위해서 꼭 해야만 하는 일 이상은 하지 않는다. 야심을 보이지 않으며 어려움은 피하려고 한다. 가능하면 모든 것에서 도피하거나 책임을 지지 않으려 하고, 자발성이 없다. 심지어 금전을 준다고 해도 힘들게 일하려 하지 않는다. 인간은 스스로 아무것도 이루려 하지 않는다. 그렇기 때문에 선도하고 이끌어야 하며 무엇을 해야 하는지 정확하게 말해줘야 한다. 더 좋은 방법은 정확한 작업 과정을 하나하나 지정하고 마쳐야 하는 시간까지 정해주는 것이다. 인간은 외부의 자극에 의해서만 동기가 부여된다. 그래서 강제하고, 포상으로 유도하고, 실수하거나 성과를 내지 못할 때는 처벌해야 한다. 통제와 조종을 통해서 기본적인 행동방식을 정확하게 지정해줘야 한다.

- **Y이론**: 인간은 능동적이고, 의미를 추구하는 행동에서 삶의 높은 가치를 본다. 내면에서 자발적으로 의욕을 느끼며 성과를 낼 마음의 준비가 되어 있다. 노동이 그에게 의미가 있고 성과가 추구할 만한 가치가 있는 것이라면 기꺼이 책임을 지며, 의욕과 열정을 보이고, 스스로 규율을 지킬 능력과 그럴 마음의 준비가 되어 있다. 그는 스스로 최선의 방법을 찾아 일한다. 따라서 불이익을 주겠다는 위협을 통한 성과의 통제는 사실상 불필요하다. 발생하는 문제들은 창조성, 지구력, 판단력을 갖고 독자적으로 풀어낼 수 있다. 경영자는 직원들이 의미 있는 행동이라고 느끼도록 작업과 목표를 조직해야만 한다.

맥그리거는 미국의 많은 기업 조직이 겉으로 드러내지는 않지만 무의식중에 X이론의 인간관에서 출발하고 있다는 사실을 보여줬다. 이런 태도는 정치적으로도 옳지 않다. 우리 주변을 돌아보라. 많은 거대한 조직에서 관리자들은 직원들을 일하는 데 전혀 흥미가 없는 어린아이처럼 취급한다. 설사 어린아이라도 그런 식으로 대해서는 안 되는데 말이다.

"아빠, 제가 왜 이 일을 해야 하는데요?"

"너는 어려서 이해 못해. 내가 하라는 대로만 해라. 내가 너한테 지시하는 대로만 하고 절대 다르게 해서는 안 돼. 그리고 항상 똑같이 할 수 있도록 열심히 연습해라. 그것이 유일하게 옳은 방식이야."

이것이 '테일러 원칙'이다. 경영층에서 최선의 작업형태를 설계하고 노동자들은 이를 실행한다. 절대 다른 방식으로 작업하면 안 된다. 최선의 방식에서 멀어지기 때문이다. 오랜 미국식 전통은 인간을 실험상자Skinner-box 안에 들어 있는 흰쥐, 모르모트처럼 본다. 흰쥐는 상자 안에서 지시에 따라 작업한다. 정확하게 작업했으면 포상을 받지만 그렇지 못하면 바닥에 설치된 철사를 통해서 전기충격을 받는다. 왓슨의 행동주의behaviorism와 스키너의 실험상자가 이러한 인간 본성에 대한 이해의 기반을 제공했다. 미국식 행동 연구는 자극에 반응하는 인간의 행동방식을 연구한다. 즉 인간은 자극을 주면 반응한다는 생각이다. 행동주의자들은 실험쥐와 마찬가지로 인간의 행동도 자극 시스템과 행동 강화(처벌과 포상)를 통해 언제나 기술적으로 주어진 지시에 따라 작업하도록 조정할 수 있다고 믿고 있다.

오늘날의 경영 시스템은 많은 부분이 우리 행동을 조정하기 위한 실험상자로 설계되어 있다. 이런 시스템에서 일하는 사람은 광범위하게 만연된 비인간성에 경악하게 된다. "당신은 2단위를 해내지 못했다. 따라서 자동적으로 임금에서 3퍼센트를 삭감한다." 직원들은 자신이 '실험상자' 혹은 쳇바퀴 안에 들어 있는 실험쥐라고 느끼게 된다. 여기에서 작업의 의미에 대한 토론은 없다. 작업 과정은 세세하게 규정되어 있으며, 함께 생각하는 것은 바람직하지 않은 걸로 간주된다. 규정과 다르게 행동해서는 안 된다. 목표를 달성하지 못한 사람은 경우에 따라서는 창조적이지 못한 사람이라고 비난을 받을 수 있다.

Y이론은 발도르프 학교Waldorf Schule(독일의 사상가이자 교육자인 루돌프 슈타이너가 설립한 대안학교로 자유로운 정신생활로서의 교육을 강조하고, 학교 이념으로 '자유'를 역설한다-옮긴이)와 소기업에서 보여주는 인간관이다. Y이론에 따라 인간을 대하는 회사에서만 일하려는 최고의 정보통신 인력이 많다. 하지만 많은 소기업이 대기업에 '잡아먹히기' 때문에 그들은 종종 다니던 회사를 그만둬야 한다. 나 개인적으로도 IBM에서 최대한 Y이론이 유

지되도록 노력한다. 시대의 흐름이 변하고 있는 것이다. 2003년부터 바뀐 IBM의 경영 원칙은 다음과 같다. 'IBM과 세계를 위한 혁신Innovation that matters for our company and for the world', '모든 고객의 성공을 위한 헌신Dedication to every client's success', '우리의 모든 관계에 대한 신뢰와 개인적 책임Trust and personal responsibility in all of our relationship'. 이처럼 전체 시스템이 다시 새로운 정보 시대를 예고하는 쪽으로 움직이고 있다.

X이론은 인간을 야자수 아래에 누워 있다가 때가 되면 나무 밑으로 떨어지는 열매와 저절로 그물 속으로 들어와 잡혀주는 물고기를 먹고사는 남태평양 어느 낙원의 원주민처럼 생각한다. 그래서 언제든지 놀 준비가 되어 있으므로 돈을 줘도 일하기 싫어하는 게으름뱅이 천국의 배부른 인간쯤으로 판단한다. 그렇기 때문에 노동자에게는 규율을 강요하고 '동기'를 부여해야 한다고 주장한다. 특히 좋지 않은 시절에 스트레스를 받는 경영자들은 갈수록 강력한 처벌과 임금 삭감이라는 수단을 사용한다. X이론은 불경기 내내 경영자들이 가장 좋아하는 인간관이 된다. 불경기 동안 경영자들은 자기계발을 꿈꾸는 사람들에게 꿈에서 깨어나라고 촉구한다. 그리고 금전적으로 뒷받침할 수 없는 Y이론을 사치로 규정한다.

그렇다면 Y이론은 어떨까? 좋은 시절, 특히 새로운 기술혁신의 시기에는 자발적이고, 창의적이고, 책임감이 강하고, 함께 생각하고, 능동적인 직원을 선호한다. 발명가와 기업가, 전문가들은 좋은 시기에는 자기 책임 하에서 '재량권'을 갖는다. 독립적으로 의사결정을 할 수 있는 영역을 갖는 것이다. 그들은 권능을 '부여받는다'. 회사는 가장 낮은 단계에까지 재량권을 부여한다. 본사에서는 현장의 모든 직원이 올바른 판단과 높은 성과를 낼 준비가 되어 있다고 믿는다. 직원은 자신들이 의미가 있다고 믿는 방식으로 작업을 진행할 수가 있다. Y이론은 다음 단계인 사치의 시대에까지 영향을 미쳐서 직원들의 자기계발을 지원한다.

당신은 아직 죄수의 딜레마를 기억하는가? 죄수들은 서로 신뢰할 수도 있고 서로 배신할 수도 있다. X이론은 모든 사람이 능력껏 속이고 배신한다고 가정한다. 그래서 그들을 가둔 감옥은 그들이 다른 짓을 벌이지 못하고 일만 하도록 조직되어야 한다고 생각한다. 반면 Y이론은 사람들이 자유와 의미를 갖는 행동 속에서 가장 잘 성장하며, 스스로 자신을 충족시키고 계발시키는 무언가를 해내려는 의지가 있다고 가정한다.

- **국면적 본능**: 스트레스 상태에서 우리는 인간의 탈을 쓴 기계 혹은 서로 이익만을 취하려는 동물이 된다. 미래에 대한 긍정적 희망이 있다면 우리는 신뢰와 의미가 가득한 환경에 있는 인간이 된다. 우리의 인간관은 경기의 상황에 따라 변화한다. 그래서 우리는 시기마다 스스로 규정하고 판단한 내용과 똑같은 사람이 된다.

호황기 = Y이론
불황기 = X이론

다르게 표현하자면 인간이 인간답게 살 수 있는 환경, 즉 합리적으로 사는 것이 사회 전반적으로 이익이 되는 경제 환경이 되었을 때 인간은 경제학 이론에서 말하는 호모이코노미쿠스와 비슷한 행동을 보인다. 그러나 인간을 동물처럼 대하면 인간은 동물처럼 행동하고 반응한다. 우리가 공격적이고 심하게 이기적인 인간을(약물 복용, 신뢰 파괴) 용인한다면, 사회는 그런 인간이 지배하게 된다. 우리는 문화적으로 비겁해진다. 그래서 인간으로서 길가에 나앉기보다는 동물로 살아남기를 더 선호한다. "모두가 약물을 복용하는데 나보고 어쩌란 말인가? 그냥 그들 뒤나 따라가라고?"

더글러스 맥그리거는 1964년 사망하기 직전까지 X이론과 Y이론의 좋은 점만 뽑아서 미래를 위한 이상적 형태를 나타낼 Z이론 작업에 열중했다. 그와는 별도지만, 맥그리거의 이론에 근거한 책이 1981년에 출판되었다. 윌리엄 오치William Ouchi가 쓴 『Z이론: 미국경영이 일본의 도전과 만나는 방법Theory Z: How American Management Can Meet the Japanese Challenge』이 그것이다. 기업이 경제적 성공을 최대화하려면 인간의 본성을 어떻게 파악해야 하는가에 관한 연구결과였다.

Z이론은 평생고용을 보장하고, 집단적인 의사결정을 통해 노동에 의미를 부여하고, 지나치게 많은 행동규칙을 명령하지 말아야 한다고 주장한다. 또한 개인의 책임의식에 희망을 부여한다. 직원들을 기업의 여러 부서에서 교육하고 능력을 확인한 다음에 서서히(너무 빠르지 않게!) 좋은 성과를 내도록 장려해야 한다는 것이다.

그럴듯하게 들리는 주장이다. 그렇지 않은가? 이론은 카이젠을 통한 일본의 성장에 근거해서 미국 기업이 다시 성장할 수 있는 기반을 주기 위한 바람직한 이상형으로 개발되었다. 그러나 내가 이 책에서 지금까지 주장한 관점에서 본다면 이 이론은 아직 상아탑 분위기를 벗지 못했다. Z이론은 아쉽게도 호황기의 인간 본성에 관한 판단일 뿐이다. 이 시기의 기업은 당연히 Z이론대로 행동할 수가 있다. 평생고용이라는 요구도 쉽게

들어줄 수 있다. 단지 문제는 Y이론과 마찬가지로 Z이론이 불황기에도 작동할 수 있느냐는 점이다. 『Z이론』이 출판된 1981년 직후에 전 세계적으로 기업의 재편성과 효율화 바람이 불었다. 그 바람은 지금에야 서서히 잦아들고 있다. 결국 Z이론은 머릿속에서의 실험으로 머물고 말았다.

권위적 경영자,
협업적 경영자

이 주제에 관해서는 많은 이야기가 필요 없다. 인간 본성에 대한 관점이 시기에 따라 달라진다는 사실은 적절한 경영 스타일 역시 기본적으로 각각의 시기 혹은 경제 분위기로부터 '분리될 수 없다는 것'을 의미한다.

행위자doer, 통제관controller, 무자비한 구조조정자, 비전 제시자visionary 등과 같은 단어들은 조금만 생각해보면 강력한 감성을 표현한다는 사실을 알 수 있다. 결코 실제로 이야기되거나 이해되지 못하는 단어가 있다면 앞에서 나온 '분리될 수 없는'이라는 단어일 것이다.

호황기에 사람들은 기업을 확장하거나 더 높은 단계로 끌어올릴 수 있는 경영자를 찾는다. 반면에 불황기에는 몰락에 대항해 싸울 수 있는 강력한 경영자를 원한다. 두 시기에 모두 잘할 수 있는 경영자는 매우 드물다. 내 느낌으로는 모든 시기에 경영을 잘할 수 있는 경영자는 거의 없으며, 있다면 자신의 기업을 좋은 시절과 나쁜 시절을 모두 겪으면서 경영해온 소수의 위대한 경영자들뿐이다. 오토Otto, 외트커Oetker, 밀레Miele, 시케단츠Schickedanz, 크루프Krupp 등의 경영자들을 보면 자기 소유의 기업을 모든 시기에 걸쳐서 운영하는 것은 오히려 쉬운 일처럼 보이기도 한다.

이런 대단한 모범인사들은 마치 가톨릭교회의 성인들이 교인들에게 추앙받는 것처럼 평전이나 경영학 교과서를 통해 경영자 혹은 기업가의 이상으로 떠받들어진다. 그러나 이런 책들은 실제로는 경영자들에게 별로 도움이 되지 않는다. 보통의 삶에서 나타나는 경영자는 이쪽 아니면 저쪽일 뿐 양쪽의 장점을 다 가진 경우가 거의 없기 때문이다. 그렇기 때문에 호황기와 불경기에 따라 각각 다른 스타일의 경영자가 필요하다. 이에 대한 좋은 사례로 축구팀을 보자. 챔피언 팀의 감독은 리그 탈락을 막는 감독과 스타일이 다르고, 스타 선수들을 보호하는 역할과 선수들의 컨디션을 유지해주는 역할이 다르다. 이런 사실이 경영학 분야에서는 완전히 무시되고 있다.

현재 시기에 적절한 경영자 스타일을 몇 년 뒤에는 시대에 맞지 않는다고 평가절하함으로써 먹고사는 경영자 트레이너들은 경영자들에게 높은 수수료를 받고 시대에 맞지 않는 경영자가 되지 않도록 구원해주겠다며 도움의 손길을 내민다. 그렇기 때문에 그들은 여러 형태의 경영자가 아니라 매우 조심스럽게 여러 형태의 경영 스타일에 대해서 이야기한다. 현재 수천 가지 종류의 경영 스타일 교육과정이 있으며 구조조정자, 조직자, 코치, 중재자, 리더, 카리스마, 감성지능 등이 거론된다. 이런 교육과정에서 그들은 경영자들이 좋은 시기와 나쁜 시기에 어떻게 다르게 행동해야 하는지를 가르치려고 노력한다. 그러나 이렇게 풍부한 행동 레퍼토리를 자신의 것으로 체화하는 경영자는 거의 없다. 대부분의 경영자는 내면의 변화를 요구하는 종교의식을 닮은 이러한 교육과정을 별 감흥을 받지 못한 채로 끝낸다.

"나는 지난주에 내 안에서 꿈틀거리던 가능성을 봤다. 무슨 일이든 할수 있을 것 같았다. 그러나 이틀 전에 사무실로 돌아온 다음부터는 모든 것이 과거와 똑같이 흘러간다는 사실을 깨달았다. 모든 것이 과거와 똑같은 상태로 머물러 있다."

왜 이런 현상이 일어나는지 잠시 생각해보자. 호황기에 사람들은 Y이론에 따른 인간형을 생각하고 불황기에는 X이론의 안경을 쓰고 사람들을 바라본다. 그러나 모든 사람이 몇 년에 한 번씩 사람과 세상에 대해서 생각을 완전히 바꾸는 일은 일어나지 않는다. 각각의 개인은 자신의 신념을 고수한다. 예를 들어 나는 언제 어디서나 X이론을 비난한다. 나는 Y이론을 추구하는 사람이다. 호황기에는 편안함을 느끼는데 이 시기에는 내가 Y형 인간으로 남아도 되는 분위기이기 때문이다. 하지만 어려운 시기에는 내가 마치 이교도 사이에 홀로 있는 기독교인처럼 느껴진다. 그래서 더는 세상을 이해할 수가 없다. 내 시간이 왔다가 내 시간이 아닌 시기가 오기도 한다. 민주주의 사회에서는 Y이론을 위해 이성주의적인 진보주의자들이 전면에 등장하기도 하고, 때로는 X이론을 믿는 보수주의자들이 과반수를 이루기도 한다. 정부가 시기에 따라서 교체되어야 하는 것처럼 축구팀 감독과 경영자도 마찬가지다. 모두가 자신의 시기에는 주도권을 잡을 수 있다. 보통은 그런 시기에만 그런 일이 가능하다.

나쁜 시기에는 권위적인 경영자가 더 성공한다. 이들은 기업의 문제들을 풀어가기 위한 목표를 정하고 그것을 완수하라고 지시한다. 그리고 직원들을 별로 배려하지 않는다. "지금은 어려운 시기다. 여러분은 지금과 같은 시기에 나에게 안락한 배려를 해달라고 요구할 수 없다. 나중에 우리가 돈을 벌면 그때 그렇게 해주겠다." X형 경영자는 이렇게 말하지만 시기가 바뀐다고 하더라도 이런 경영자는 어떤 안락한 배려도 하지 않을 것이다. 설사 회사가 기록적인 이윤을 내거나 주가가 하늘을 찌를 정도로 올라도 그렇게 하지 않을 것이다. 그는 계속해서 긴축정책을 펴면서 강력하게 통치할 것이다. 직원들에게 좋은 시기는 Y이론을 지지하는 새로운 경영자가 왔을 때만 온다. X이론은 암묵적으로 직원이 목적을 위한 수단이라고 정의한다. 직원들은 열심히 일하고, 봉사하고, 목표를 달성하고자 뛰어다니고, 목표를 채워야 한다('목표관리'), '명령과 통제'만이 이들을 지배한다.

이런 경영자는 회사 건물의 맨 꼭대기 층에 앉아서 자기 사무실이 우주선 컨트롤타워의 조종석처럼 꾸며져 있기를 꿈꾼다. '007' 영화에서처럼 무한한 권력을 행사할 수 있는 강력한 제어판을 희망한다. 그는 데이터뱅크를 통해서 모든 것을 알 수 있다. 그래서 은하계를 오가는 우주선 선장처럼 선장석에 앉아서 '기업전쟁'을 지휘한다. 그는 수백만 개의 모니터를 각각의 직원 앞에다 직접 켜놓고 지시를 내린다.

"당신은 지금 아무 일도 하지 않고 앉아 있잖아! 계속 빨리 일하라고!"

내 어머니는 가끔 나에게 이렇게 말씀하시곤 했다. "얘야, 하나님은 모든 것을 보고 계신다는 사실을 잊지 마라." 이 모든 것이 X형 인간관과 관련이 있다.

호황기의 경영자는 최고의 직원들을 모으는 데 전력을 다해야만 한다. 이 일은 호황기 때 가장 커다란 문제이기도 하다. 그러나 불황기 때 경영자는 이렇게 말한다.

"지금 밖에는 당신이 받는 임금의 절반만 받고도 일하려는 사람이 수백 명 서 있다. 이에 대해서 어떻게 생각하는가?"

호황기 때는 이런 경영자 옆에 직원들이 남아 있지 않다. 호황기에는 협업적인 경영 스타일이 필수적이다. 사람들은 다시 (Y이론의 의미에서) 인간으로 대우받는다. 직원들은 독립적으로 생각하는 사람으로 취급받고 자신의 책임영역을 얻는다. 회사는 직원을 신뢰하고, 그들의 마음을 얻으려 노력하고, 회사와 연대감을 갖게 하려고 노력한다. 그렇게 해서 직원과 고객들에게 멋진 이미지를 얻으려고 한다. 직원들은 정기적으로 기업의 목표에 관한 토론에 참석해서 의견을 발표한다. 그들의 의견은 그룹 내의 의사결정에 반영된다.

풍요나 위기의 시기에 구애받지 않고 조용히 자신의 갈 길을 가는 기업도 있다. 도요타는 1950년부터 자신만의 길을 가는 수단인 카이젠을 온 세상에 완전히 공개했다. 도요타는 자동차가 덜 팔린다는 이유로 그들의 인간관을 바꾸지 않는다. 이 회사는 현자의 평상심을 갖고 서서히 세계 최고의 대기업으로 성장했다. 현재 우리는 경제적 최선을 호소하는 모든 자리에서 도요타의 이름을 발견할 수 있다. 도요타는 마치 고도비만인 사람들 중에서 유일하게 근본적이고 지속적으로 식습관을 변화시킨 사람과 같다. 대부분의 비만 환자는 이것을 해내지 못한다. 국면적 본능에 구애받지 않는 이성이란 확실히 보통 사람에게는 도달하기 어려운 목표인 것 같다. 그렇기 때문에 보통의 경영자는 시대적 분위기의 변화에 따라서 오간다.

CHAPTER 7

호황기의 기업과
불황기의 기업

이번 장에서는 여러 개의 작은 절로 나누어 기업의 사고방식이나 다양한 부서에서 나타는 생각의 구조 및 본능적 반응에 대해서 살펴본다. 나는 이 모든 것을 호황기와 불황기의 관점으로 나누어 설명할 것이다.

●● 　　이번 장에서는 여러 개의 작은 절로 나누어 기업의 사고방식이나 다양한 부서에서 나타나는 생각의 구조 및 본능적 반응에 대해서 살펴보고자 한다. 나는 이 모든 것을 호황기와 불황기의 관점으로 나누어 설명할 것이다. 이 과정에서 어쩔 수 없이 앞부분에서 다뤘던 내용을 다시 반복해야 하는데, 최대한 간략하게 언급하도록 하겠다. 여기에서 중요한 점은 호황기와 불황기에 나타나는 상반된 사고방식이 미치는 범위에 대해서 다시 한 번 알게 된다는 것이다. 현재의 경제학이 갖고 있는 평균적 지능 수준에서는 경기의 상승과 하락에 따라 나타나는 이론의 차이를 거의 피할 수 없다.

　이렇게 모든 것을 다시 한 번 살펴보고 나면 경제학이 왜 호황과 불황 사이의 원초적 힘에 따라 이리저리 흔들리는가를 훨씬 더 잘 이해하게 된다. 왜냐하면 본능의 힘은 항상 한쪽 방향으로만 흐르기 때문이다. 이

쪽이 아니면 저쪽으로, 상승기에는 모든 것이 위로, 하강기에는 모든 것이 아래로 말이다. 따라서 누군가가 경제의 아주 조그만 부분만을 변화시키려 하거나, 어떤 기업의 한 영역만을 음에서 양으로 혹은 양에서 음으로 방향 전환시키려 한다면 실패하게 될 것이다. 모든 것을 바꾸거나 아니면 아무것도 하지 않아야 한다.

이에 대해서는 호황기와 불황기 전체를 살펴본 다음에 설명하도록 하겠다. 그러고 나면 '조금만' 변화시키려는 시도가 왜 그렇게 성공하기 어려운지 이해하게 될 것이다. 대부분 전부가 아니면 전무이기 때문이다. 그러나 세상 전체가 변화하기도 한다. 이럴 때는 모든 것이 힘들이지 않아도 스스로 변하지만 그 변화는 우리가 원하는 방향이 아닐 때가 많다. "추는 이리저리 흔들린다. 세상사가 그런 것이다." 이 말은 젊은이들이 무언가를 변화시키려고 이를 악물고 덤빌 때 경험 많은 직원이나 경영자가 어깨를 한번 들썩이며 하는 말이다. 오랜 경험을 가진 사람은 음을 이해하고, 양도 이해한다. 그래서 겸허하게 갈 길을 간다.

시간 —
전진 혹은 후퇴

호황 초기 • 에너지가 넘치고 지속적으로 발전한다. 좋은 것이 만들어지기까지는 분명 시간이 필요하다. 모든 것을 잘 생각해야 한다. 그러나 시간은 유용하게 그리고 통찰력 있게 사용해야 한다.

호황 후기(사치의 시기까지) • 언제나 침착하라. 로마도 하루아침에 만들어지지 않았다.

불황 초기 • 나쁜 쪽으로의 변화가 행동을 촉구한다. 행동하지 않는 자는 도태될 것이다. 따라서 빠르게 행동해야 한다("아무것도 하지 않는 것보다는 어떤 결정이라도 내리는 게 낫다." 왜냐하면 아무것도 하지 않는 것은 확실한 종말을 의미하기 때문이다). 그렇더라도 차가운 이성만은 유지해야 한다. 역사적인 경험은 우리에게 열정을 불태운다고 해서 기대와 똑같은 결과를 얻지는 못한다는 사실을 가르쳐준다.

불황 후기(경기 바닥까지) **•** 속도가 절대적으로 중요하다! 모든 원칙과 명언은 잊어버려라. 철거도구를 가져와라. 모든 일이 실천되어야 한다. 언제까지 해내야 하느냐고? "어제가 가장 좋다."

공간 ―
확장 혹은 축소

호황 초기 • 사업은 지속적으로 성장한다. 새로운 가능성이 널려 있다. 확장과 지속적 발전. 기업들이 성장한다.

호황 후기(사치의 시기까지) **•** 성장에 한계가 없어 보인다. 모든 것을 집어삼키고, 모든 공간이 점유된다. "나중에 이 사막이 좋게 쓰일 데가 있을지 아무도 모르지 않는가." 기업들은 통제할 수 없을 정도로 성장한다.

불황 초기 • 오직 살아갈 수 있는 공간만 사용한다. 경제성이 있는 땅만 경작된다. 합리적인 것만으로 제한된다. 기업들은 앞으로 어떤 규모를 유지해야 할지 고민한다. 불황에 적응한다.

불황 후기(경기 바닥까지) • "경쟁이 시장을 정복한다! 반격하라! 우리는 손실 때문에 첫 번째 생산라인을 포기해야 한다! 핵심 사업으로 후퇴하라!" 기업들은 시장과 함께 축소된다. 그들은 군대가 전쟁 때 이미 점령한 중소도시들을 포기하는 것처럼 멀리까지 점령했던 시장에서 철수하기 시작한다. "적이 방어선 너머에서 공격하는데, 방어선이 무너졌다! 성으로 돌아가라! 그곳은 안전하다!" 어떤 기업들은 전반적인 패배에도 아랑곳없이 언제나 다시 과거의 승리를 기억하곤 한다. "우리는 시장을 정복했고 적들을 물리쳤다. 이제 곧 세계적인 기업이 될 것이다!"

동기부여―
지원이냐 처벌이냐
●➤

호황 초기 • Y이론에서 보는 인간은 내면에서 동기를 이끌어낸다. 의미 있는 일을 한다는 즐거움에서 자신의 힘을 창조하며, 기꺼이 책임을 지고 열성적으로 일에 임한다. 이런 사람들의 마음에 불꽃이 생기면 커다란 일을 해낸다. 따라서 경영층에서는 이들에게 작업의 의미와 승부욕을 불어넣고, 최대한 지원을 아끼지 말아야 한다.

호황 후기(사치의 시기까지) • 호황이 막바지에 다가갈수록 사람들은 자신에게 무엇이 의미가 있는지 아는 것을 당연하게 받아들인다. 아무도 사람들을 진정으로 이끌지 않는다. 그렇기 때문에 사람들은 자기 마음대로 움직이기 시작한다. 사람들 사이의 공동 에너지를 연결하는 힘이 갈수록 약해진다. 커다란 일을 완수하려는 의지가 둔화된다. 사람들은 갈수록 안락해져서 좋은 성과에는 더 많은 보상을 받고 싶어 한다. "경제가 호황인데, 이제 나도 조금은 누리고 싶다." 풍요로운 사회에 사는 사람들은 풍족함에 빠져서 게을러지고 이런 행동 때문에 경영자는 X이론의 인간관이 옳다고 믿게 된다.

불황 초기 • Y이론에서 보는 인간관은 성실한 사람이라면 일시적으로 어려운 시기에도 충분히 의연함을 보여줄 것이라고 믿는다. Y형 인간은 문제점을 진솔한 마음으로 정확하게 보고 주어진 일을 하며 평소보다 더 열심히 일하게 된다. 그리고 모든 것이 다시 잘되리라는 믿음이 있다. X이론에서는 인간이 호황기에는 게으르기 때문에 계속해서 압박을 가해야 한다고 믿는다. 이런 생각은 소위 '게으른 사람들'의 저항에 부딪힌다. 왜냐하면 이들은 미래를 장밋빛으로 바라보므로 경영층에서 보는 것과 달리 문제가 이미 해결되었다고 생각하기 때문이다.

경영층에서는 직원들이 누리는 사치스러운 조건을 철회하고, 더욱 강하게 작업능률을 통제하고, 더 많은 성과와 잔업을 요구한다. 꿈으로부터 밖으로 끌려나온 사람들은 자신의 기득권을 지키기 위해서 저항한다. 이런 상황 때문에 이들은 '오직 돈만 생각하는 사람들'로 낙인찍힌다. 이제 이들은 외부의 압박과 강제에만 반응한다. 그들은 미래에 대한 걱정과 함께 외부의 압력에 자극받아서 (아직까지 남아 있는) 노동의 대가에 관심을 보인다. 또한 갑자기 퇴직연금과 일자리의 안전을 도모하게 된다. 그러면서 상당 부분 자신이 하는 노동의 의미를 잃어버리고 만다. 사람들은 스트레스 상태에서는 X이론이 주장하는 인간형이 된다. 이런 사람들을 더 열심히 일하도록 하기 위한 장치로 성과급과 보너스 시스템이 만들어진다. 사람들은 이런 상황에서 절망의 한숨을 쉬면서 자신이 인간으로서 존중되기를 바라는 Y이론의 인간형이라고 주장한다.

불황 후기(경기 바닥까지) • 경제가 스트레스 상태나 투쟁 중에 있을 때, 주주들이 기업에서 더 많은 배당을 받아내려 할 때, 모두가 더 많은 것을 원할 때 경영 시스템은 노동을 통제하는 데 그치지 않고 직원들에게 체계적인 과부하를 가하게 된다. 이제 직원들은 보너스에 대한 포기를 넘어서 임금 삭감까지 두려워해야 한다. 이때 포상 시스템은 처벌제도가 되어버린다. 부담이 과중된 직원들은 정신적으로 고통받는다. 정신적인 에너지가 피를 흘리게 된다. 사람들에게 처벌에 대한 두려움이 증가한다. 그리고 그러한 두려움 때문에 시야가 좁아진다. 이제 그들은 거의 완전히 외부의 자극에만 반응하고 단기적인 시각으로만 이익 여부를 판단하게 된다.

그렇다면 경제위기 때문에 압력을 받아 X이론처럼 행동하는 사람을 X이론에서 요구하는 대로 대해야만 하는 것일까? 그렇지는 않다. 꼭 그래야 한다는 이론적 근거는 없다. 다만 현실이 그럴 수밖에 없게 하는 것이다. 내면적으로 침착하게 대응하면서 주변 분위기에 휩쓸리지 않는 좋은 관리자가 부족하기 때문이다. 불황기 때의 전반적인 분위기는 명백히 인간에게 적대적이다.

최근 어느 대기업의 전략회의에 참석할 기회가 있었다. 그 자리에서 누군가가 직원들을 세 가지 부류로 나누면서 그런 분류가 '일반적'이라고 주장했다. 그 분류에 따르면 직원의 3분의 1은 제 역량을 다 발휘하고, 3분의 1은 능력이 없고, 나머지 3분의 1은 하려는 의지가 없다고 한다. 그래서 나는 직원의 3분의 1은 일을 충분히 해내지 못하고 다른 3분의 1은 게으름을 피우거나 일에서 도망치려 하는 회사에서 어떻게 이윤을 낼 수 있는지 물었다. 그러자 돌아온 대답은 "원래 그렇다"는 것이었다.

나는 그 회의장에서 인간관에 대해서 토론을 벌이기는 했지만 그들을 너무 몰아붙이지는 않았다. 불황기에 경영자들의 감성은 인간에게 적대적인 것이 분명해 보인다. 그들은 불황기에 겪는 어려움의 원인을 주어진 목표량을 따라오지 못하는 저성과자에서 찾으려 한다. 역으로 직원들 역시 경영진에 적대적이어서 그 원인을 경영자 쪽에서 찾는다. 독일 속담대로 "생선은 머리부터 썩은 냄새가 난다"라는 것이다.

인사관리—
인력계발에서 공급 최적화로

호황 초기 · 인사관리부서는 직원들을 채용하고, 해고하고, 정년퇴직을 시킨다. 또 임금을 지급하고, 인력을 관리하고, 사무실을 분배하고, 기업 구조조정을 한다. 그 밖에도 업무용 자동차 배치나 업무계약, 승진, 발령 등과 같은 직원들을 관리하는 규칙을 결정한다. 이처럼 인사관리부서는 많은 분야와 연관이 있다.

그러나 이들의 일은 호황기냐 불경기냐에 따라서 매우 달라진다. 호황기에는 주된 업무가 직원의 채용이다. 시간이 갈수록 줄어드는 인력시장에서 새로운 직원들을 찾아야만 한다. 새 직원들을 회사 업무에 적응시켜야 하고 물리적인 일자리도 마련해줘야 한다. 사무실을 마련하고, 사무기기도 주문한다. 회사가 포화 상태에 이르렀으므로 더 확장시켜야 한다. 직원들 사이의 분위기는 좋다. 임금도 상승하고 회사의 상황도 좋다. 예를 들어 밀레니엄 오류 때문에 1990년대 말에는 노동시장에서 컴퓨터

전문가를 쉽게 찾을 수가 없었다. 이때는 누구든 채용해서 최고의 임금을 지급해야만 했다. 당시 IBM의 CEO였던 루 거스너는 손가락을 높이 들어 올리고서 경고의 뜻을 담아 이렇게 물었다. "우리는 정말로 여전히 최고의 직원들을 채용하고 있는가? 우리는 최고여야 한다는 원칙에서 벗어나고 있지는 않은가?"

인사관리부서에서는 직원들의 질에 많은 주의를 기울여야 한다. 호황기에는 나이 든 직원들을 매우 섬세하게 교육한다. 그리고 새로운 직원으로 대체할 수 없는 상황에서 그들이 사표를 쓰는 일이 생기지 않도록 매우 친절하게 대한다. 그래서 많은 회사에서 직원들을 위해 특별한 조치들을 생각해낸다. 회사에 테니스장을 만들거나 무료 커피자판기를 제공한다. 직원들은 일등석을 타고 출장을 갈 수 있다. 모든 직원은 자신이 하고 싶거나 편안하게 느끼는 일을 얻는다. 직원들은 자신의 장점을 더욱 강화시키고 한 단계 더 발전하고 싶어 한다. 인사관리부서는 직원들이 기꺼이 그리고 열정적으로 일하고 이런 좋은 시기에 회사와 완전한 일체감을 가질 수 있도록 배려한다.

호황 후기(사치의 시기까지) • 호황기가 계속 지속되면 게으름뱅이의 천국과 같은 상태가 온다. 직원들은 모든 것을 요구하고, 또 요구한 모든 것을 얻는다. 주문은 넘쳐나고, 모든 직원이 매우 좋은 조건으로 시간외 근무를 하며 자기계발을 잊어버린다. 좋은 직원들이 갈수록 부족해지기 때문에 인사관리부서는 그런 직원들을 '추가비용'을 주고 찾아서 채용한다. 그리고 어느 시기부터는 좋은 직원들만 채용하지 못하고 "아쉽게도 찾을 수 있는 사람들 중에서 최고를 채용했습니다. 죄송합니다"라고 말하는 상황이 된다.

1970년대 독일에 많은 대학이 새로 설립되었을 때 사람들은 이렇게 말했다. "쓸 만한 박사학위만 갖고 있으면 누구든 교수로 임용해야 한다." 그 당시 김나지움Gymnasium(인문계 고등학교)이 모든 학생에게 개방되었을 때는 이런 말들이 공공연하게 들렸다. "자격증만 있으면 누구든 교사로 채용해야 하며, 당연히 당장에 평생 공무원 지위를 줘야 한다. 그러지 않으면 아무도 교사로 오려고 하지 않을 것이다." 현재의 질에 대한 무시와 미래와 돈에 대한 불감증은 나중에 나타날 재앙의 양식이 된다(교사의 돼지 사이클과 이와 연계된 교사 자질의 돼지 사이클).

불황 초기 • 모든 것이 불확실한 시대에 인사관리부서는 매우 조심스러워진다. 기업의 많은 부분에서 단기 혹은 중기적으로 인력이 남아돌기 시작한다. 그렇게 남는 직원들은 아직 인력이 부족한 다른 부서로 배치된다. 불황기에는 대부분 생산이 정체된다. 이때 인사관리부서에서는 기업의 추락을 막기 위해 남는 인력을 판매 쪽으로 배치한다는 훌륭한 아이디어를 떠올린다. 이것이 모든 경영자에게 받아들여지는 이론이다. 경영자들은 모든 것을 관리할 수 있다고 믿기 때문에 미장이가 보일러를 설치하고 금세공사가 머리를 다듬을 수 있다고 생각한다. 생산 분야에서 온 직원이 결코 판매를 잘할 수 없고 판매 쪽에서 온 직원이 컴퓨터 프로그램을 잘 짤 수 없는데도 모든 기업이 그렇게 행동한다.

이런 식으로 배치된 직원들은 어쩔 수 없이 실패하게 되고 정신적으로 황폐해진다. 대부분의 기업은 불황기가 시작되는 시기에 즉시 직원들을 해고하겠다는 결정을 내리는 걸 무척 어려워한다. 그러나 그렇게 하는 것이 모두에게 더 나을 수 있다. 하지만 그들은 처음에는 상황이 좋아지기를 바라면서 아무런 행동도 취하지 않는다. 그러다 인사관리부서가 당장에 신규 채용을 멈추라는 지시를 내린다. 이제 직원의 채용은 다른 부서에서 남아도는 인력 중 아무도 그 일을 해낼 수 없다고 증명되는 경우에만 예외적으로 가능하다. 경영자들은 방만하게 남아도는 어떤 직원이라도 대학을 갓 졸업한 초보자보다는 나을 것이라고 생각한다. 그렇기 때문에 더 이상의 신규사원 채용은 없다. 기업들이 채용의 문을 닫아걸어 버리는 것이다. 인사관리부서는 이제 인력들을 재배치한다. 그러면서 외부의 인력시장에 대한 시각을 완전히 잃어버린다.

불황 후기(경기 바닥까지) • 계속되는 불황기에 기업들도 이제는 더 버티지 못하고 대량해고를 감행한다. 인사관리부서는 '짐을 던져'버려야만 한다. 경영자들은 끝없이 이어지는 회의를 하는 동안에 모든 직원을 살펴본다. 누구를 남기고, 누구를 해고할 것인가? 직원들은 고성과자(꼭 남아야 함)와 보통 직원(상관없음), 저성과자(내보냄!)로 나뉜다.

경영자들은 저성과자들을 증오하기 시작한다. 그들 때문에 자기 부서의 성과가 좋지 않기 때문이다. 하지만 어려운 시기에는 최고의 직원들이 먼저 직장을 떠난다. 그들은 어디에서나 직장을 얻을 수 있기 때문이다. 그들은 첫 번째로 가라앉는 배를 떠난다.

시간이 지나가면 갈수록 X형 인간이 더욱 노골적으로 가면을 벗어던지고 전면에 나타난다. 인사관리부서는 이제 강경한 어조로 법률가들의 도움을 얻어 노조와 싸우면서 직원들의 두려움을 이용해 임금을 삭감하려 한다. 경영자들은 강력한 조치를 관철시키려면 자신의 머리를 X이론으로 무장해야 할 필요가 있다. X이론이 그들의 보호막이 되는 것이다. 직원들은 너무나 강하게 관찰되고 통제되어 이미 앞에서 말한 대로 정말로 X형 인간처럼 행동하기 시작한다. 강력한 노동 강도 하에서 직원들은 자기계발을 멈추고, 추가로 배당된 작업에 대해서는 거부하며, 비협조적이 된다. 인사관리부서는 회사 차원의 인력계발을 최소한으로 축소하고 직원들을 그들의 운명에 맡겨버린다. 회사는 직원들에게 지속적으로 고용 적합성employability을 증명할 것을 요구한다. 이를 만족시키지 못하는 직원은 나가야 한다. 인사관리부서는 직원들을 생선처럼 상할 수 있는 물건으로 취급한다. 인사관리의 개념이 '인력계발'에서 '인적자원관리'로, 결국에는 '인력 공급망 최적화'로 바뀐다.

제품과 품질—
혁신과 복제 사이

호황 초기 · 대부분의 호황기에는 혁신 혹은 어떤 '새로운 것'이 주를 이룬다. 아메리카대륙 혹은 중국(현재)의 발견이 여기에 해당한다. 기업들은 새로운 사업을 찾아 나선다. 콘드라티예프 파동은 흐름이 오랫동안 지속될 것임을 약속한다. 새로운 기술혁신을 성숙하게 하는 데는 많은 시간이 필요하기 때문이다. 첫 흑백 TV가 나온 이후로 벽걸이형 HDTV가 나오기까지 수십 년이 걸렸다. 자동차가 3리터에 100킬로미터를 가는 기술을 보유하기까지, 카메라가 완벽한 디지털카메라로 되기까지도 역시 수십 년이 필요했다.

　이 시기에는 개발과 연구가 진행된다. 여기에서 선두를 달리는 기업은 성공한다. 제품들은 무엇보다도 새롭고 멋져야 한다. 품질이란 더욱 완벽함, 뛰어남, 성숙함, 최고의 기능성 등을 뜻한다. 기술자들은 제품을 최고로 만들려고 노력한다. 이 시기는 수많은 기술적 업적으로 채워져 있다. 이 시기 모든 정치가와 경제학자의 머릿속에는 경쟁의 긍정적 역할, 기술과 자연과학의 축복에 대한 확신이 들어 있다. 지금, 이 시기에는 축복이다. 그러나 불경기에는 그렇지 않다. 이 사실을 학자들은 망각하거나 전혀 생각하지 못한다.

호황 후기(사치의 시기까지) • 혁신의 막바지에 이르면 제품의 품질은 대부분 더는 개선되지 않는다. 단지 더 사치스러워질 뿐이다. 자동차에는 장미목으로 된 내부 장식과 냉장고가 설치된다. 사람들은 초호화판 성경을 산다. 사치가 이 시기의 특징이다[19세기 창업시대에는 유명한 도레 성경Dore(프랑스의 화가 귀스타브 도레가 삽화를 그린 고급스러운 성경 - 옮긴이)의 가격이 노동자들의 1년치 임금과 같았음에도 베스트셀러가 되었다]. 풍요로운 시기에 "우리는 이미 모든 것을 갖고 있다." 그렇기 때문에 이 시기에 사는 사람들 사이에서는 "무엇을 선물해야 할지 모르겠다"라는 한탄이 흘러나온다.

제품들은 이제 '괴상해지고' 부분적으로는 엉뚱하거나 천박하게 사치스럽기까지 하다. 오직 호화로운 것만을 추구한다. 이제 지붕도 전부 금으로 덮지 않을까? 고객들은 이미 충분히 구매해서 서서히 무언가를 사려는 욕구가 떨어지는데도 이윤율은 여전히 넉넉하다. 고객들은 호화로운 호텔의 풀장에 누워서 기지개를 켠다. 그들은 사치를 즐기고 더는 가격에 구애받지 않는다. 요즘은 제품의 가격을 비교하는 게 당연한 것이 되어버렸기 때문에 당신은 1980년대에 했던 우리의 행동을 잊어버렸을 것이다. 그러나 돌이켜보라. 그때는 정말로 가격이 중요하지 않았다. 우리는 모든 것을 가지길 원했고 또 가질 수 있었다. 그때는 품질이 '모든 것!'이었다. 그리고 생산자들은 품질만을 제일로 생각하는 멋진 제품을 만들어냈고 그것이 잘 팔리기도 했다.

불황 초기 · 이 시기에는 우선 여유분을 절약한다. 소비자는 조심스러워진다. 이제 아무것이나 사지 않고 '합리적인' 제품을 산다. 생산자들은 제품의 종류를 대량생산 제품과 일반적이고 사치스럽지 않은 제품으로 제한하면서 훨씬 더 저렴하고 능률적인 방식으로 생산하려 한다. 이를 통해 생산과정에서 작은 혁명이 일어난다. 사치품은 보통 개개인을 위해서 특별하게 수작업으로 이뤄지는 반면에(각각의 자동차가 고객들의 온갖 유치한 과시를 위한 개별 요구에 따라 만들어진다), 다시 유용한 제품이 컨베이어벨트에서 생산된다.

따라서 강력한 생산 공정 합리화 바람이 불고 그 결과 직원들을 해고할 만한 여유가 생긴다. 다운사이징이 시작되고 생산은 더 적은 수의 직원만으로도 가능해진다. 모든 것이 재조직된다(여기에 대해서는 도요타 방식에 대한 서구 기업들의 분석을 통해서 시작된 자동차 생산의 혁명을 예로 들어 이미 여러 차례 충분히 설명했다). 불경기에 우리는 이론적으로 다음과 같이 생각한다. '제품은 최소의 수단을 들여 최고의 기능과 최대의 효용이 있도록 생산되어야 한다. 어려운 시기에는 일시적으로 사치를 피해야만 한다.'

불황 후기(경기 바닥까지) · 불황의 막바지까지는 상품의 매출이 정체된다. 구매자들은 탐욕이 좋은 것이라고 생각한다. 그리고 너무 비싼 가격을 지급하는 행동은 바보 같은 짓이라고 생각한다. 그래서 할인을 요구한다. 시장은 이제 '레몬시장'으로 옮겨간다. 생산자는 저가생산의 한계까지 몰려서 비용이 많이 드는 좋은 품질은 포기하고, 품질을 속이거나 가짜를 제공할 뿐 아니라 개발비용을 절약하기 위해 다른 성공 모델을 복제한다. 구매자는 적정 가격보다 더 싸게 제품을 사고 싶어 한다. 그래서 화려

한 포장 뒤에 숨어 있는 싸구려 제품을 구매한다. 기업들은 생필품시장에서도 싸구려 제품을 생산한다.

고객서비스—
'왕'에서 '봉'으로

호황 초기 • "고객은 왕이다." 이 간단한 문장이 모든 것을 대변한다. 호황기에 고객은 계속해서 신제품 자동차, 컴퓨터, 옷을 사게 된다. 좋은 서비스는 기업에 좋은 결과를 가져다주고 기업과 고객 모두를 즐겁게 한다.

호황 후기(사치의 시기까지) • 이제 고객은 정말로 왕이다. 기업의 자금이 풍족하므로 서비스 제공자가 돈에 크게 구애받지 않고 최고의 서비스를 제공하기 때문이다. 고객은 모든 것을 원하고 실제로 모든 것을 얻는다. 그리고 고객은 간접적으로 이 모든 것에 대한 대가를 지급한다. 부유한 병원의 대기실은 고급 목재와 가죽으로 치장되고, 은행과 기업들은 거대한 사옥을 짓는다. 고객들은 온갖 종류의 식사와 파티에 초대된다. 자동차 고객에게는 공장, 컴퓨터 고객에게는 연구개발실, 은행 고객에게는 증권 거래소 견학이 제공된다. 방문자들에게는 고가의 선물도 주어진다.

불황 초기 • 정상적인 삶으로 돌아가려는 노력이 시작된다. 선물들이 더는 호화스럽지 않고 갈수록 빈약해진다. 서비스 제공자는 자신들의 서비스가 어느 정도까지 대가를 받을 수 있는가에 대한 질문을 던진다. "이런 서비스가 아직도 시의적절한가?" 이제 서비스도 '표준화'된다. 고객은 매우 의례적이고 평범한 서비스만 받게 된다. 더 좋은 서비스를 원한다면 더 많은 돈을 지급해야 한다. 기본적인 서비스 수준이 서서히 꼭 필요한 것만으로 제한된다. 이제는 고객이 불평하기 시작한다. 고객은 서비스 제공자를 나쁘게 보고 다른 곳에서는 더 좋은 대접을 받을 수 있는지 비교한다. 이웃이 큰 소리로 칭찬하는 다른 서비스 제공자보다 나쁜 대접을 받으면 자존심이 상하기 때문이다.

불황 후기(경기 바닥까지) • 고객에 대한 서비스는 고객이 직접 움직여야 할 정도로 제한된다. 전화를 거는 고객에게는 값비싼 인간의 서비스를 제공하기 전에 먼저 컴퓨터가 모든 것을 물어보고 거의 모든 작업을 처리하게 한다. 고객은 음악을 들으면서 전화가 연결되기를 기다려야만 한다. 비행기와 기차는 종종 고객과의 시간을 지키지 않는다. 고객에게 최대한 견딜 수 있을 만큼의 부담을 안겨주는 것이다. 항의하는 고객이 있으면 "이 정도의 금액에서는 더 이상의 서비스를 요구하실 수 없습니다"라는 대답이 돌아온다. 따라서 고객도 1센트만 가격 차이가 나도 등을 돌려버린다. 그리고 탐욕스러워진다.

도처에서 레몬시장으로의 타락이 일어난다. 고객이 무언가를 사야 하는 곳에서는 커피라도 제공되지만 정작 서비스를 기대하는 곳에서는 아무것도 얻을 수 없다. 좋은 사례가 은행과 텔레콤이다. 은행에 돈이 되는 일은 지점 안에서 이뤄지지만 은행의 전통 서비스는 이제 추운 외부에 세워져 있는 현금인출기 혹은 인터넷을 통해서 고객이 직접 해결해야 한다. 전화기는 상점에서 사지만, 계약이나 연결에 문제가 생기면 수많은 사연을 지닌 고객들이 콜센터에서 순서를 기다려야만 한다.

탐욕스러운 고객일지라도 가격체계를 도저히 이해할 수 없도록 각종 서비스는 갈수록 불투명해진다. 보통 사람은 자신이 어떤 전화요금 체계를 선택했고 자신이 투자한 펀드의 정확한 내용이 무엇인지 거의 이해하지 못한다. 대출에 대한 이자도 거의 무한대에 가깝게 다양하다. 나 자신도 왜 내가 주택담보대출에서는 6퍼센트의 이자를 내면서 마이너스통장에서는 그 두 배를 내야 하는지 이해하지 못한다. 은행은 내가 그 차이도 눈치채지 못할 것이라고 믿는 것 같다. 이제 탐욕스러운 고객은 자신을 속여 넘기려고 하는 함정으로 가득한 계약서를 들고 아주 작은 글자까지 주의를 기울여 읽어야만 한다. 고객은 서비스 제공자를 바꾸고, 상표를 믿지 않으며, '조언자'에게 비싼 비용을 주고 물어보거나 대신 관리하게 한다. 서비스 제공자는 복잡한 '정보의 정글'을 만들어내고 고객은 명확한 것을 원한다. 이는 양측 모두에게 많은 비용이 드는 일이다. 그렇기 때문에 모든 것이 더 저렴하게 되어야만 한다.

시장, 상표, 마케팅—
홍보는 어느 시기에나 필수

호황 초기 · 새로운 기업 혹은 제품이 시장에서 뿌리를 내리는 데는 인지도가 거의 결정적인 역할을 한다. 상품의 품질이 불길처럼 사람들 사이에서 회자되거나 아니면 유명인사가 그 제품을 텔레비전에서 소개해야만 한다. 핵심이 무엇인지 보이는가? 새로운 제품은 우선 알려지고, 사람들의 눈에 띄고, 신뢰감을 주고, 욕구를 자극하고, 멋져야 한다. 시장이 신상품에 관심을 보여야 하는 것이다. 고객들이 열광해서 신상품을 세상으로 데려가야만 한다. 온 세상이 새로 나온 아이폰에 대해서 알고 기대감으로 열병을 앓아야만 한다. "뭐라고? 곧 매진될 거라고? 지금 그것을 살 수 있는 곳이 어디야? 빨리 알려줘!"

바로 이 지점에서 많은 인터넷 회사가 문을 닫았다. 그들은 시장에 일등으로 나왔고 멋진 아이디어가 있었지만, 승리는 시장의 관심을 끈 다른 기업들이 거뒀다. 호황의 초창기에는 신상품 정보를 들은 모든 사람이 그것을 구입한다. 그러나 모든 고객이 상품에 대해서 들을 수 있어야 할 것 아닌가! 그렇기 때문에 시끌벅적하게 신상품을 홍보해야만 하는 것이다. 그러면 신상품은 날개 돋친 듯이 팔려나간다. 소비자들에게 무언가를 속이거나 과장되게 알린다는 이야기가 아니다. 제품의 초창기에는 시장이 그것에 대해서 아는 것이 중요하다. 그러면 충분하다. 이 시기에 마케팅은 알린다는 것과 거의 같은 말이다.

호황 후기(사치의 시기까지) • 하나의 상표가 자리 잡은 다음에는 많은 사람이 그것을 안다. 이제 그 상표는 더 많이 알려지고, 그러한 인지도가 유지되어야만 한다. 마치 친한 친구처럼 친근감을 주는 목소리로 가끔이라도 라디오 광고에 노출되어야 하는 것이다. 이것이 상표관리다. 사업이 잘 진행되고 경기도 지속적으로 호황 국면이면 고객들은 점점 더 많은 상품을 산다. 그러면 마케팅 부서장은 당연히 마케팅이 매출 증가에 이바지하는 유일한 요소라고 주장한다. 그는 더 많은 광고예산을 요구하고, 실제로 예산을 받아서 이제 별 의미가 없는데도 더 많은 광고를 진행한다. 마케팅 부서는 이제 아무에게나 병따개와 인형 따위를 선물하고 축구클럽이나 자전거 모임과 같은 지역 스포츠 단체들을 지원한다. 이 시기의 마케팅은 매우 빠른 속도로 나르시시즘에 빠져서 사업과는 전혀 무관하게 진행될 수도 있다.

불황 초기 · 이제는 다시 센트 단위까지 신경을 쓴다. 불경기에는 제품의 매출이 감소한다. 원칙적으로는 이때야말로 매출을 다시 증가시키기 위해서 광고를 확대해야 한다. 그리고 종종 그렇게 하려는 시도가 있기도 하지만 불경기라 아무런 효과를 보지 못하고 실패하고 만다. 시장은 마케팅을 더는 받아들이지 않는다.

이제 경영학자들이 광고의 효과를 계산하기 시작한다. 그들은 우선적으로 나르시시즘적인 부분을 제거하고 많은 부분에서 예산을 삭감한다. 이런 비용 절감 효과가 탄력을 받아서 이제는 모든 광고행위가 검증되기 시작한다. 그래서 이전에 나르시시즘 때문에 진행되었던 광고들의 문제점이 드러난다. 마케팅 부서장은 사표를 써야 한다. 구입했던 축구장 광고권도 매각한다. "모든 것이 형평에 맞아야 한다. 기업의 모든 분야가 절약해야 한다면 광고도 역시 그렇게 해야 한다." 그러나 사람들은 나중에는 기업이 상표를 소홀히 다뤘으며 상표의 인지도를 위해 한 일이 너무나 없다고 비난하게 된다.

불황 후기(경기 바닥까지) · 불황이 끝나가는 시기에는 생존이 문제가 된다. 모두가 불황에서 탈출할 수 있는 만병통치약과 행운의 전달자를 애타게 기다린다. 이때 기업에서는 과거에는 너무나 위험이 많은 행동이라고 평가받던 목소리들이 무게를 얻어간다. "우리는 가격전쟁을 해야 한다. 가격을 내리고 경쟁사와 전쟁을 벌여서 고객들이 우리 상품 앞에 줄을 서게 해야만 한다!" 가격은 내리고 광고비는 올려라! 논리는 이미 길을 잃은 지 오래다. 당연히 다른 모든 경쟁자도 가격을 내리고 전쟁에 참여한다. 이제는 이미 언급한 대로 이성이 전혀 도움이 되지 않는 비상 상황이 벌어진다. 기업 내부에서 권력 투쟁이 벌어진다. 한쪽에서는 계속해서 긴축하려 하고, 다른 한편에서는 전쟁을 벌이려 한다. 시장과 상표를 되살리려는 성급한 시도가 이뤄진다. 이런 모든 행동이 과연 의미가 있을까? 이것마저 실패한 기업은 이제 몰락해버린 상표를 다른 기업에 비싸게 팔려고 노력한다. 그러면서 이러한 축소 과정을 '집중화'라는 단어로 미화한다.

판매 —
판촉비와 실적 압박은 반비례

호황 초기 • 호황기에 판매부서는 행복하다. 사업이 활기를 띠기 때문이다. 매출은 기대했던 것보다 더 높고 판촉비는 넘치게 제공된다. 판매사원은 자신이 이룬 성과에 자부심을 느낀다. 또한 시장에서 호응이 좋은 신상품도 자랑스럽게 생각한다. 자긍심이 시장을 넘어 모든 것을 비춘다.

호황 후기(사치의 시기까지) • 구매자들이 신형 자동차나 컴퓨터를 사려고 줄을 서서 주문하는 시기가 있다. 전성기에는 사고자 하는 상품을 너무 오랫동안 기다리지 않으려고 추가비용을 지급하는 경우도 있다. 구매자들은 판매 담당자들과 좋은 관계를 유지해야 한다. 발행 첫날부터 확실한 수익을 보장하는 신주 발행 시기의 주식배당을 기억하는가? 오늘날에도 페라리를 구입하려면 3년을 기다려야 한다.

불황 초기 • 구매자가 매입을 망설이면 "이걸 사라!"는 판매직원의 이야기를 여러 번 듣게 된다. 판매부서는 근심하면서 상품에 대한 자긍심을 잃는다. 그리고 생산부서와 언쟁을 벌이게 된다. "제품을 잘 만들란 말이야.

이런 낡은 제품으로는 이제 잘 팔 수가 없다고!" 마케팅부서와도 싸우게 된다. "광고와 카탈로그에서 절약하면 우리는 무엇으로 고객을 설득하란 말이야?" 그러나 기업에서는 판매부서의 발목을 잡아놓고서도 모든 잘못을 판매부서로 돌린다. "더 노력하라!"

결국 판매사원이 이전보다 더 적게 판매하기 때문에 상대적 판매비용이 상승한다(5만 유로의 연봉을 받는 판매사원이 1년에 1000대의 자동차를 판매할 때 자동차 한 대당 50유로의 판매비용이 든다. 그런데 그가 일주일에 다섯 대씩밖에 팔지 못한다면 판매비용은 250유로가 된다. 여기에 비어 있는 자동차 전시 공간, 비싼 전시 모델까지 추가하면 갑자기 판매에 엄청나게 많은 비용이 들어간다. 당연히 이윤이 급격하게 줄어든다). 따라서 판촉비가 삭감되고, 판매는 과거보다 훨씬 더 어려워졌는데도 판매부서는 더 높은 '판매 목표량'을 배당받고, 과거보다 더 많은 일을 해야 한다. 다른 부서의 직원들과 마찬가지로 이제 판매부서의 직원들도 압박을 받는다. 제대로 적응하지 못하는 '무능한' 판매사원은 해고된다.

불황 후기(경기 바닥까지) • 불황기에는 그 어떤 것도 도움이 되지 못한다. 위기의식이 커지자 포상제도 도입을 시도하기도 한다. 판매사원에게 무엇이든 팔기만 한다면 특별 보너스와 해외여행권을 주겠다고 약속한다. 기업은 생산과 관련 없는 모든 직원을 판매부서로 보내려고 한다. 이제 회사에서는 판매사원들에게 공격적인 방식을 요구한다. "우리는 공격적으로 고객에게 다가가야 한다! 모든 사람에게 우리 제품을 사지 않겠느냐고 쉼 없이 물어봐야 한다. 그리고 고객을 절대 놓치지 않아야 한다! 콜센터를 통해 매일 고객에게 전화하라! 집으로도 방문하라!"

이 책의 첫 부분에 나왔던 육식동물과 초식동물 이야기를 기억하는가?

육식동물은 절망적인 심정으로 먹잇감을 찾는다. 먹잇감이 더는 보이지 않기 때문에 기업에서는 육식동물, 즉 판매사원을 무능하다고 낙인찍고는 무자비하게 인력시장으로 내몰아버린다.

기업 정체성과 이미지 관리— 필수에서 겉치레로

호황 초기 • 이 시기에는 기업들이 새로운 활력과 정체성을 찾는다. 젊은 기업들은 하나의 정체성을 형성한다. 아름다운 시기이고 문화가 사랑받는 시기이기도 하다. 호황기에는 모든 것에 적합한 정체성을 형성해도 되는 시기다. 직원들은 머리에서 발끝까지 그런 공동체 정신에 동화된다. 기업의 이미지가 형성되는 것이다.

호황 후기(사치의 시기까지) • 호황의 최고점에서는 '문화', 사실은 부富가 빛을 발한다. "우리는 최고다" 혹은 "세상이 우리를 주목한다" 등의 구호가 등장한다. 직원들은 갈수록 사회 전체 정신과의 일체감 대신 기업, 특히 기업이 직접적으로 주는 혜택이나 수익과 일체감을 느낀다. 직원들은 부유한 전체의 한 부분이라 느끼므로 안락하고 보장된 지위를 누리고 있다고 믿는다.

불황 초기 • 사람들은 사치를 없앰과 동시에 움츠러든다. 그러나 그들은 "모두가 타격을 받을 수밖에 없지만 다른 사람이 처한 상태보다 우리가 상대적으로 더 낫다"라고 생각한다. 전에는 기업에서 절대적인 삶의 의미를 찾았지만("나는 모든 것을 원한다") 이제는 그 시각이 상대적으로 바뀌는 것이다("나는 비교적 만족스럽다"). 이미지가 흔들리지만 필수불가결한 것으로 간주되어 유지된다. 그래서 갈수록 중요한 겉치레로 되어간다. 이런 겉치레가 직원들에게 단결할 구실과 함께 위로를 준다. 직원들은 겉치레가 빛을 발하는 동안에는 아무것도 잃어버리지 않아도 되는 것처럼 생각한다.

불황 후기(경기 바닥까지) • 이제 기업에는 어떤 좋은 느낌도 남아 있지 않다. 직원들은 욕하는 고객들과의 문제나 자기 기업의 질 나쁜 제품, 무능한 경영자, 조언을 듣지 않는 사장, 1년 내내 힘들게 일했는데도 오르지 않는 임금 등에 대해서 이야기한다. 심지어 자신들이 다니는 기업이 파산할 수도 있다는 생각에 연금을 걱정하기도 한다. 직원들의 의욕은 떨어지고, 고객은 기업에 대해서 나쁘게 이야기하고, 경영자는 아무것도 해내지 못하면서 불만만 떠들어대는 직원들을 증오한다. 이미지는 퇴색하고 상처를 입는다. 경영자는 직원들에게 기업을 찬양하라고 강제한다. 이때 겉치레는 거짓말이 된다.

혁신─
대상과 성격이 달라진다

호황 초기 • 새로운 기술혁신 사이클이 시작되면 비전을 가진 사람들은 벌써 신세계에 대한 영감을 설파한다. 새로운 상품에 대한 아이디어라는 복음을 전파하는 전도사들이 회의석상에서 미래의 고객을 열광시킨다. 붐이 일어난다. 아쉽게도 잘 작동하지 않는 첫 번째 시제품이 여러 사람에게 선을 보인다. 용기 있는 사람들이 처음으로 아직 완전하지 않은 신

제품을 사용해본다. 전체 업계가 국제 콘퍼런스나 실리콘밸리에서 만나 미래 세계에 대해 토론한다. 새로운 아이디어나 개발품에 대한 마니아 그룹이 형성된다. 그들은 궁극적인 완성품이 어떤 모양이 될 것인가를 찾아 나선다. 혁신은 신세계로 떠나는 출발점이자 새로운 문명의 이기를 미리 느끼는 즐거움이다.

호황 후기(사치의 시기까지)• 혁신기술이 이제는 당연한 것이 된다. 새로운 것이 이미 와 있다. 이제는 완벽화가 문제다. 혁신은 더 이상 새로운 것 혹은 새로운 것에 대한 열망이 아니다. '더 많이', '더 좋게'가 문제다. 계란 삶는 기계는 반숙, 완숙뿐 아니라 디지털 기술로 익히는 단계를 마음 대로 조정할 수 있어야 한다. 물론 계란의 크기("계란 크기가 S, M, L, XL인지 입력하고 크기가 XXXL일 때는 계란이 쌍란이 아닌지 확인하세요")와 신선도까지 고려하면서 익힐 수 있어야 한다. 혁신은 실용적인 기능과는 완전히 분리 되어서 자체적으로 가능한 모든 것을 시도하는 것이다. 디자인이 기능보 다 더 중요해진다. "진주 가루와 값비싼 흰 담비 가죽으로 치장한, 왼손잡 이를 위한 초호화 휴대전화(아주 민감한 소재로 만들었으므로 화장한 뺨은 피하 시오)!"

불황 초기• 기능과 가격이 방향을 정한다. 이때 혁신은 상품을 시장에 저 렴하게 내놓을 수 있도록 개선된 생산방식을 개발하는 것이다. 불황기 의 혁신은 '내향성'을 띠고 있다. 내부적으로 상품이 생산되는 방식과 관 련 있는 것이다. 앞 시기에 있었던 혁신은 상품을 구매하는 고객을 위하 는 방식, 즉 '외향성'을 띠고 있었다. 과거에 현금지급기는 하나의 사치품 이었다. 하지만 기계를 저렴하게 생산할 수 있게 되자 그것이 창구직원을 대체하게 되었다. 이처럼 혁신은 처음에는 외향성을 띠다가 나중에는 내향성을 띠게 된다.

불황 후기(경기 바닥까지) • 마지막 단계에서 혁신은 생존을 돕는 모든 것이다. 과대포장, 소비자를 현혹하는 창조적인 질량 표시(세제의 경우 킬로그램 대신 '○○회까지 세탁 가능'), 새로운 상표 등이 그런 예다. 혁신은 점점 다원적 의미의 최적화와 같은 의미가 된다. 이렇게 어려운 시기에 기업이 어떻게 생존할 것인가?

재정—
양육자에서 사육자로 변신하는 CFO

●●

호황 초기 • 기업의 재정부서는 심장이 육체에 피를 나르는 것처럼 기업 내부에 에너지를 나눠준다. 자금은 기업이 소비하는 것보다 더 많은 에너지를 획득하기 위해 투여된다. 이 에너지의 초과분이 이윤이다. 사람들은 식량을 얻으려고 일하고 그 식량을 통해 체력을 얻어 계속해서 일할 수 있다. 남는 자금은 곳간에 저장하거나 은행에 저축한다. 호황기에 기업은 투자를 위해 많은 자금을 사용한다. 농부가 씨앗을 뿌리는 것과 같다. 비축분이나 유보자금이 형성되지 않은 새로운 기업은 우선은 투자자가 제공한 신용으로 살아간다. 새로운 것들에 많은 씨앗을 뿌려놓는 것이다. 결산 때가 되면 수확이 시작된다. 이론적으로 사람들은 돈이라는 씨앗을 뿌려서 자라게 하고, 수확하고, 새로운 봄을 기다릴 수 있다.

호황 후기(사치의 시기까지) • 게으름뱅이를 위한 사회에서 곳간이 넘쳐난다. 돈과 에너지는 거의 관리되지 않는다. 전반적인 비대화 현상이 나타나고 낭비가 생겨난다. 우리는 성공에 취해서 요리할 때 여전히 더 좋은 재료를 추가한다. 농부들은 이성이 시키는 것에 반해서 필요한 양보다 더 많은 비료를 준다. 어쩌면 더 많은 수확을 낼 수도 있지 않겠는가! 기업도 똑같이 의미 없는 자금을 과도하게 투입한다. 씨앗과 수확물 사이의 관계가 더는 관심의 중심에 있지 않다.

불황 초기 • 이집트에 7년간의 흉년이 들면, 즉 수확이 줄어들면 사람들은 허리띠를 졸라매야 한다. 자금은 갈수록 부족하게 분배된다. CFO(최고재무관리자)는 조직에 대한 자금 공급자에서 동물 사육자로 역할이 변한다. 그는 기업의 지방질을 제거하고 청소한다. 그래서 기업이 다시 건강해지도록 돕는다. 기업은 호황기에는 주식시장에 신상품(현재의 애플이나 포르셰)을 보여주는 반면에 불황기에는 '숫자'를 보여준다. 숫자의 대변자인 CFO는 이제 기업에서 2인자다. 과거에 2인자는 기술담당이사였다.

불황 후기(경기 바닥까지) • CFO는 갈수록 압제자가 되어가고 저성과자에게는 저승사자가 된다. 가장 강력한 형벌은 '리뷰'다. 직원들은 숫자로 된 보고서를 그에게 제출해야만 하는 것이다. 그리고 모든 금전 지출에 관한 비난에 대해서 마치 법정에 선 죄인처럼 자신을 변호해야 한다. CFO는 푼돈까지 간섭하면서도 본사와 똑같이 병든 다른 기업을 매입하는 데는 가볍게 수십억을 지출한다. 마치 어려운 시기에는 두 명의 환자를 합치면 건강한 사람 세 명이 나온다는 법칙을 옳은 것으로 생각하는 듯하다. 기업은 이러한 희망사항을 '시너지 효과'라고 부른다. 그리고 이런 합병이 기대한 효과를 보이지 않는다 해도 '세계화'라는 추세 때문에 명백하게 옳은 행위라고 주장한다.

노동조합—
가장 필요한 순간 탈퇴한다

호황 초기 • 노동조합은 노동자의 이익을 대변한다. 호황기에도 마찬가지다. 노동자는 호황기에 얻을 수 있는 자신들의 몫을 확보해야만 한다. 따라서 노동조합은 어쩌면 발생할지도 모르는 기업 측의 임의적 행위로부터 노동자를 보호한다. 모든 노동자는 인간성이 존중되는 노동환경에서 일할 권리가 있다. 노동조합은 기업의 운명을 함께 결정한다. 잘 알려진 것처럼 의욕적인 직원들이 더 많은 이윤을 창출한다. 사실 호황기가 시작되면 노동자들은 노동조합이 필요 없다. 왜냐하면 기업은 오직 채용만 하기 때문이다. 임금도 상승한다. 기업은 아무도 사표를 내지 않도록 배려하면서 직원들을 좋게 대한다.

호황 후기(사치의 시기까지) • 이 시기에 기업은 직원들에게 너무나 종속되어 있어서 많은 돈을 지급해야만 한다. 이때 노동조합은 더 높은 임금 인상을 요구할 경우에 쓸모가 있다. 많은 노동자가 더 큰 이익을 기대하며 노동조합에 가입한다. 노동조합은 더욱 강력해지고 부유해진다. 그리고 요구사항마다 모두 관철시키면서 경영자로부터 권력과 돈을 쟁취한다.

불황 초기 • 이 시기에 노동조합은 해고에 대항해 투쟁하면서 많은 해고 위로금을 쟁취한다. 노동자들은 이때 노동조합이 없다면 그들의 권리가 짓밟힐지도 모른다고 생각한다. 노동조합은 해고 속도를 늦추는 데 기여한다. 그러나 이제 기업이 칼자루를 되찾는다. 기업은 "당신들이 파업하거나 더 많은 것을 요구한다면 우리는 더 많은 사람을 해고하겠다"라고 위협한다. 호황기에는 노동조합이 힘을 얻기 때문에 노동자들은 승자의 편에 서려고 노동조합에 가입한다. 그러나 불황기에 노동조합은 힘을 잃는다. 이제 노동자들은 공개적으로 노동조합을 위해 나서기를 꺼린다. 그들은 두려운 것이다. 기업이 너무나 강력해 보여서 어떤 투쟁도 의미가 없어 보인다. 노동자들은 노동조합이 가장 필요할지도 모르는 바로 그 시기에 노동조합을 탈퇴한다.

불황 후기(경기 바닥까지) • 노동조합은 모든 영향력을 잃어버린다. 조합원과 함께 조합비도 잃어버린다. 노동조합의 금고가 비고 나서야 호황기에 그들이 얼마나 부유했는가를 알게 된다. 노동조합은 기업의 다른 조직들과 마찬가지로 살을 빼고 축소된다. 노동조합 산하 조직도 자신들의 적과 똑같은 행동을 취한다. 노동조합도 산하 조직의 직원들을 해고하고 직원들의 연금을 삭감한다.

불황기에 나타나는
조증을 경계하라

점점 더 깊게 추락하는 가운데 추락하는 단계마다 이제는 구원받을지도 모른다는 불꽃처럼 강렬한 느낌을 받는 사람들이 있다. 불황의 막바지에는 바닥으로 추락하고, 나중에는 함정에 빠진 상태에서도 열정을 불사를 수 있는 사람이 기업의 리더가 된다. 이런 사람이 불가능을 가능하게 하고 위기 때 고통받는 대중을 설득해 최고의 성과를 내도록 동기부여를 할 수가 있다.

그들의 행동이 의도된 조증^{mania}일까? 그래서 현재의 세계 경제를 이리저리 흔드는 난기류를 만들어내는 것일까? 또한 조증은 위험이나 투쟁, 시장의 변동성 증가와 지속적인 스트레스, 사람들의 조급증 등을 일으키는 원인일까? 내가 이런 의문을 던지는 이유는 온 세상이 일종의 정신병에 사로잡혀 있기 때문이다.

다음 설명은 조증을 위험한 질병으로 파악하는 심리학에서 나온 것이다. 조증에 걸린 사람들은 가진 모든 돈을 엉뚱한 곳에 소모해버리고 자신의 주변을 온통 불행하게 만들어버릴 수 있다. 이런 현상이 실제로 경제에서도 일어난다. 아마도 진짜 정신병은 아닐지도 모른다. 그러나 질병과 매우 흡사하다.

조증이란?
조증은 우울증과 반대되는 정신질환이다. 많은 수의 환자에게서 조증과 우울증이 시기별로 반복해서 나타난다. 이것을 조울증bipolar disorder이라고 한다.
조증 환자는 잠을 거의 자지 않으며, 아침 일찍 조깅을 시작하고, 계속해서 새로운 것을 발명하고, 세상을 개선시키며, 기업을 확장하고, 모든 것에 간섭한다. 이런 사람은 돈을 마구 지출하는 경향이 있어서 종종 주변까지 온통 황폐하게 만든다. 그리고 지치지 않는 확장 욕구 속에서 자주 직장을 바꾸고 아직 프로젝트를 끝내지도 않은 채 계속해서 새로운 프로젝트를 시작한다. 왜냐하면 조그만 문제점이라도 나타나면 현재 진행하는 계획을 새로운 것으로 대체해버리기 때문이다. 조증 환자는 쉬지 않고 자신의 계획에 대해서 이야기하면서 모든 사람을 자신의 주제와 의지에 따르도록 강요한다. 그리고 항상 주연을 맡는다.

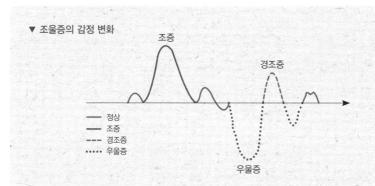

▼ 조울증의 감정 변화

조증

경조증

― 정상
― 조증
--- 경조증
···· 우울증

우울증

조증 인간은 자신이 조증에 걸렸다는 사실을 이해하지 못한다. 또한 자기 비판도 할 줄 모른다. 그리고 모든 것이 실패했을 때, 즉 이혼이나 실업, 파산 등과 같은 상황이 닥쳤을 때는 종종 깊은 우울증에 빠진다. 위의 그래프는 조울증 환자의 감정 변화를 나타낸다. 가끔은 강한 조증이 왔다가 깊은 우울증에 빠지곤 한다. 경조증은 약한 조증을 뜻한다.

지금 내 옆에는 존 가트너가 쓴 책이 놓여 있다. 나는 이 책을 제목 때문에 사게 됐다. 이 책의 제목은 『조증: 성공한 사람들이 숨기고 있는 기질』이다. 조증에 대해서 매우 긍정적인 평가를 내리는 책으로, 전형적인 미국 기업가들의 전설적인 성공담을 담고 있다. 저자는 이들에 대해서 이런 의문을 던진다. "그들은 조증형 인간인가?" 답은 "그렇다"이다. 그러고는 더 강력한 질문을 한다. "그들은 미쳤는가?" 답은 "음, 정말로 미치지는 않았다"이다.

많은 기업가가 조증 증상을 보이기는 하지만 정말로 미치지는 않았다는 것이다. 그 중간에 아주 미세한 선이 존재한다고 한다. 이 책은 조증형 인간이 이룬 업적과 이를 가능하게 한 위대한 미국을 긍정적으로 평가하고 있다. 그러나 그것은 호황기에 가능한 일이다. 불황이나 압력에 노출되어 있는 조증형 인간은 앞에서 조증에 대해서 설명한 바와 같이 정말로 위험하다. 하지만 이런 면에 대해서는 아무도 이야기하려 하지 않는다. 대신에 많은 기업에서는 직원들에게 '성공에 대한 집착'을 요구한다. 왜냐하면 그들은 이윤을 위한 전사들이기 때문이다. e-마니아들이 인터넷 파산이라는 소용돌이를 만들어냈고, 이라크 전쟁도 조증형 인간이 만들어냈다.

CHAPTER 8

블랙박스 경영에서
탈피하라

이번 장에서는 경영자들이 가진 고정관념에 대해서 이야기하려고 한다. 오늘 날 대부분의 경영자는 몇 가지 고정관념에 사로잡혀 있다. 이러한 고정관념을 한 문장으로 요약할 수 있다. "일을 더 잘하도록 스트레스를 주라."

●● 　　　오늘날의 경영자들은 끊임없는 성장과 주가 상승, 매출 증
가, 능률 증대를 요구한다. 우리가 사는 시대는 효율 증대와 경쟁 그리고
세계화로 특징지을 수 있다. 요즘 서점에 가면 성공하는 방법이나 시간관
리 방법, 나쁜 직원을 선별하고 해고하는 방법(전직 지원^{outplacement}) 등에 관
한 책들이 가득 쌓여 있다.

　오히려 상황을 더욱 악화시키는 것처럼 보이는 이런 모든 경영행위는
특정한 고정관념을 밑바탕에 깔고 있다. 이러한 고정관념이 오늘날 경영
층의 행동을 결정하는 것이다. 경영층은 자신들의 행동이 언제나 좋은 쪽
으로 상황을 반전시킨다는 믿음이 있다. 오직 그렇기 때문에 경영자들이
그렇게나 높은 임금을 요구할 수 있는 것이다.

　나는 이번 장에서 경영자들이 가진 고정관념에 대해서 이야기하려고
한다. 이들에게는 한 가지 공통점이 있다. 다른 죄수를 배신하라는 이야

기를 현명한 조언으로 받아들이는 죄수의 딜레마에 사로잡혀 있다는 것이다. 우리 모두 많게 혹은 적게 이런 경영자가 믿는 죄수의 딜레마에 인질이 되어 있다. 그렇기 때문에 이웃을 배반하고 서로 최대한 많은 것을 빼앗으려고 다툰다. 결국에 우리는 죄수의 딜레마에서와 같이 비협조나 불신, 반공동체적 행위 등을 한 대가로 강도 높은 처벌을 받게 된다. 이러한 행위들에 대한 첫값으로 실업, 빈민가의 확장, 기업의 도산, 경영층의 비윤리적 행위, 인간 존엄성의 파괴, 환경 재앙, 공동체적 재화의 약탈(정글 파괴, 에너지 낭비) 등이 우리에게 돌아온다.

오늘날 대부분의 경영자는 몇 가지 고정관념에 사로잡혀 있다. 이러한 고정관념을 한 문장으로 요약할 수 있다. "일을 더 잘하도록 스트레스를 주라." 이 고정관념으로부터 X형 인간관이나 베타파, 아드레날린 상태에서의 지속적인 노동 등이 눈사태처럼 우리를 덮친다. 결국 우리는 '동료 죄수'를 망각하고 살아가는 것이다.

현대의 몇 가지 중요한 경영방법론은 다음과 같다.

- **최고 지향**: '업계 최고'를 지향해 모든 직원에게 최고가 되라고 스트레스를 준다.
- **공격적 비교**: 기업이나 직원들을 서로 비교해서 '기준'보다 더 잘하라고 스트레스를 준다. 물론 가장 좋은 건 최고가 되는 것이다.
- **순위 매김과 순위주의**: 순위를 매겨 직원들의 지위를 상승 혹은 하락시키면서 심리적 압박 수단으로 사용한다.
- **구성 부품화**componentizing**를 통한 고객 지향**: 모든 경제적 객체를 독립적인 단위로 나눠서 각자가 스스로 이윤을 내도록 만든다. 그럼으로써 생존해

야 한다는 스트레스를 준다.

- **핵심에 대한 집중**: 모든 것을 하나의 핵심 단위로 사고하도록 한다(이윤 혹은 주주 가치). 이를 증가시키지 못하는 것은 기업에 이바지하지 못하는 것이기 때문에 버려야 한다.

- **이윤 증대를 위한 실험적 튜닝**: 기업의 여러 변수 중 한 가지 변수를 바꿔서 더 나아지기를 기대한다. 경제학 이론에서 사용하는 세테리스 파리부스ceteris paribus(다른 모든 조건이 동일하다면) 방식이 전반적인 최적화를 이끈다.

- **블랙박스 가정**: 모든 과정을 오직 인풋과 아웃풋 모델로만 생각한다. 인간에 대해서도 역시 그렇게 생각하기 때문에 Y이론의 인간관이 사라져 간다.

- **내용은 형식을 통해서 자동적으로 형성된다**: 구조가 내용을 강제한다고 생각한다.

이러한 사고방식과 방법론적인 행위들은 경제를 끝없이 성장시키기 위해서 만들어졌다. 그러나 앞에서 설명한 바와 같이 이러한 사고방식은 필연적으로 모든 돼지 사이클의 진폭을 더욱 크게 할 뿐이다. 나는 이번 장에서 그 과정에 대해 더욱 상세하게 설명하겠다. 왜냐하면 이 과정을 명확하게 이해하고 난 다음에야 우리가 '국면적 본능'에 대항해 무엇을 할 수 있는지 생각할 수 있기 때문이다. 이 부분에 대해서는 마지막 장에서 논의하겠다. 아울러 마지막 장에서 오늘날의 경영 사고방식이 광범위하게 바뀌어야만 한다는 인식에 대해 설명할 것이다. 왜냐하면 이번 장에서 기업을 성장시키려는 의도에서 행해지는 경영기법들이 오히려 기업을 추락하는 소용돌이 속으로 던져버리는 결과를 가져온다는 사실이 명확해질 것이기 때문이다.

이제 당신은 내가 이 책의 마지막 장에서 주장하려는 바를 미루어 짐작할 수 있을 것이다. 바로 절제와 중용이다. 어쩌면 누군가가 하품을 하면서 이렇게 물어볼지도 모르겠다. "어휴, 왜 만날 똑같은 이야기만 하는 겁니까?" 나는 로마의 현자 세네카의 글에서 그 답을 찾았다. 나는 항상 똑같은 조언을 듣고 머리를 좌우로 흔드는 사람들에게 이렇게 되물을 것이다. "왜 언제나 똑같은 잘못을 저지르는가?"

모두 '업계 최고'가 되라고?

경영방법론 · 업계 최고 기업을 찾아서 그 기업이 최고가 된 특별한 이유를 분석한다. 최고의 기업은 어떤 장점이 있는가? 그 기업은 업계에서 흔히 저지르는 잘못을 어떻게 피할 수 있었는가? 평균적인 기업이 최고의 기업으로부터 배울 점은 무엇인가? 그리고 무엇을 본받을 것인가?

이를 위해 경영자들은 경제지에 나온 기사를 모두 빠짐없이 읽는다. 그리고 그 회사가 어떻게 위기를 극복하고 오랫동안 성장을 지속할 수 있는가에 대해 강연하는 심포지엄을 부지런히 쫓아다닌다. 이를 통해 경영자들은 '쉽게 실천할 수 있는 실용적인 원칙들'을 배워 와서는 자신의 기업에 도입하려고 한다. 경영자들이 싫어도 이런 행동을 해야 하는 이유는 주주 혹은 기업주가 계속해서 업계 최고의 기업을 경영자 코앞에다 들이대며 비교하기 때문이다. 이들은 종종 자신의 기업이 최고와 비교해서 얼마나 안 좋은가에 대한 증명이라도 받으려는 듯, 경영자들에게 비싼 비용을 치르더라도 컨설턴트를 회사로 불러들이라고 강요하기도 한다.

교육방법론 • "애야, 네 형을 봐라. 네 형은 학교에서 공부도 잘하고, 성실하고, 노력도 많이 하잖니. 게다가 한 번도 숙제를 잊어버린 적이 없어. 모두가 네 형을 사랑한단다. 그리고 이번 학교 축제 때 연설자로도 선정되었어. 네 형을 본받아라. 우리는 언제나 너 때문에 걱정이란다. 항상 네게 관심을 두고 네가 잘되도록 쉽게 실천할 수 있는 조언을 해주고 있지만 우리는 너를 더 이상은 사랑하지 않아. 다만 네가 우리 자식이기 때문에 관심을 두는 거야. 너는 지금까지 자식으로서 실망만 안겨줬어. 그리고 몇 년 전부터는 비싼 과외비까지 내줘야 했어. 너는 왜 우리가 해주는 조언을 듣지 않는 거니?"

독자의 이해를 돕고자 다소 극단적으로 표현한 점을 이해해주기 바란다. 나는 많은 가정에서 공부 잘하는 아이와 비교당한 아이가 낙심하거나("아무도 나를 이해하지 못해!") 심지어 가출까지 하는 경우를 보았다. 또한 항상 최고와 비교당하는 많은 사람이 자신은 가치가 없는 사람이라고 확신하게 되고 정말로 아무것도 성취하지 못하는 경우도 보았다. 공부를 더 잘하고 더 예쁜 아이에 대한 편애가 교육적으로 얼마나 나쁜지를 이야기하는 심리학책도 수없이 많이 나와 있다. 비교당하는 아이들은 자긍심이 심하게 상처받고 서서히 파괴적인 에너지를 쌓아간다. 이런 아이들은 오직 두려움을 느껴야만 무언가를 해내도록 마음을 움직일 수 있다. 최고와의 비교는 종종 사람들의 영혼을 파괴한다. 그래서 심한 경우에는 X이론이 주장하는 인간형과 똑같아지기도 한다. 정말로 X형 인간이 되어버리는 것이다. 그래서 이런 사람에게는 강제적인 방법을 사용할 수밖에 없다. 예를 들어 이들은 숙제를 잊어버리지 말라는 것과 같은 실천하기 쉬운 조언자의 말조차 믿으려 하지 않는다. 그들은 단지 오직 한 사람만이 최고가 될 수 있다는 사실을 알고 있다. 그리고 오래전부터 최고를 증오해 왔으므로 최고가 될 생각도 없다.

최고를 최고로 만드는 것은 심오한 철학 같은 것이 아니다. 그것은 모든 회사마다 적혀 있는 '회사의 목적'에도 다 나와 있다. "우리는 가장 혁신적이고 최고의 제품을 생산하는 회사, 가장 행복한 직원들이 고객들에게 최고의 만족을 주고 만족한 고객들이 자발적으로 최고의 가격을 지급하도록 하는 최고의 서비스를 광범위하게 제공하는 회사, 그래서 매년 두 자릿수의 성장을 하는 회사, 세상에서 가장 이윤이 많이 나는 회사이고자 한다." 이 문구는 부모들이 흔히 말하는 "더 부지런해져라"라는 것보다 더 진부하다. 대부분의 경영자는 나쁜 쪽과 좋은 쪽을 그냥 비교만 해놓으면 나쁜 쪽이 분발할 것이라고 가정한다. 자신의 집에서 두 아이를 이런 방식으로 대하다가 실패해본 적이 있는 경영자가 회사에서는 똑같은 방식이 통할 거라고 확신하는 것이다.

Y형 인간관에서도 역시 최고를 바라보라는 충고를 해줄 수 있을 것이다. 그러나 방식이 다르다. "너의 마음이 언젠가 정말로 뛰어난 사람을 사랑하게 될 거야. 너는 그런 사람을 모범으로 삼고 따라 하려고 하게 될 거야. 큰 인물과 마음이 닿으면 너는 너를 뛰어넘어서 성장하게 된다. 삶은

직장에서 단계적으로 승진하는 게 아니라 작은 마음에서 큰 마음으로 발걸음을 내딛는 것이란다. 열정이 너를 앞으로 이끌어줄 것이다."

열정은 누군가가 당신의 엉덩이를 걷어차며 몰아세워서 행동하는 것이 아니다. 나는 생텍쥐페리를 사랑한다. 그가 쓴 감동적인 글은 지금도 많은 사람에게 인용된다.

"네가 배를 만들고 싶다면, 목재를 구하고 작업도구를 준비하고 과제를 나누고 일을 분배하기 위해서 남자들을 불러 모으지 마라. 대신에 남자들에게 끝없는 바다에 대한 열망을 가르쳐라."

나는 수없이 많은 경영자가 연설에서 위의 문장을 인용하는 것을 봤다. 그리고 그 목소리는 대부분 매우 비장했다. 왜냐하면 연설의 마지막 부분에 다음과 같은 말이 따라붙기 때문이다.

"여러분, 나와 함께 최고가 되기를 열망합시다. 우리 회사 주가가 두 배가 되기를 열망합시다. 여러분의 근육 하나하나가 이윤과 주주 가치를 열망하기 바랍니다. 내가 열망하는 모든 것을 여러분도 함께 열망하십시오. 여러분이 그렇게 한다면 여러분의 열망이 현실이 됩니다. 그러면 여러분은 최고가 될 것입니다."

거의 모든 경우에 Y이론의 인간관이라는 말은 X이론의 관점에서 인간을 조작하는 데 악용된다. 이런 태도는 보이지 않게 불만과 불신을 스며들게 한다. 최고가 아닌 사람은 모두 자괴감을 느끼게 된다. 그리고 모두가 모두에게 눈을 흘기기 시작하고 곧이어 싸우기 시작한다. 모든 사람이 경제적 죄수의 딜레마에 사로잡혀서 최고가 되려고 시도한다. 단두대에 목이 잘리는 최후를 생각할 때 죄수의 딜레마에서 다른 사람보다 더 앞설 수 있는 유일한 해결책은 먼저 배신하는 것이다.

최고의 성과를 내도록 촉구하는 기업은 경영자들이 경멸하는 말투로 표현하는 것처럼 절대로 사회사업을 하는 곳이 아니다. 그곳에서는 협력이 아니라 '내부 경쟁'이 지배한다. 그리고 언젠가는 모두가 이렇게 하소연한다. "우리는 너무 우리 문제에만 신경을 쓰고 있어요."

끝없는 비교와
맹목적 벤치마킹

경영방법론 • 벤치마킹의 방법론은 단순하게 업계 최고가 되려는 의지만 갖는 것이 아니라 업계 최고 기업을 분석해서 그 기업의 '핵심성과지표 KPI: key performance indicator'를 수집한다. 이어서 이 자료를 자신의 기업과 비교 분석한다(갭 분석). 즉 자신의 기업과 최고의 기업 사이에 보이는 격차를 측정하고 분석하는 것이다. 더 잘할 수 있는 것은 무엇인가? 우리가 그 차이를 메울 수 있는가? 이제부터는 기업의 성과가 일관되게 '성과표'에 기록되고 지속적으로 '추적'된다. 이렇게 해서 발견되는 차이는 정기적인 회의나 통신망을 통해 국제 화상회의에서 강력하게 질책을 받는다. 기준을 통과하는 숫자는 '녹색 범위'에 놓이게 된다. 그러나 충분히 쫓아오지 못하는 사람은 '빨간색' 표시를 받는다. 물론 지적당한 담당자의 얼굴도 빨갛게 물들게 된다.

벤치마킹은 단순히 최고가 되라는 요구보다 훨씬 구체적이다. 그러나 벤치마킹을 하려면 성공적인 기업의 자료가 어떻게 생겼는지 알아야만 한다. 이 자료야말로 자신의 기업과 비교해야 할 이상적인 대상이 되기 때문이다. 이러한 업계 최고 기업의 핵심 자료는 컨설팅 회사를 통해서 얻게 된다. 컨설팅 회사는 많은 기업을 상대하므로 이들을 서로 비교할 능력이 있기 때문이다. 기업 간의 비교를 통해서 각각의 기업에서 요구하는 결정적인 지식이 얻어진다. 그런 지식으로 무장한 컨설턴트가 준비된 설문지를 갖고 한 기업의 구석구석을 '인터뷰'해서 그 기업의 현 상태를 알아낸다. 여기에서 얻은 숫자들과 '성능평가기준'이 비교된다. 컨설턴트는 비교 기업의 가장 큰 약점이 어디에 놓여 있는가를 보여준다. 물론 여기에서 약점이란 최고의 기업과 비교했을 때 가장 점수가 좋지 않은 부분이다('약점분석'). 컨설턴트는 고객 기업에게 약한 분야를 개선하도록 촉구한다. 당연히 고객 기업은 드러난 약점에 대해 매우 당혹스러워하면서 당장에 핵심성과지표를 개선해달라고 주문한다.

교육방법론 • "얘야, 네가 이번 수학 시험에서 '미'를 받고서도 만족스러워하는 마음을 이해한다. 올해 초에는 그것보다 훨씬 더 나쁜 점수를 받았으니까 말이다. 그러나 '미'라는 점수가 최고점은 아니지 않니? 그렇지? '수'를 받은 학생도 있니? 있다고? 아, 그렇구나. 그렇다면 평균은 몇 점이었니? '미'와 '우' 중간점이라고? 그렇다면 너는 거의 밑바닥에 있다는 뜻이네. '수'를 받은 학생은 몇 명이었지? 아, 그렇게 많아? 그런데도 너는 만족한다고? 지금 나를 놀리겠다는 거니? 이제 곧 성적표가 나오겠구나. 그걸 보면 네 상태가 어느 정도인지 대충은 알 수 있겠네. 그럼 네가 가장 못하는 과목이 무엇인지 보자꾸나. 내 생각에는 우선 그 과목부터 개선하는 게 좋겠다. 너에게 과외 선생님을 붙여주마. 너에게 맞는 훌륭한 선생님을 구하려면 돈이 많이 들어갈 거야. 하지만 그러면 네 평균 점수가 최소한 '우'는 되겠지. 과외 선생들이 너무 형편없어서 더 이상을 기대하는 것은 무리일 거야. 근본적으로는 네가 너무나 빨리 만족해버리는 것이 큰 문제야. 너의 가장 큰 결점을 고치고 나면 더는 발전이 없겠지. 네가 어떻게 좋은 성적을 낼지 정말로 앞이 보이질 않구나. 이렇게 성적이 나쁘면 스스로 뭔가 느끼는 것이 있어야 할 텐데 말이야. 요즘 교과과정이 어떻게 되어 있는지 알 수 있으면 좋겠구나. 그렇다면 내가 직접 너를 가르칠 수 있을 텐데. 그 대신에 과외 선생에게 지급할 돈을 벌어야만 한다니, 젠장."

이번에도 역시 과도하게 극단적인 표현을 사용했다. 나는 여기서 멋진 개념으로 치장된 현대의 경영학 이론이 일상생활에서 전혀 효과가 없으며 평균적인 교육관을 뛰어넘지 못한다는 사실을 명확하게 보여 주고 싶었다. 과외는 바닥에서 생존하기 위해서 매일 해야 하는 학습인 것이다.

벤치마킹은 자신의 약점에 대해 부지런히 작업하도록 만든다. 여기서 자신이 가진 장점에 대해서는 조금도 존중해주지 않는다. 장점은 '이미 자리를 잡은 것이거나 당연한 것'으로 치부한다. 마치 대부분의 어른이 초등학생에게 하는 것처럼 가장 나쁜 점수를 받은 곳만 주목한다. 그 부분만 약간 개선하고서 안도의 한숨을 내쉰다.

경영 회의에서 프레젠테이션을 할 때 나쁜 점수는 빨간색, 좋은 점수는 녹색으로 표시된다. 나는 지난주에 어떤 기업의 경영지표를 소개하는 회의에 참석한 적이 있다. 그 기업의 경영지표 중 절반은 빨간색, 나머지 절반은 녹색이었다. 그리고 모든 숫자는 40에서 60퍼센트 사이에 놓여 있었다. 수학자인 나는 어떤 원리로 색깔을 구분했는지 궁금했다. 그런데 그 답은 아주 단순했다. 50퍼센트가 넘는 숫자는 녹색으로, 그 아래는 빨간색으로 칠했다는 것을 당장에 알아볼 수 있었다. 나는 그 기업의 책임자에게 물었다. "직관적으로 생각했을 때, 좋은 성과는 어디부터라고 보는지 질문해도 되겠습니까?" 그는 "80퍼센트"라고 대답했다. 나는 다시 "그렇다면 앞의 표에 있는 모든 숫자를 빨간색으로 표시하는 것이 맞지 않겠습니까?"라고 물었고 그는 이렇게 대답했다. "네, 물론입니다. 그렇지만 모든 것을 동시에 개선할 수는 없습니다. 그래서 지금 우리는 나쁜 것 중에서도 가장 나쁜 것을 빨간색으로 보는 겁니다. 게다가 표 전부를 빨간색으로 표시한다면 판단을 내리기도 어렵겠지요."

당신도 한번 생각해보라. 사람들은 언제나 가장 나쁜 곳만 개선하려 든다. 이런 행동을 일컬어 '보트에 난 구멍을 메울 만한 충분한 시간을 얻을 때까지 열심히 물을 퍼내는 짓'이라고 한다.

결국 계속되는 비상사태에 기업은 지쳐간다. 직원들은 베타파와 아드레날린 상태에서 일하게 된다. 그들은 언젠가는 포기해버리고 엔도르핀 쇼크를 받아서 고통 없이 침몰할지도 모른다. 그러나 그 전에, 그러니까 모든 것이 소란스러운 시기에는 대부분 남을 비난한다. "다른 사람들은 나만큼 해내지 못했어! 나는 더 나은 점수를 받았어야 한다고!" 그들은 몰락하지 않기 위해 점수를 속이고 빨간색에서 벗어나기 위해 애쓴다.

죄수의 딜레마에 빠진 죄수와 같은 처지에 빠진 직원들은 어떤 결정을 내릴까? 그들은 서로 배신하게 되고, 아무도 믿지 않게 된다. 결국 벤치마킹은 X형 인간을 만들어낸다. Y형 인간 그리고 Y이론이라면 가장 강력한 곳부터 강화하고 그 능력을 더 키워서 계속 발전시킬 것이다.

성과로
줄 세우기

●●

경영방법론 • 수치화할 수 있는 모든 성과는 순위별로 표시된다. 성과를 최대한 숫자로 나타내려고 한다. 그래서 수치화한 모든 성과는 하나의 표에 순위대로 공표된다. 순위가 가장 나쁜 사람은 처벌을 받고 가장 좋은 사람은 상을 받는다. 상위 절반은 열광의 도가니가 되고 하위 절반은 두려움을 느낀다.

"좋아, 너희는 다음번에 최고가 될 능력이 있어." "우리가 너희를 해고해야 하지 않아서 다행이야. 좀 더 노력하도록 해. 너희는 더 높이 올라갈 수 있어! 채찍 없이 일하는 기분이 어떤 것인지 한번 경험해봐!"

이런 식의 격려는 시간 혹은 높이 등과 같이 간단한 측정 기준이 있는 스포츠를 모방한 것이다. 스포츠에서 성적 측정은 서로의 능력을 재는 데 사용한다. 운동선수들은 최고가 되려고 열심히 연습한다. 그들은 대회에 나가서 얼마나 잘할 수 있는가를 겨룬다. 많은 선수가 최고의 선수한테서 배우기 위해 그 선수와 함께 경주하려고 노력한다. 도제는 마이스터에게 배운다. 젊은이는 노인에게 배운다. 이 모든 것이 Y형 인간관에서 나오는 태도다.

그러나 X형 인간관에서는 경기가 성과를 측정하는 데 이용되는 것이 아니라 돈을 분배하는 데 이용된다. 오늘날 스포츠는 사업이다. 성과의 측정이 아니라 돈과 이윤이 중요하다. 돈이 직접적 목적이 된다. 최고가 되는 것은 간접적 목표일 뿐이다. 트레이너는 선수의 의욕을 고취시키고, 의사는 약물을 주고, 선수는 이 대회에서 저 대회로 헉헉거리면서 따라다닐 뿐이다. 센세이션을 기대하는 관객들은 잊지 못할 경험을 원한다. 내가 어렸을 때 관객이 거의 없는 운동장에서 육상선수들이 각자의 능력을 측정하기 위해 모였던 시절과는 많이 다르다. 자신의 성과가 수치화되어 순위대로 표시되면 사람들의 심리에는 깊은 흔적이 남게 된다. 나는 사랑하는 사람들의 비판적인 시선에 가슴 아팠던 일을 아직도 기억한다. 내가 쓴 책의 순위를 아마존에서 확인했을 때의 일이다. 당시 내 책의 판매순위는 42위였는데, 그걸 보고 큰 소리로 "나는 42등이다!"라고 외쳤을 정도로 나 자신이 자랑스러웠다. 그런데 나의 지인들은 "네 책이 겨우 42등에 올라 있더라"라고 말하며 실망스러움을 감추지 못했다.

교육방법론 · "얘들아. 매일 너희가 좋은 일을 한 순서대로 등수를 매기고 있단다. 나는 순위가 아래쪽에 있는 사람들은 사랑하지 않을 거야. 그런 아이들과는 이야기도 하지 않겠어. 이론적으로는 내가 너희를 모두 사랑할 수 있단다. 원칙적으로는 가능한 이야기지. 그렇지만 그렇게 되면 이 방식이 작동하지 않게 되어버리고 말 거야. 언제나 다른 아이들에게 경고를 줄 수 있는 아이가 하나는 있어야만 하지. 왜냐하면 너희 같은 아이들에게는 공격성 없이 교육을 성공적으로 할 수 없기 때문이란다."

랭킹은 계획적으로 표에 있는 순위를 자기 자신으로 착각하도록 만드는 데 이용된다. 우리는 내려가는 것이 아니라 패배자가 되고, 올라가는 것이 아니라 스타가 된다. 우리는 기어코 높은 순위를 차지하려고 한다. 왜냐하면 저 표에서 오르내리는 순위는 우리의 인격과 같기 때문이다. 우리는 우리가 해야 할 과제와 자신을 일체화한다. 그럼으로써 경기에서 성과를 측정하려는 Y이론의 인간관이 완전히 삶과 죽음이 달린 경기가 되어버린다. 우리는 오늘날 재능 있는 선수와 천재들이 어떻게 이 대회에서 저 대회로 끌려 다니면서 소모되는지를 본다. 측정이 능력과 운용방식을 개선하는 데 활용되는 것이 아니라 측정 자체가 가장 중요한 일이 되어버리는 것이다. Y이론의 의미에서 최고가 되고 싶어 하는 사람이 이제는 X형 인간이 되어 점수를 따려고 헐떡거린다. 그래서 계속해서 자신의 의욕을 고취시키기 위한 아드레날린을 지속적으로 불러내야만 한다. 이러한 현상을 우리는 랭킹 중독 혹은 순위주의라고 부른다. 로버트 풀러는 현재 사회 전반으로 진행되는 이러한 현상에 대해 자신의 저서 『신분의 종말』에서 상세히 다루고 있다.

순위 리스트를 통해 마음에 상처를 입은 사람들은 죄수의 딜레마에서 어떻게 반응할까? 상대방에 대한 신뢰를 느낄까? 절대 그렇지 않다. 전쟁 직후 호황기였던 시절에 나는 청소년기를 지나고 있었는데, 그때는 축구 경기 도중 누군가가 할리우드 액션을 연출하면 엄청난 비난을 받았다. 감독이 직접 그 선수를 비난하고 처벌을 가했으며, 신문에서도 일주일 내내 그 선수에 대해 '스포츠맨십'을 모른다는 기사를 내보내곤 했다. 멕시코 월드컵에서 손으로 골을 넣어 아르헨티나에 승리를 안겨준 마라도나도 비난이 두려워 그것이 자신의 손이 아니라 '신의 손'이라고 주장했지만, 월드컵 사상 가장 불명예스러운 골 중 하나로 꼽히게 됐다.

그런데 오늘날 우리는 월드컵 결승전에서 이탈리아 선수가 의식적으로 지단에게 모욕을 가함으로써 경기를 유리하게 이끌어 승리를 거둔 것에 대해 칭송한다. 앞으로는 어쩌면 모욕을 가한 선수가 직접 텔레비전에 나와서 어떻게 심리학자의 도움을 받아 상대방 선수의 개인사를 이용하고 모욕을 줬는지에 대해 설명하는 일이 있을지도 모르겠다. 그리고 축구선수들은 페널티킥 연습 외에 할리우드 액션, 즉 아프다고 소리 지르며 나뒹굴기, 심판이 눈치채지 못하게 상대방의 사타구니 차기, 상대방 선수 아내를 살해하겠다는 협박문 작성하기 등을 특별히 연습해야 할지도 모르겠다.

모든 것을
수치화할 수 있다는 믿음
●●

경영방법론 · 모든 커다란 시스템, 기업, 정부기구 등이 개별적인 독립 단위처럼 움직이고 이익센터로 취급되는 작은 서비스 단위로 나눠진다. 서비스 단위들은 자신들이 제공한 서비스에 대해서 새롭게 정의된 소위 '고객'들에게 돈을 요구한다. 이들은 이윤을 낼 수 있을 만큼의 돈을 받아내야 한다. 그러지 않으면 서비스를 개선하거나 문을 닫아야만 한다. 돈이 지급되지 않는 것은 가치가 없기 때문이다.

사례 · 과거에 건물관리인은 세입자를 위해서 가능한 모든 일을 처리했다. 그러나 갑자기 그가 이윤을 내야만 한다면, 우리는 그의 고객이 되어야 한다. 그는 서비스에 대한 가격을 요구할 것이다. 따라서 이제는 회의 공간 예약이나 칠판 준비, 회의실 의자를 U자형에서 일반적인 강의실 형태로 바꾸는 일, 형광등 교체, 프린터 카트리지 교환 등과 같은 모든 서비스에 대해 가격을 지급해야 한다. 그러다 보면 종종 귀찮더라도 몇 가지 일은 우리가 직접 해버리게 된다. 그러면 관리인은 망하게 되고 이제 우리는 한숨을 쉬어가며 그가 해왔던 일 전부를 직접 하게 된다.

교육방법론 • "애야, 지금 하는 이야기는 그냥 하는 이야기가 아니란다. 너는 성공해야 한다. 그렇기 때문에 지금부터 너는 좋은 성적을 냈을 때만 용돈과 맛있는 음식을 얻을 것이다. 우리는 네 부모이면서 또한 너의 고객이란다. 우리는 네가 커서 중요한 사람이 되기를 원한다. 그렇게 되기 위해서라면 돈을 쓸 준비가 되어 있단다. 너는 학교, 이웃 그리고 부모인 우리를 위해 너의 서비스 수준을 준수해야 한다. 그리고 너의 의무를 다해야 한다. 그러면 너는 편안한 삶을 살게 될 것이고 우리도 너를 계속 사랑할 거야. 만일 그렇게 행동하지 않는다면 모든 것이 달라질 거야. 자식은 부모에게 즐거움을 줘야만 하고 그에 대한 대가로 가정에서 자랄 수가 있어. 이건 아주 명확한 거래란다. 우리는 네 방에 네가 플러스 점수를 받은 행동과 마이너스 점수를 받은 행동의 목록을 붙여놓겠다. 플러스 점수에서 마이너스 점수를 빼면 너의 최종 점수가 나오고, 이윤은 매출 빼기 비용이다. 너의 점수는 플러스 영역에 있어야만 한다. 그렇지 않으면 너에게 안 좋은 일이 일어날 거야. 그것은 우리가 약속하마. 우리는 네가 딱 해낼 수 있을 만큼만 너의 의무를 서서히 올릴 거야. 그래야 네가 나중에 커서 힘든 삶을 미리 준비할 수 있을 테니까. 삶이 원래 그렇듯이 우리는 너에게 아무것도, 진정으로 아무것도 공짜로 선물하지 않을 것이다."

그야말로 작업의 모든 행동 하나하나에 가격이 매겨지고 그럼으로써 가치를 갖게 되는 것이 중요하다. 지급되지 못하는 일은 가치가 없다. 따라서 가치를 가져야 할 모든 것은 가격이 매겨져야 하고 그럼으로써 팔릴 수 있어야만 한다. 가격을 매기려면 측정할 수 있고 협상할 수 있어야만 한다. 그래서 가치를 가져야 할 모든 것은 또한 측정할 수가 있어야 한다. 그렇지 않다면 실제로는 존재하는 것이 아니다.

월드컵 결승전에서 성공한 할리우드 액션 혹은 소방수나 긴급구조대 의사의 가치는 얼마나 될까? "뒤크 씨, 당신 재산의 절반을 주시오. 그러면 당신을 구해주겠소." 아니면 "당신이 나에게 IBM에서 계획하는 프로젝트의 대상 사업자를 알려준다면 나는 분명히 두 달을 절약할 수 있을 것입니다"라는 요구에 "그렇다면 나는 그 대가로 1만 유로를 받아야겠소!"라고 대답한다면 이것은 옳은 일일까?

그러나 모든 것이 측정 가능한 것은 아니다. 그렇지 않은가? 신뢰, 도움, 동정심, 명예, 존중, 사람, 관계 아니면 위기 등등.

"말 한 마리와 내 왕국을 바꾸자!"

"내 모든 재산은 너와의 하룻밤을 위해!"

"문을 열어주는 데 200유로를 내시오. 그게 싫다면 다른 열쇠공을 불러오든지 하시오."

"나를 사랑해줘. 나는 이렇게 많은 돈을 벌잖아."

"당신이 나를 위해 회계조작을 해준다면 당신을 승진시켜주겠소."

여기에서 가격 형성 시스템이 실패한다. 왜냐하면 명예, 존중, 종교, 사랑 등은 어떤 사람에게는 측정할 수 없는 가치가 있고 또 어떤 상황에서는 전혀 가치가 없을 수도 있기 때문이다. 이런 식의 가격 형성이 가능하다면 모든 종류의 공갈협박이 가능할 것이다. 이것은 영화에서는 전형적인 일이다. 악당이 막 세계를 파괴하려고 하는데 제임스 본드에게 발각

되어 그와 싸우다가 패배한다. 이때 악당은 본드에게 그가 어젯밤에 알게 된 금발 아가씨를 인질로 붙잡고서 말한다. "세상을 파괴하려는 일을 계속해서 방해한다면 그녀의 얼굴에 염산을 뿌리겠다"라고 위협한다. 그러자 본드는 이렇게 대답한다. "좋아, 세상을 파괴해버려. 그렇지만 내 본드 걸에게 염산을 뿌리지는 말아줘!"

경제학은 모든 것을 엄격한 수요와 공급 법칙에 억지로 집어넣으려 한다. 모든 것이 가격을 가져야 한다는 것이다. 그러나 그것은 윤리 혹은 도덕적 가치에서는 통하지 않는다("아쉽게도 아직까지는 제대로 통하지 않는다"라고 경제학자들도 이야기한다). 이러한 가치들은 측정할 수가 없으므로 현대 경제학에서는 어떤 가치도 없다. 그래서 관찰의 대상에 속하지 못한다. 그렇기 때문에 우리 직장에서 신뢰나 호감, 관계, 팀워크, 전체를 위하는 사고 등이 사라진다. 생텍쥐페리의 소설에서 어린 왕자는 이렇게 말했다. "사람들은 마음으로만 잘 볼 수 있어. 근본적인 것들은 눈으로는 보이지 않거든." 그는 이렇게 이야기할 수도 있었을 것이다. "사람들은 마음으로만 잘 볼 수 있어. 근본적인 것들은 경제학과 경제학자들에게는 보이지 않거든."

모든 것을 수치화하는 사람과 경제학자들은 죄수의 딜레마에서는 어떻게 반응할까? 그들은 다른 사람들의 행동을 숫자로 계산해내고 자신이 행동할 수 있는 가능성에 대해서 각각 가치를 매긴다. 그들은 다른 모든 사람도 얻을 수 있는 것은 꼭 얻어내고 말 거라는 사실을 잘 알고 있기에 상대방을 배신하고 범죄를 실토한다.

집중
또 집중

경영방법론 • 급격한 돌파력을 얻기 위해 모든 에너지를 한 점으로 집중하는 것이다. "우리는 근본적인 문제에 집중해야 합니다. 결국에는 언제나 주가의 문제가 됩니다. 그것 외에는 우리가 완전하게 시선을 집중할 만한 것이 떠오르지 않습니다. 그리고 우리가 그곳에 시선을 집중하려 한다는 것은 이미 사전에 내려진 결정입니다. 따라서 세상이 완벽한 집중을 요구하는 상황에서 우리에게는 오직 한 가지 방향인 주주 가치밖에는 집중할 대상이 남지 않습니다. 그래서 이것에 집중해야 합니다. 우리는 광적인 집중을 요구합니다. 또한 모든 것이 단기수익을 지향해야 합니다. 다른 모든 것은 부차적이고 옆으로 치워져야 합니다. 왜냐하면 우리는 오직 한 가지에만 집중해야 하기 때문입니다."

위기 상황에서 인간은 단기적 생존에 집중한다. "싸우거나 혹은 도망가는 것이다fight or flight!" 이때 베타파와 아드레날린이 분비된다. 부정적으로 본다면 집중적 시각도 역시 터널시야tunnel vision와 같은 일종의 시야협착증에 속한다. 이는 심리학에서는 어떤 경우에서라도 문제가 발생하면 즉시 해결책을 내놓아야만 하는, 극한 스트레스 상황에 놓인 사람이 보이는 증상을 말한다.

갑자기 볼일을 봐야 하는 상황에서 오직 화장실만 찾는 것, 피를 흘리거나 화상을 입었을 때 비명을 지르는 상황 혹은 첫사랑이나 임금 인상, 새엄마의 사랑 등과 같이 당신에게 매우 중요한 것을 얻지 못했을 때 고통받는 상황을 생각해보라.

터널시야를 가진 결벽증 환자에게는 먼지만 보이고, 자신이 못생겼다고 생각하는 여자아이에게는 오직 비만만 생각나고, 증오심으로 가득 찬 직원에게는 상사의 나쁜 점만 보인다. 터널시야는 모든 것을 하나의 카드 그리고 오직 하나의 인식형태에만 거는, 특별하게 에너지가 풍부한 존재형태다.

교육방법론 • "얘야, 우리는 너와 함께 돈을 벌려고 한다. 그래서 너를 테니스에만 집중시켜서 대회마다 출전해 많은 돈을 벌기로 결정했다. 그러기 위해서 우리는 힘닿는 데까지 모든 것을 할 생각이다. 특히 네가 하루에 12시간씩 연습할 수 있도록 우리를 희생할 생각이다. 이것은 맹목적인 탐욕이 아니라 과거에 우리 부모가 우리에게 소홀했던 일을 우리가 해내겠다는 현실적인 시각이란다. 우리 부모는 우리를 실패자로 성장하게 놔뒀지만 우리는 너에게 그런 짓을 하지 않을 거다."

경영자는 직원들이 그들의 성공에 집중하기를 원한다. 다른 것은 전혀 생각하지 않는다! 거기에는 어떤 우회로도, 어떤 다른 일도, 다른 부서와의 어떤 협조도 없다. 그들이 가장 많이 사용하는 말은 "내 성공이 바로 당신의 성공입니다. 에, 그게 아니고, 당신의 성공이…… 뭐였더라? 하하하, 그런 건 전혀 중요하지 않다고 생각합니다. 당신들은 내 부하니까"이다. 높은 지위에 있는 최고경영자도 역시 이런 소리를 한다. 그렇기 때문에 터널시야를 통해서 그들에게 비치는 부하직원은 주식 시세와 다를 것이 없다. 그리고 여기에서도 역시 신뢰는 없다.

하나의 변화를 위한
하나의 변수 조작

●●

경영방법론 • 기업의 많은 변수 중 하나의 변수를(손잡이를 누르거나 나사를 돌리듯이) 하나의 방향으로 변화시키는 방식이다. 사람들은 그렇게 함으로써 기업이 더 나은 상태로 변화하기를 기대한다. 다른 모든 변수들은 그대로 둔 채로 하나의 변수만을 변화시키는 것이다. 이런 방식을 라틴어로 '세테리스 파리부스'라고 한다. '다른 모든 조건은 동일한 상태에서'라는 뜻이다. 이 경영학적 방법론은 기업에서 여러 변수 중 하나의 변수를 변화시키고 전체 시스템에 미치는 효과를 관찰함으로써 다양한 경제적 변수들의 상호작용을 연구하는 과학적 이론과 깊은 연관이 있다. 이러한 방법론은 특히 미시경제학에서 많이 사용한다.

최적화방법론 • 수학적 최적화를 통해서 많은 미지수를 가진 경제적 문제들을 푼다. 과제는 생산시설, 투자, 직원, 재고 등의 생산요소 중 최적의 요소결합을 결정하는 일이다. 수학적 방식 중 많은 경우도 하나의 변수의 변화를 갖고 작업한다. 사람들은 괜찮아 보이는 경제적 변수들의 조합을 갖고 그 조합에서 나올 수 있는 수익을 계산한다. 그러고는 변수들 중 하나에 변화를 줘서 수익이 증가하는가를 본다. 수익이 증가하면 변화된 형태 그대로 놓아두고 이제 다른 변수에 변화를 준다. 다시 말해서 다양한 '나사'를 돌려보면서 시행착오를 통해 '최적'이 될 때까지 전체 시스템을 차례로 조율하는 것이다. 당연히 수학자들은 순서대로 나사를 돌리는 것 같은 이 방식이 최적 조건을 찾아낼 수 있는지에 대해서도 고민한다.

보통은 정말로 그렇게 되는 것이 불가능하다. 그런데도 이런 시도를 하는 이유는 그렇게 해서 얻은 해결책이 그다지 나쁘지 않기 때문이다. 그리고 무엇보다도 컴퓨터 프로그래머에게 이런 프로그램은 설계하기가 매우 쉽기 때문이다.

수학자라면 전체 문제를 한 번에 해결하는 방법을 더 선호할 것이다. 그리고 전체 생산요소의 최적화 조합을 찾아내는 프로그램을 갖고 싶어 할 것이다. 그러나 그것은 오늘날의 컴퓨터로도 어려운 일이거니와 임의의 '가상 공장' 각각에 대해서 그 이윤이 얼마나 될지 정확하게 모르므로 가능하지 않다. 언젠가 나에게 통신판매회사의 물류센터를 짓기 전에 건축 설계도면만 갖고 그곳에서 하루에 몇 상자의 화물을 소화할 수 있을지 계산하라는 지시가 내려온 적이 있다. 그때 나는 한숨을 내쉴 수밖에 없었다. 이 과제는 10명의 수학자가 1년을 작업해야 하는 일이었던 것이다! 그러나 그들은 이렇게 말했다. "뒤크 씨, 우리는 3주 후에 착공하려고 합니다!" 정확한 최적을 구하는 일은 보통 사람들이 생각하는 것보다 훨씬 어려운 일이다.

경영학과 수학에서는 기업 내에서의 변수들을 순차적으로 변화시킴으로써 최적화된 값을 얻는다. 예를 들어 직원들이 의욕을 상실했다면 약간의 휴가비 지급을 시도해본다. 제품 매출이 떨어졌다면 신문광고를 시도해본다. 한때 콜센터 운용은 비용 문제 때문에 폐지되었는데, 그 결과 고객과의 접촉이 너무 적어서 문제가 생겼다. 그렇다면 다시 고객에게 전화하는 것이 장려된다. 따라서 비용도 증가한다. 도대체 최적의 값은 어디에 있는 것일까?

교육방법론 • "얘야, 요즘 들어 너의 학교 성적이 떨어졌더구나. 너를 관찰해보니 너는 피아노를 칠 때만 진정으로 흥미를 보이더구나. 그때만 시간이 아깝지 않을 정도로 열심이지. 게다가 너는 정말로 피아노를 잘 친다는 사실을 나도 알고 있단다. 단지 아쉽게도 학교 성적이 나빠졌어. 그래서 우리는 이번 학기가 끝날 때까지 네가 피아노 치는 것을 실험적으로 금지해보기로 결정했다. 그렇다면 너는 당장 사는 게 재미없어질 거야. 그래도 학교 공부에 집중할 수가 있겠지."

"우리는 학생들이 추가로 피아노 연주를 배우면 학교 성적도 좋아진다는 내용을 읽었단다. 그래서 너를 음악학원에 보내려고 해. 물론 우리는 네가 음악을 싫어한다는 걸 알아. 그렇지만 네가 더 잘되기 위해서 꼭 필요한 일이란다."

"네가 우리를 사랑하지 않기 때문에 우리는 네 용돈을 줄이겠어."

"네가 우리를 사랑하니 네 용돈을 두 배로 올려주마."

"네가 직장생활을 할 때 도움이 되도록 너에게 컴퓨터를 사주마."

"네가 직장생활을 할 때 도움이 되도록 네 컴퓨터를 없애버리겠다. 왜냐하면 컴퓨터가 너를 중독시키고 폭력적으로 만들기 때문이야. 우리는 네가 그렇게 되는 것을 원하지 않거든. 뭐라고? 화가 난다고? 우리도 그럴 거라고 생각했어. 바로 그렇기 때문에 그런 결정을 한 거야. 너 그거 알고 있니? 사람들은 모든 것을 이렇게도 혹은 반대로 저렇게도 볼 수가 있단다. 교육이란 시행착오를 겪어야 하는 것이지. 우리는 네가 최종적으로 어떻게 반응할지 처음부터 절대로 알 수가 없거든."

무미건조한 경제 이론과 수학에서 나온 이런 방식은 사람들을 비협조적으로 만든다. 모든 죄수는 끊임없이 계산한다. "다른 사람이 자백한다면 나도 자백해야만 한다. 다른 사람이 침묵한다면 그때도 자백하는 것이 나에게 유리하다. 따라서 자백이 나에게는 최적이다. 그래, 나는 자백하겠어."

이런 세테리스 파리부스 방식은 상대방의 반응을 전혀 고려하지 않는다. "우리가 임금을 삭감하면 이윤이 증가한다." 하지만 그럴 경우 최고의 직원들이 사표를 내고 회사는 적자 영역으로 들어선다. "우리가 가격을 내리면 모든 고객이 우리에게 온다." 그 결과 모두가 가격을 내리게 된다.

경영층에서 하는 사고방식이라는 것은 너무나 단순하기 때문에, 즉 행동에 대한 반응을 계산에 넣지 않기 때문에 경영자들은 행동을 과도하게 하는 경향이 있다. 그들은 스위치를 너무나 많이 돌린다. 이것이 '국면적 본능'을 일깨우고 죽음의 투쟁을 불러일으켜 모두에게 심각한 타격을 입힌다(가격전쟁, 등 돌린 고객).

그렇다면 경영자들은 왜 자신들의 행동에 대한 반응을 계산에 넣지 못하는 것일까? 그들 대부분은 깊은 전문지식이 부족하기 때문이다.

블랙박스
경영학

●❯

경영방법론 • 경영자들은 기업의 구성요소들을 특정한 인풋이 들어가면 예측 가능한 아웃풋이 나오는 블랙박스로 본다. 따라서 경영의 문제는 수많은 경영요소를 하나의 강력하고 효율적인 조직 구조로 묶는 것이다. 경영자는 구조를 건설하는 설계사일 뿐 각 요소의 내용에 관한 전문가는 아니다.

블랙박스란 무엇인가? 블랙박스란 내부가 알려져 있지 않거나 이미 주어진 것이어서 진행되는 연구에서 관심을 두지 않는 시스템을 말한다. 블랙박스에서는 인풋과 아웃풋 신호밖에는 없다. 사람들은 다양한 인풋 신호에 대한 아웃풋 신호를 측정한다. 연구되는 시스템의 반응으로 그 시스템의 '행동'을 예측하는 것이다.

내 아들 요하네스는 대학에서 시험 준비를 하고 있다. 하루는 경제학 과제를 공부하다가 내게 어떤 요리의 레시피를 읽어줬다. "달걀 7개, 밀가루 500그램, 우유 1리터 …… 반죽을 만들어서 받침대 위에 놓고 오븐에 구울 것 …… 36개의 케이크가 만들어진다." 이에 대한 문제는 다음과 같았다. "앞의 문장이 왜 생산공정을 설명한 것인지에 대한 근거를 말하시오. 레시피를 읽고 생산공정의 과학적 정의가 아닌 모든 표현을 삭제하시오."

요하네스는 여기에서 삭제할 것이 무엇인가를 내게 물었다. 나는 잠시 생각해보았지만 아무 문제도 없는 것처럼 보였다. 첨가물을 먼저 알아야 하고 그다음에 작업 순서를 알아야 한다. 다시 말해 레시피를 알고 실행 방법을 알아야 하는 것이다. 그러자 요하네스는 머리를 흔들었다.

"아버지가 말씀하신 것은 경제학적 의미에서 말하는 생산과정과는 전혀 상관이 없어요. 아버지는 전자공학도나 엔지니어의 방식으로 사고하는 거라고요. 그런 사람들에게는 작업 순서가 마치 컴퓨터 프로그래밍을 하는 것처럼 필요할 겁니다. 하지만 경제학자에게는 그렇지 않아요."

대학에 다니던 시절 모든 경제학 필수과목을 이수했음에도 나는 그 말에 충격을 받았다. 내가 그동안 뭔가를 잊어버린 것인가? 내가 엔지니어처럼 사고한다고? 나는 요하네스에게 '경제학자'로서의 대답은 무엇이라고 생각하는지 물었다. 그러자 이렇게 대답했다. "인풋: 달걀 7개, 밀가루 500그램, 우유 1리터. 아웃풋: 케이크 36개." 나는 내 아들의 '내용 없는' 결론에 살짝 놀랐다.

"네 대답은 단지 인풋과 아웃풋만 설명한 거잖니. 재료를 넣고 (한 시간 후에) 마치 마술처럼 36개의 케이크가 나온다! 어떻게 해서 그것이 가능한지는 아무 관심도 없는 거니?"

"네, 그래요."

"요하네스, 그건 마치 경영자들이 인풋으로 7명의 직원, 500시간의 초과노동, 1리터의 흥분제를 투여하면 다른 쪽에서 수익을 내는 프로젝트 결과가 나온다고 보는 것과 똑같아 보이는구나. 그들은 중간 과정에는 아무런 관심이 없지."

"아버지, 아버지는 지금 전형적인 엔지니어 시각으로 사물을 보는 거예요. 착각하고 계시는 거라고요. 경영자는 생산과정을 블랙박스로 파악합니다. 블랙박스에는 인풋과 아웃풋만 있어요. 인풋을 블랙박스에 투자하는 거지요. 그러면 블랙박스는 아웃풋이라는 반응을 내놓아요. 케이크 혹은 프로젝트 결과물 같은 거죠. 블랙박스에서는 내부에서 어떤 일이 일어나는지 들여다보지 않아요. 그것은 경영자의 과제가 아니거든요."

"블랙박스에서는 그 내부에서 일어나는 일은 알려져 있지 않거나 아무도 관심을 두지 않는다, 이것이 블랙박스의 정의라는 거구나. 그러니까 네가 하려는 말은 경영자가 블랙박스에서 일어나는 일에 대해서 아무것도 모르거나 의식적으로 관심을 기울이지 않는다는 말이니?"

"그래요. 블랙박스 내부에서는 많은 엔지니어가 일하지만 경영자는 그렇게 하지 않아요. 경제학은 얼마가 나오려면 얼마가 들어가야 하는가만 분석하기 위해 있는 거지요. 경제학은 작업 자체와는 아무런 상관이 없어요."

그제야 나는 왜 엔지니어와 경영자가 그렇게 자주 전형적인 사고방식의 차이를 보이는지 서서히 이해할 수 있었다. 이 주제에 관해 여러 권의 책을 읽은 적이 있는데 상이한 뇌의 이용에 관한 내용이었다. 통계적으로 단순하게 봤을 때 경제학과 학생들은 주로 '좌뇌'를 활용하고(뇌의 왼쪽 부분을 많이 사용하는 사람은 '목록', '계급', '표' 등과 같은 구조와 조직적인 사고를 선호한다) 전자공학과, 수학과, 기계공학과 학생들은 주로 '우뇌'를 사용한다(창조적 작업, 건축설계, 그림 등). 앞에서의 어디에 그 근본 원인이 있는지를 보여준다. 경제학은 인풋과 아웃풋, 계획과 결과를 다루는 학문이지 작업 과정에 대해서는 별로 관심이 없는 것이다. 그들은 우선적으로 "결과가 무엇이냐? 비용은 얼마나 들지? 고정된 목표를 달성하려면 얼마의 인풋이 필요한가?" 등에 관심이 있다. "이 과제를 어떻게 하면 정확하게 진행할 수 있을까?" 하는 것은 관심의 대상이 아니다. 컨베이어벨트의 정확한 설치와 같은 '어떻게'라는 질문은 엔지니어의 몫이다. 컨베이어벨트와 극단적인 분업을 발명한 프레데릭 윈슬로 테일러는 엔지니어였다. 그래서 마치 수학자처럼 사고했다. 이렇게 표와 블랙박스의 학문은 '좌뇌' 혹은 멋진 양복을 차려입은 전형적인 경제학과 학생들을 끌어당기고, '어떻게 최선의 방법을 찾을까?'를 연구하는 학문은 그들의 추종자를 청바지를 입고 컴퓨터에 빠진 사람들 중에서 찾는지도 모르겠다.

나는 이런 현상에 대해서 새로운 책을 쓸 생각은 없다. 이 주제는 매우 광범위하다. 그러나 블래박스적 시각은 블랙박스가 기계가 아니라 인간으로 구성되었을 때는 당장에 실패할 수밖에 없음이 명백하다. 즉 '인간'이라는 생산요소 때문에 실패할 수밖에 없는 것이다. 사람들은 인간의 정신적 본질을 부정하고 인간을 물질로 보는 관점을 받아들이려 하지 않기 때문이다. 전형적인 경영자는 이렇게 말한다. "여기에서는 순수하게 물질에 관한 것을 의미한다. 인간의 존엄성과는 상관없다." 바로 그렇기 때문에 많은 경영자가 문화적 문제, 작업 의욕 저하, 직원들 사이의 불화 등 종합적으로 사업의 감성적인 관계 차원에서 실패를 하는 것이다.

지금까지의 이야기에서 나는 다음과 같은 결론을 얻었다. "블랙박스적 시각은 팀워크나 협력, 우정, 신뢰 등과 같은 가치를 광범위하게 무시하는 결과를 초래한다." 그렇기 때문에 블랙박스적 시각은 '냉정하게 최적의 의사결정을 내리자'는 모든 경향을 지원한다. 이런 시각은 죄수의 딜레마 측면에서 보더라도 거의 필연적으로 삶의 비협조적인 면만을 보게 된다.

블랙박스
인간

●●

현대 경영학의 인간관 • 노동자들은 돈을 받고 그 대가로 일을 한다. 이때 '직업의식'이 투철한 사람이라면 '개인적인 성격'은 드러내지 말아야 한다. 인간의 내면은 일을 방해하는 특성이 있으므로(X이론의 인간관) 그것이 일자리에 개입되어서는 안 되는 것이다.

언젠가 심리학 교류분석 이론의 창시자인 에릭 번이 '행동주의 이론의 길고 어두운 시기'에 대해서 설명한 것을 읽은 적이 있다. 이 어두운 시기는 J. B. 왓슨의 유명한 논문 「행동주의자의 관점에서 본 심리학Psychology as the Behaviorist Views It」과 함께 시작된다. 1913년, 왓슨은 이 논문에서 인간을 자연과학적으로 명백하게 설명할 수 있는 자극-반응-특성으로 파악할 수 있다고 주장했다. 그의 자연과학에서도 인간은 블랙박스로 간주되었다. "인간에게 자극을 주고 관찰한다. 그 반응은 어떠한가?"

행동주의는 인간에 대한 인풋과 아웃풋 분석이다. 행동주의자들은 외부세계의 자극에 대한 인간의 반응을 관찰함으로써 인간을 완벽하게 설명할 수 있다고 확신한다. 인간을 이해하고자 하는 사람은 실험을 통해서 자극 반응 체계를 확인해야 한다는 것이다. 따라서 인간을 지배하고 싶은 사람은 먼저 적절한 자극을 통해서 원하는 아웃풋이 나오도록 조정해야만 한다. 행동주의자들은 50년 동안 심리학계를 완벽하게 주도했다. 미국에서 심리학계를 완벽하게 장악했던 행동주의자들의 마지막 전성기는 스키너 박스 실험으로 유명해진 스키너가 장식했다. 스키너는 적절한 자극 반응 실험을 통해 '정신'처럼 개인을 개인답게 만드는 요소는 거의 없는 것과 같다고 이야기할 수 있을 정도로 행동주의 심리학은 인간을 잘 설명해준다는 의견을 확고하게 주장했다.

인간을 외부 자극을 통해서 충분히 지배할 수 있는 블랙박스로 보는 시각은 미국 심리학의 오랜 어두운 시기를 대표했다. 반면에 이 시기의 유럽에서는 프로이트와 융이 정신적 상태와 욕구라는 인간의 내면세계를 설명하고자 노력했다.

이제 행동주의는 심리학에서 쇠퇴의 길을 걷는 것처럼 보인다. 그러나 이것은 경영학과 경제학의 잠재의식에 깊은 흔적을 남겼다. 오늘날 인간은 측정 가능한 결과에 따라서 평가되고, 원하는 노동 반응을 보이도록 포상 시스템에 의해 자극받는다. 모든 것이 측정 가능하도록 과학적이어야 한다. 그렇지 않으면 인간을 블랙박스로 보는 이론은 성립하지 못한다. 예를 들어 이러한 시각은 직원들의 정신이나 내면에서 나오는 의욕 등과 같은 것에 대한 신뢰를 설명해주지 못한다. 정리하자면 경영학을 지배하는 인간 심리에 대한 자연과학적 시각은 X이론의 인간관을 대변한다. 이러한 경향은 앞에서 언급한 역사적 이유 때문에 유럽보다는 미국에서 더욱 강하게 유행했다. 그렇기 때문에 많은 유럽인은 미국식 경영방법론에 의해서 블랙박스처럼 지배당할 때 크게 흥분한다. 그리고 원하는 행동지침을 보여줬을 뿐인데 왜 유럽인들이 정신적으로 깊이 상처받고 거부 반응을 보이는지에 대해서 미국인들 또한 이해하지 못한다.

나 역시도 일하는 동안에 다음과 같은 요구사항을 받았을 때 깊은 충격을 받았다. 그 요구사항이란 "우리는 당신이 신뢰할 만한 행동을 보여주기를 원한다"였다. 나는 이런 식의 표현에 대해서 매우 분노해서 이렇게 대답했다. "인간은 신뢰할 만하게 '보이'거나 '반응'해서는 안 되고 진실해야 하는 것이다." 그리고 계속되는 요구사항은 이러했다. "경영자는 부하직원들의 작업에 진실한 관심을 보여야 한다." 나는 이런 표현도 바꿀 것을 요구했다. "경영자는 내면에서 우러나오는 마음으로 진정한 관심을 기울여야 한다." 나는 '보이다'와 '진심으로 그런 마음'의 차이에 대해서 분노했던 것이다. 그러나 앞에 설명했던 블랙박스적 요구사항보다 나에게 더 큰 충격을 준 것이 무엇인지 아는가? 바로 그들의 대답이었다. "무슨 차이가 있는데?"

이런 관점에서는 신뢰 혹은 협력이 감성적으로 무엇을 의미하는지를 진정으로 이해할 수가 없다. 이제 미국의 텔레비전 뉴스에서 "그 죄수는 협조적인 태도를 보였다. 그 죄수는 반성의 태도를 보였다"라고 말하면 그것이 무엇을 의미하는지 이해할 수 있기 바란다. 그 죄수가 반성의 감정을 느끼는가는 중요하지 않다. 그는 자신이 반성한다고 해야 한다. 즉 사과하고 반성하는 모습을 보여야만 하는 것이다. 사람들이 원하는 것은 그것이 전부다. 독일 적군파 테러리스트였던 브리기테 몬하우프트^{Brigitte Mohnhaupt}가 석방되기 전, 그녀가 텔레비전에 나와서 "사과합니다"라고 말을 하도록 해야 할까에 대한 토론이 있었다. 그녀 본인은 공개적인 반성의 행위라는 형식적 행위에 대해서 깊은 혐오감을 나타냈다. 반면에 그녀를 블랙박스로 보고 행동으로 강제하려 하는 사람들은 그녀의 이런 태도를 이해하지 못했다.

사람들이 협력적인 환경에서 함께 번영할 것인지 아니면 비협조적인 상황에서 생존에 꼭 필요한 것만을 벌어먹을 것인가라는 경제학의 근본 문제는 인간에 대한 이러한 시각 차이와 깊은 관계가 있다. 불황기에는 사람들이 블랙박스적 시각을 강요한다. "달걀 7개, 밀가루 500그램, 우유 1리터를 갖고 36개의 케이크를 만들어라. 방법은 상관없다." 오로지 호황기에만 경영자들이 긴장을 풀고 약간의 정신적 측면을 허락한다. 그리고 이러한 경영자들의 태도를 통해서 진정한 호황이 실현될 가능성이 높다. 마치 인간의 정신에 대한 존중 없이 압박만 하는 태도가 불황을 더욱 강화하는 것과 같은 원리다.

어떤 업무든
척척 해내는 직원

●●

경영방법론 · 많은 작업에는 불가피한 공회전 시간이 내재되어 있다. 계산대에서 이뤄지는 작업은 고객의 수에 따라서 차이가 난다. 육체적으로 힘든 일에는 휴식이 필요하다. 미장원과 은행은 각각 다른 시간대에 손님들이 몰려온다. 효율을 중시하는 경영자라면 노동력의 완전한 사용을 독려할 것이다. 그래서 계산대의 직원은 한가한 시간에는 진열대를 정리한다. 은행 창구 직원은 여유 있는 시간에 고객에게 전화해서 금융상품을 판매한다. 컴퓨터 프로그램 교육자는 회사에서 새로 나온 소프트웨어 프로그램을 시험해보는 것으로 남는 시간을 채운다. 여기서 기본 원칙은 상황에 따라 직원들을 이 일에서 저 일로 투입할 수 있도록 여러 개의 일을 할 수 있어야 한다는 것이다. 이런 방식으로 비는 시간 없이 직원들에게 일을 시킬 수가 있다. 이것을 완전한 활용률total utilization이라고 부른다. 또 다른 방법은 공회전 위험을 완전히 직원들에게 전가시켜서 일하는 시간 동안만 급여를 지급하는 것이다.

직원들은 언제나 일을 하고 있어야만 한다. 그러나 일의 양이나 강도는 고객이나 계절에 따라서 다를 수밖에 없다. 이때 경영자들은 실행한 일에 대해서만 돈을 지급하거나 직원들을 여러 개의 부분 작업에 투입한다. 그런데 직원들은 오직 자신이 수행한 일에 대해서만 돈을 받는다면 엄청난 고용위험을 안게 된다. 자신이 돈을 얼마나 벌게 될지 알 수 없기 때문이다. 그렇기 때문에 그들은 여러 개의 기업에서 파트타임 일자리를 찾아서 안정적으로 일할 수 있도록 할 것이다. 또 다른 가능성이라면 노동력 중개 회사에 입사하는 것이다. 이런 회사는 자사에 등록된 사람들을 위해서 여러 개의 회사에 여러 개의 일자리를 중개한다. 그러면 사람들이 직접 일자리를 찾아다닐 필요가 없고 위험은 중개회사가 대신 짊어지게 된다. 그 대신에 사람들은 자신이 직접 위험을 지고 일자리를 찾을 때보다 훨씬 더 적은 돈을 받게 된다.

결론 • 첨단 기술을 가진 사람이 아닌 보통의 노동자들은 블랙박스 인간의 세계에서는 직업을 가질 수 없다. 그들에게는 오직 여러 개의 일자리만 있을 뿐이다. 대형 회사에서는 이것을 일자리라 부르지 않고 프로젝트라고 부른다.

"제가 어떤 프로젝트에서 할 일이 있을까요?"라고 직원이 물어보면 경영자는 "당신을 위한 프로젝트가 하나 있습니다"라고 대답한다. 이런 살벌한 분위기에서 수행하는 보통의 일을 '데이 잡day job'이라고 부른다. 여기에 직원이 (승진을 기대하면서) 추가로 공부를 더 하거나 보통의 일에 더해서 자발적으로 더욱 일을 잘하려는 의지를 보인다면 이것을 '나이트 잡night job'이라고 부른다. "직장 상사가 나보고 상임이사 개개인마다 다른 초대장 문구를 작성하래. 퇴근시간 이후에." 이렇게 패배의 한숨을 내쉴 상황이라면 '어나더 나이트 잡another night job'이라고 부른다.

완벽한 노동자 활용을 지향하고 불완전하게 활용되는 직원들은 당장에 해고해버리는 환경에서는 다용도 블랙박스가 되는 것이 최선이다. '모든 기능을 하나에all in one' 담을 수 있는 능력이 있어야만 하는 것이다. 말하자면 알을 낳고 우유를 생산하는 암퇘지가 되어야 한다. "어떤 일을 수행하게 되더라도 부끄러움이 없어야 한다. 우리 항공에서는 비행기가 이

류하고 나면 조종사는 자동항법장치를 켜놓고 객석으로 나와서 커피를 판다." 노동자들은 모든 것을 할 수 있어야 하고 이런 다양한 부분 일거리라도 열광적으로 받아들여야 한다. 누구든 모든 일을 할 수 있어야 하는 것이다.

이런 환경을 신문에서는 이렇게 이야기한다. "오늘날 인간은 더는 평생 직업을 갖지 못한다. 현대인은 지속적으로 학습을 계속해야 하고 다양한 직업에 따라 삶이 달라지는 것을 받아들여야 한다. 왜냐하면 지속적으로 바뀌는 직업이 그렇게 할 것을 요구하기 때문이다. 그렇기 때문에 사람들은 복수전공을 하고, 여러 개의 학위를 따고, 특정한 한 가지에 집중하지 않는다. 내면의 목소리 혹은 사명을 따르는 것은 위험이 매우 크다."

그러나 근본적으로 사람들을 여러 개의 세상과 프로젝트로 분배하는 원인은 직업을 바꾸는 것이 문제가 아니라 완전한 활용에 대한 광적인 노력 때문이다. "나는 시간이 날 때면 택시를 몰아." "나는 일하면서 대학을 다니고 있어." "나는 아이를 키우며 닥치는 대로 일해서 살아가고 있어."

완전한 활용 경영은 블랙박스 인간을 이코노미 클래스로 격하시키고 있다. 인간은 이제 오직 고장나지 않고 기능만 하면 되는 싸구려 버전이 되어버렸다. 많은 수익을 가져다주지 못하는 고객 역시 같은 처지로 전락한다. 부차적인 것, 삼류가 되어버린다.

고객을 획일적
선택지에 가두기

경영방법론 · 오늘날 제품들은 거의 개별적으로 생산되지 않고 주로 번들 상품이나 묶음 메뉴로 제공된다. 예를 들어 자신이 설계한 개인 주택은 거의 없다. 패스트푸드 식당에서는 '빅&맥시'에 딸린 10개의 다양한 메뉴가 있다. 은행은 1호에서 100호까지 다양한 펀드를 판매한다. 자동차는 네다섯 단계의 옵션을 제공한다. 모든 제품이 클래식, 실버, 골드, 플래티늄으로 나뉘어 제공된다. 그래야 생산이 훨씬 단순해지고 높은 활용률이 가능하기 때문이다.

신문에서는 이러한 사실을 다음과 같이 묘사한다. "유럽의 도심 그리고 쇼핑몰들은 갈수록 독특한 특징을 잃어버리고 있다. 모두가 똑같아 보인다. 소규모 상점은 사라지고 모든 쇼핑몰에는 다양한 종류의 체인점들이 자리 잡고 있다. 커피 체인점, 호텔 체인점, 의류 체인점 등등. 파리에 있든 슈베린에 있든 어디나 똑같다." 얼마 지나지 않아서 모든 길거리가 똑같아질 것이다. 단지 클래식 혹은 실버, 골드, 플래티늄으로 나뉜 형태가 다를 뿐이다. 사람들은 이 정도만 선택할 수가 있다. 우리는 익명의 고객집단이 아니면 최고의 비용을 지급하는 고객으로 나뉜다.

개별적인 것은 몰락하는 과정에 있고 오직 터무니없는 가격으로만 제공받을 수 있다. 보통 고객들은 단지 잘 만들어진 가짜만을 산다. 양식진주, 양식연어, 인조가죽 등. 시장은 화려한 사치품과 셀프서비스 세트 메뉴로 나뉜다. "당신의 자동차를 인터넷에서 직접 튜닝하세요." "당신의 항공권을 직접 예약하세요. 그리고 비행기에서 먹을 음식은 직접 가져오세요. 당신의 짐도 비행기 화물칸까지 직접 들고 오세요."

이 주제에 관한 문제점에 대해서는 2006년 올해의 경영서로 뽑히기도 한 나의 책 『골빈 경영학Lean Brain Management』에서 상세하게 밝혔다. 사실 삼류 고객의 경우에는 기업이 고객에게 서비스를 제공하는 것이 아니라 거꾸로 고객이 기업에 봉사를 한다. 예를 들어 은행에서 은행원들은 고객에게 금융상품을 판매한다(그들은 이것을 컨설팅이라고 부른다). 그러나 구매한 금융상품에 해당하는 금액을 지급하려면 자동이체기에서 고객이 직접 처리해야만 한다.

구조 중심주의의
종착지

누군가가 이러저러한 것을 이제는 매니지manage해야 한다고 말한다면 그것은 지금까지는 이러저러한 것들이 전문적으로 제대로 다뤄지지 않았으므로 이제부터는 '매니지'함으로써 계획적으로, 특히 무엇보다 효과적이고 빠르게 진행되어야 한다는 의미를 담고 있다. 또한 질서나 진행 규율, 구조 등이 도입될 것이라는 의미이기도 하다. 이제부터는 구조에 지속적인 진전이 있는가를 평가함으로써 압력을 가한다(리뷰, 추적, 명령과 통제, 보고). 사람들은 A가 B의 직장 상사라고 이야기하지 않는다. 대신에 B가 A에게 보고한다고 이야기한다. 추적되거나 보고를 올려야만 하는 사람은 '아랫사람'이다.

효율에 대한 순수한 매니지는 구조와 결과, 목표에 집중한다. 2년 전부터 경영자들 사이에 유행하는 말을 따르면 "마지막 날에 결국 무엇이 나오느냐만이 중요하다"라는 것이다. 그들은 이렇게 말하면서 윙크를 한다. 이 표현은 전형적인 블랙박스형 사고방식을 보여준다. 성과는 아웃풋과 블랙박스에 넣은 인풋과의 비율이다. 앞에서는 무엇을 집어넣고 뒤로는 무엇이 나올 것인가? 결과 지향적인 경영학은 이 점만을 이해할 뿐 내용에 대한 시각은 없다.

효율을 중시하는 경영자는 더 좋고, 더 싸고, 더 빠르고, 더 높은 결과를 쉼 없이 가져올 수 있는 구조를 만들어낸다. 직원들이 한탄하면서 "우리가 그것을 어떻게 해내란 말인가? 도대체 어떻게?"라고 물어보면 대답은 이렇다. "창의적이 돼라. 무언가 생각을 떠올려라. 그렇게 부정적으로만 생각하지 마라. 너무 과거의 관계들과 직장에 매달리지 마라. 그리고 능률을 거부하지 마라. 그러지 않으면 우리는 임금을 삭감할 수밖에 없다. 정말로 열정을 보여주지 않을 것인가? 우리가 당신을 인도 등지로 보내야만 하겠는가?" 그러면 직원들은 아우성친다. "그럴 수는 없다! 사람들은 우리에게 물어보지도 않는다. 구조조정이 우리를 괴롭히고 숨도 쉬지 못하게 압력을 가한다. 우리는 마치 분재된 나무처럼 이리저리 잘린다. 당신들은 그러면서도 커다란 열매를 맺으라고 말한다. 경영자들은 멍청하고 우리 업무의 핵심을 정말로 모른다."

앞에서 내 아들과 나눈 대화를 기억하는가? "구조는 경영자가 만들고 내용은 엔지니어가 결정한다." 여기에 많은 진실이 담겨 있다. 그리고 우리가 이 진실만 그대로 놓아둔다고 해도 공개할 수 있는 과제, 구조, 내용은 서로 화해할 수가 있을 것이다. 그러나 현대 경영, 감량경영에서는 그것이 가능하지 않다. 구조가 내용을 잡아먹어 버린다.

현대 경영학에서 우선 과제는 사업 과정의 준비에 있다고 가정한다. "이제는 구조에 내용이 깃들어야만 한다." "우리는 우리의 모델을 살려야만 한다." "우리의 새로운 구조에 대한 동의가 부족할 뿐이다. 직원들에게 더욱 강력하게 동기를 부여해야만 한다. 또한 계몽운동을 펼쳐서 고객들의 동의를 얻어내야만 한다. 고객들은 여전히 우리의 저렴한 제품을 제대로 받아들이지 않고 있다." 이러한 모든 발언은 구조와 내용 사이의 부조화를 말해준다. 경영학에서는 대부분 조직과 구조가 대단한 힘을 발휘해서 내용이 스스로 그 구조에 맞도록 형성된다고 가정한다.

그래서 경영자들도 구조가 한 기업의 진정한 씨앗이라고 본다. 이런 사고방식은 인간은 서서히 모든 것에 적응한다는 X이론에 따른 교육관과 일치한다. 아이들에게 엄격한 윤리적 기준에 따라서 실천할 것을 강요한다면 처음에는 힘든 저항기를 거치지만 결국에는 그 규칙들을 마음으로 받아들이고 긍정하게 될 거라고 믿는 것이다. 아이들은 장기적으로 불행해지는 것을 원하지 않고 생존의 욕구로부터 자신의 행복을 강제하도록 만들기 때문에 그들에게 익숙해진 행동들을 기꺼이 할 거라는 주장이다. 그러면 아이는 마침내 의무를 좋은 것으로 느낀다. 그리고 가장 역겨운 상황에서도 행복해지는 법을 배운다. 빈민가에 사는 사람들도 웃지 않는가. 경영자들은 계산대에서 고객에게 친절히 인사하라고 엄격히 훈련되는 직원들이 언젠가는 정말로 친절해질 것이라고 믿는다.

경영층에 의해서 만들어진 구조는 주어진 경제적 목표들에 맞는 구조화된 내용으로 채워진다. 주어진 구조에 허락된 내용인 것이다. '주어진 조건들 하에서' 제품들이 제작된다. 그리고 그것의 생산은 '허락된 비용 구조 안에서' 움직여야 한다. 그 결과 고객들은 '많은 것을 기대할 수 없는 저가 상품'을 내용으로 얻게 된다. 경영층은 '효율적인 내용'과 같은 것으로 구조물을 채우도록 높은 압력을 행사한다. 그리고 내용은 구조와 규정, 통제, 블랙박스 사고 등에 의한 강력한 경영 하에서 스스로 가치를 낮춘다.

이렇게 해서 강력한 구조 하에서 우리는 통일된 제품(세계적 상표), 통일된 맛, 오리지널의 구조화된 버전으로서 저렴한 짝퉁 등을 얻게 된다.

효율 극대화의
두 얼굴

약간은 무례하지만 매우 효과적인 방식이 있다. 효율적인 튀김용 닭은 즉시 소비할 수 있도록 닭공장에서 깃털 없이 사육된다. 효율적인 암탉은 사이즈 L에 거의 차이가 없는 달걀을 낳는다.

닭 사육장의 경영층이 가져온 결과는 사람까지도 변화시킨다. 먼저 닭장이 만들어지고, 달걀의 생산목표가 결정되고, 닭들이 상자 같은 닭장에 집어넣어진다.

처음에는 구조가 인간을 위해 결정되었지만 나중에는 인간이 구조에 적응한다. 사람들은 대형 사무실에서 소음이 많은 상태에서도 최대한 조용히 일하는 법을 배운다. 교사들은 스스로 교육계획표를 작성하고 그것을 실행에 옮긴다. 학생들은 시험수준에 따라서 자신을 변화시킨다. 직원들은 '직급과 업무'에 순종해야만 한다. 그들은 자신의 역할에서 기능을 수행하고 사업 과정에 기여한다.

인사관리자는 기업에 정확하게 필요한 직능을 가진 사람들을 공급한다. 이를 '인적자원'과 '인력 공급망'이라고 부른다. 즉 인간 조달 조직이 된 것이다. 사람의 능력이 마치 책 주문이나 부속품 조달처럼 조직된다. 사람들은 너무나 강력한 경영을 통해서 스스로 특정한 효용 사이클을 가진 상품이 된다. "당신은 이제 너무 늙었다. 우리의 노골적인 암시 한 번에 자존심을 지키기 위해서 자발적으로 사표를 내준 것에 감사드린다. 당신의 존엄성은 당신과 함께 회사 밖으로 가져가기 바라며, 행운을 빈다."

돼지 사이클, 시장 그리고 과도한 효율경영이 갈수록 강해지는 압력과 함께 결국에는 저질 고기로 끝이 난다. 이 과정에 대해서는 책의 도입부에서 설명했다. 이제 독자들은 구역질나는 저질 고기 외에 효율적인 직원에 대한 생각도 해야만 한다. 그도 역시 변했다. 그는 완벽한 X형 인간이 되어버렸다. 사람들은 인간을 소모품으로 취급하고 대체시킨다.

무척 잔인하게 들릴지 모르겠다. 그러나 2007년 3월 《쥐트도이췌차이퉁》에 난 기사를 읽어보라. 이라크 전쟁에서 중상을 입은 미군 병사가 허물어져 가는 병원의 끔찍한 환경에서 '처리'되었다. 도저히 '치료'라고 할 수조차 없었다. 끔찍한 무관심이 조지 부시가 칭송한 미국 영웅America's finest의 마음에 상처를 입힌 것이다. 또 어떤 장교는 "폭탄에 몸이 날아가 버리는 것이 가장 편한 죽음이었다"라고 말했다. 그들은 조국에 이용당한 후 버려진 느낌을 받았다.

내가 모든 것을 과장되게 보는가? 영웅이 결국은 이용 대상이라면? 조지 부시가 말한 미국 국민의 영웅이 기업에서는 '회사의 영웅'이라는 형태로 어디에서나 사용되는 것이 아닌가? "여러분, 우리 직원들은 우리의 가장 가치 있는 재산입니다." "여러분, 우리 직원들은 이제 해고됩니다.

우리는 여러분이 해준 일에 감사드립니다. 여러분의 노동 덕분에 우리는 이윤을 냈습니다. 하지만 여러분을 해고한다면 여러분이 오랫동안 일해서 우리에게 가져다준 것보다 더 많은 이윤을 낼 겁니다. 여러분의 이해심에 감사드립니다. 여러분은 인도인 후임자들이 일을 배우도록 마지막 날까지 미친 사람처럼 열심히 일했습니다. 물론 여러분이 그렇게 해주지 않았다면 우리가 감사한 마음으로 어떤 추천장이나 증명서도 발행해주지 않겠다는 암시를 했기 때문이겠지만 말입니다. 여러분 중 특히 많은 성과를 내주신 분들을 우리는 정말로 무거운 마음으로 가난한 삶의 세계로 보내드립니다. 그러나 우리는 언제나 전체 부서나 업무 전체를 묶어서 해고합니다. 모든 것이 객관적으로 그리고 개인에 대한 편견 없이 취해지는 조치입니다. 왜냐하면 우리는 원래 여러분이 인간이라는 사실을 언제나 인식하고 있음에도 인간을 물질적으로만 취급하기 때문입니다."

효율경영은 경제성을 위해서 인간의 존엄성을 무시한다. 이렇게 구조가 다른 '내용', 즉 다른 사람들을 강제하게 된다. 현대 경제학은 자신의 형상을 따서 '마른lean 인간'을 창조했다. 우리는 당장에 전지전능한 경제학의 신을 섬기게 된다. 경제학의 신은 삼류 인간을 원한다. 인간은 야생의 말이 아니라 마차를 모는 말처럼 고삐에 묶여 있어야 한다.

경제학은 그 이론에 따르면 인간에게 봉사하는 학문이다. 물리적인 삶의 기반에서 최대한 효율적으로 사는 것을 다루는 학문이기 때문이다. 자기 목적화된 경제학은 경제가 가장 잘 작동할 수 있도록 인간을 변형시키기를 강요한다.

경제학은 부족한 자원을 현명하게 활용하려는 학문이다. 그러나 우리의 광적인 효율 지향이 모든 불필요한 것을 없애려 한다. 하지만 전반적인 대량 빈곤화와 대량 실업사태라는 상황에서야말로 부족한 수단들이 가장 최적하게 활용된다. 이런 상황에서는 노동력이 거의 낭비되지 않으며 재화의 소비도 최소화되기 때문이다. 따라서 현재의 경영방법론에서 경제는 최적화된 상태로 움직이는 것이다.

레몬시장과
레밍 떼
●▶

이상으로 이 책의 시작부터 그리기 시작한 원을 닫으려 한다. 나는 첫 부분에서 안전하지 않은 시장에서는 품질이 추락한다는 사실을 설명했다. 언젠가는 짝퉁시장이라는 의미의 '레몬시장'이 형성된다. 압박과 밀려오는 사기꾼들 때문에 신뢰도 추락한다. 시장에 참여한 모든 사람은 자신만을 최적화시키고 의도적이든 아니든 '동물'처럼 행동한다. 그럼으로써 모두의 사정이 나빠진다. 시장은 악순환에 빠진다.

이어서 나는 이 악순환을 죄수의 딜레마라는 시각에서 새롭게 발전시켰다. 신뢰가 없는 상황에서 사람들은 서로 해를 입히는데, 그렇게 하지 않으면 방만한 신뢰감의 희생자가 될 것이라는 확신에서 그런 행동을 하는 것이다.

이번 장에서는 우리가 모두 당연한 것으로 받아들였던 고정관념과 경영기법들이 경쟁의 악순환과 경제전쟁 상태에서는 절대적으로 그러한 경향을 강화시키는 역할을 한다는 것을 증명하고자 했다. 이른바 자원의 효율적 이용을 개선시키고 가격을 하향조정한다는 측정이나 경쟁, 비교, 순위, 성과급, 저성과자 등과 같은 수많은 개념이 의도적인 비협력이라는 방향을 보여준다.

이들 방향의 근본적인 오류는 제품의 가격이 저렴해질 때만 구매자들이 즐거워한다고 생각하는 데 있다. 그러나 가격 외에도 모든 것이 저렴해지는 결과를 낳는다. 우리의 삶 역시 저렴해진다. 우리는 표준화된 '모론moron(나의 책 『골빈 경영학』에서 사용한 개념으로 바보라는 뜻이다)'들이 된다. 상품은 아르마니와 알디로 나뉘고, 사람들은 소수의 엘리트(최근 들어 특별하게 장려되는데, 이것도 시대를 반영하는 특징 중 하나다)와 갈수록 적은 돈이 지급되는 일자리에서 일하고 어느 정도 인간다운 대접을 받는 자리를 얻으려면 수년 동안 거의 무료로 봉사해야만 하는 대다수의 '레밍'으로 나뉜다.

사람들은 상품의 분류에서와 마찬가지로 몇 명 되지 않는 '스타'와 수많은 '푸어 도그'로 나뉜다. 경영의 표준기법 혹은 현재 제공되는 여러 분석틀은 계급사회를 만들어낸다. 나는 이에 대한 토론이 시작되기를 바라면서 여기에서 그런 주제를 언급했다. 요즘에는 오직 노동조합만이 큰소리로 이렇게 주장한다. "점점 더 낮아지는 임금에 시달리는 사람들에 의해서 모든 것이 생산된다면 누가 그 상품을 살 것인가?" 이런 주장은 논거로서는 너무 약할 수 있다. 그러나 그 뒤에는 대중의 빈곤화 속에서 아주 적은 사람들만 갈수록 부유해지는 구체적인 악순환의 고리가 숨어 있다.

현대 경영기법과 그에 상응하는 이론들은 부자와 초특급 부자를 위해서만 봉사하고 전체에는 해를 입힌다. 사회는 호모이코노미쿠스처럼 합리적으로 돈을 벌어들이는 얼마 되지 않는 부자와 바로 내일의 생존을 돌볼 기회조차 얻지 못해서 그것을 위해 싸우는 노동자로 나뉜다. 누가 경제 이론에 관심이 있을 것인가? 경제 이론은 언제, 누구를 위해 봉사하는가? 누가 가장 최근의 이론을 갖고 있고 자신을 위해 이용할 수 있는가?

지금은 '메뚜기 떼'처럼 모든 것을 먹어치우는 소위 합리주의자들이 사회 전반에서 두려움을 생산해내기 시작했다. 최근의 부동산 위기(서브프라임)는 냉정한 전문가들로부터 신용위험을 구매하기는 했지만 스스로 전문지식이 없어서 그 위험을 평가할 수 없었던 비전문가들이 책임을 지는 상황이다. 전문가들은 자신들의 이론으로 정확하게 계산한 위험을 아직 알지 못하는 비전문가들의 등을 쳐서 많은 돈을 벌 수 있다는 사실을 알아냈다. 비전문가들은 레밍 떼처럼 줄서서 채권과 헤지펀드를 구입했고, 그 대가를 치렀으며, 지금도 치르고 있다. 그러나 이 위기의 직접적 피해자인 주택 소유자의 집이 강제로 경매에 넘어가는 것은 아무도 신경 쓰지 않는다.

CHAPTER 9

무엇을
할 수 있을까

책 전체를 통해 모두가 싸구려를 원할 때 어떤 결과를 가져오는지 설명했다. 결론은 배고픈 프레카리아트가 삼키게 되는 저질 고기가 된다는 것이었다. 하지만 해결책은 있다. 일반적인 사이클에서 벗어나라.

●● 이 모든 것에도 불구하고 우리는 더 나은 세상을 만들어갈 수 있을까? 당연히 그럴 수 있다. 우리는 다음과 같은 일을 할 수 있다.

- 기술혁신을 통한 호황을 희망할 수 있다.
- 공동체에 대한 새로운 믿음을 뿌리내리게 할 수 있다(높은 수준의 문화).
- 노동에 덕목과 의미를 우직하게 결합시킬 수 있다.
- 프레카리아트를 만들어내지 않는 하부구조를 준비할 수 있다.

무릇 책이란 건설적인 결론으로 끝맺음을 해야 할 것이다. 그렇지 않은가? 하지만 독자들에게는 이 책이 세상은 흔들리고 있으며, 예측할 수도 없고, 온통 쾌락과 고통에 가득 차 있다는 인상만을 심어주고 난 다음에 갑자기 희망과 개혁을 이야기하려 하는 것처럼 보일지도 모른다. 나 역시도 그런 인상을 떨쳐버릴 수가 없다.

예전에 미국 출판사 관계자와 나의 저서『골빈 경영학』을 영어로 출판하는 건에 대한 대화를 나눈 적이 있다. 그는 빙빙 돌리지 않고 직접적으로 내 책이 '유럽 스타일'인지 '미국 스타일'인지를 물었다. 그러면서 설명하기를 '유럽식'은 비관적, '미국식'은 낙관적이라는 단어와 동의어로 이해할 수 있다고 했다. 유럽인들은 지나치게 쓰디쓴 현실에 집착해서 사람들에게 진실을 알려주기도 하지만 비관적인 성향도 갖게 한다는 것이다.

미국인들은 현실 대신에 가능성(기회!)을 보고 그것에 즐거워한다. 최근 IBM에서 일하는 미국인 동료가 나에게 이렇게 말했다. "당신네 독일 사람들은 전체적으로 감당할 수 있고 좋다고 인식한 것은 어느 누구보다 잘해낸다. 그러나 단지 좋아 보일 뿐 개별적으로 모든 것에 대한 확신을 하지 못하면 진심으로 따르지 않는다. 이때 우리는 당신들을 무능하고, 반항적이며, 비협조적이라고 생각하게 된다. 왜 당신들은 윗사람이 이야기하는 것에 그냥 순종하지 못하는가? 왜 당신들은 거기에 더해서 스스로 믿음을 가져야만 하는가? 우리 미국에서는 이렇게 이야기한다. '대장, 당신이 어떻게 결정하든 그것이 옳다는 것을 내가 입증하겠습니다.' 독일에서는 왜 이렇게 하지 않는가?"

그러나 거의 같은 시기에 어떤 중국인 친구는 내게 이렇게 말했다. "중국인은 높은 이상과 영원성을 높이 평가하지만 동시에 우리는 아주 오랜 옛날부터 비참함과 가난 속에서 살아왔다. 이것은 우리에게 모순이 아니다. 현실과 이상은 서로 분리되어 존재하는 다른 세상이기 때문이다. 그렇기에 우리는 진정으로 현실과 이상을 일치시키려고 노력하는 독일인에게 경의를 표한다."

그렇다. 한마디로 이 책은 유럽 스타일이다. 나는 새로운 진실에 대한 통찰에 집중했다. 물론 마지막에는 해결책을 제시하겠지만 동시에 그것이 결코 쉬운 게 아니며 쉬운 해결책은 있을 수도 없다는 점을 함께 생각해주기를 희망한다. 나는 책 전체를 통해 모두가 싸구려를 원할 때 어떤 결과를 가져오는지 설명했다. 결론은 배고픈 프레카리아트가 삼키게 되는 저질 고기가 된다는 것이었다. 하지만 해결책은 있다. 일반적인 사이클에서 벗어나는 것이다. 그러기 위해서는 우선 인내심을 갖고 투자하고, 그다음에 성과를 수확해야만 한다. 우리는 사냥꾼이 아니라 농부와 같아야 한다.

경제학은 접시 너머를 보지 못한다

재화가 넘치는 호황기에 경제학은 스트레스 없이 생각하고 더 잘 작동한다. 식탁에는 먹을 것이 충분해 접시도 엄청나게 크고 음식으로 꽉 차 있다. 접시 가운데 부분의 음식을 먹는 사람에게 접시의 끝부분은 아직 멀기만 하다. 하지만 불황기에는 빈 접시를 보면서 옆 사람의 접시를 곁눈질한다.

경제학은 국면적 본능의 한계를 넘어서까지 생각하지 않는다. 배부른 백만장자는 아무것도 생각하지 않고, 배고픈 자는 두 발짝 너머도 보지 못한다. 하지만 지금의 현실은 우리에게 끈기나 덕목, 장기적 사고, 윤리, 배려, 미래 계획, 환경과 미래자원의 보전, 공동체와 가족, 미래를 위한 적절한 출산의 장려, 품질에 대한 의미, 일반적인 의미에서는 인간에 대한 사랑, 특수한 의미에서는 직원과 고객에 대한 사랑 등을 요구하고 있다.

> 호황기에는 여유가 있어서 진실을 잊어버리고, 불황기에는 압력을 받아서 진실을 잊어버린다.

이 모든 것은 실천철학의 주제다! 현대 경영방법론은 사람들을 고통스러운 현실로 이끌어가고 실천철학은 눈물을 글썽이는 채로 이상만을 호소하고 있다. "한 팀이 되어라!" "너의 이웃을 사랑하라!" "네 삶을 선한 사상에 바쳐라." "재산에는 의무가 따른다." "과정이 목적이다." "증오, 탐욕, 맹목을 놓아라." 우리는 이런 말들을 잘 이해한다. 그것도 아주 쉽게! 그러나 진실은 현실에서 큰 의미가 없고 철학은 종종 놀라울 정도로 효과가 없다. 왜냐하면 말하고 글로 적힌 진실은 그것이 마음에 자리를 잡고 있지 않으면 아무런 가치가 없기 때문이다. 머리에는 공허한 진실이 있고 배에는 일상의 욕망만이 있을 뿐이다. 따라서 가슴으로 결정하고 행동해야 한다. 먼저 마음을 보고 나서 현실과 이상을 결합시켜야 하는 것이다.

과연 당신은 어떠한가. 당신은 느끼는가? 아니면 미간에 고뇌의 내천 川 자가 새겨지는가? 아니면 배에서 '아무런 것에도 관심이 없다'고 신호를 보내는가? 앞에서 수도 없이 설명했듯 모든 딜레마는 결국 신뢰의 문제다. 그리고 신뢰는 가슴의 문제다. 어쨌든 머리와 배의 문제는 아닌 것이다.

그동안 많은 사람이 우리에게 (진실에 따라 통치하는) 철학자의 공화국이 필요하다거나 혹은 철학경영이 필요하다고 말해왔다. 하지만 그런 건 절대 가능하지 않다! 아니, 단 한 번도 가능한 적이 없었다.

이제 나는 우리가 함께 변화시킬 수 있는 일들을 살펴볼 것이다. 먼저 철학적인 측면에서 '인간이 해야 할 일들'을 호소하고자 한다. 그다음에는 경제학 2.0과 새로운 세상의 하부구조, 이미 낡았다고 무시되곤 하는 카이젠(도요타는 1950년부터 이것으로 세상을 정복했는데 어쩐지 우리는 아직까지 이를 이상하게 여긴다) 그리고 더 나아가 새로운 가슴의 경영에 대해서 이야기하겠다.

철학적 측면에서
인간이 해야 할 일들

가장 좋은 것은 부를 확실하게 붙잡고서 결코 사치의 단계로 넘어가지 않도록 하는 것이다. 부유함의 한중간에서 흔들림 없이 이성적이 되는 것은 엄청난 힘이 소모되는 일이다. 이제 무언가를 누릴 수 있다는 즐거움 속에서 너무 많은 것을, 심지어 모든 것을 탕진할 때까지 누려버리지 않도록 걱정해야만 한다. 경제가 부유하다고 해서 특별히 비경제적인 행위를 하거나, 과시를 위한 거대한 건물을 짓거나, 경영자가 과도한 특권을 누리려고 할 때 우리는 절대로 자비로워서는 안 된다. 이러한 '누림'은 마지막에 어김없이 그에 대한 대가를 치러야만 하기 때문이다.

사치 단계에서는 조심스럽게 경제를 운영하는 능력을 잃어버린다. 엄격함이 사라지고, 덕목은 목 졸리며, 의지가 마비된다. 경제적 행동이 필요하다는 느낌이 처음에는 존재하지 않는다. 사치 단계의 심각한 문제가 나타나면 먼저 사람들은 그것을 '일시적'인 현상이라 설명하고 국가 지원금으로 미봉해버린다. 그리고 얼마 지나지 않아서 행동주의적인 '이성' 혹은 고전학파 경제학과 경영학이 경제에 활력을 불어넣겠다고 광분한다. 그들은 다시 능률과 효율을 도입한다. 좋은 일이다! 그러나 구원자가 너무 과도하게 그것을 주장하는 바람에 결국에는 모든 것이 광적인 긴축으로 끝나고 광범위한 계층의 빈곤화가 일어난다. 이러한 전개 과정이 재앙이 오기 전에 오랫동안 지속되었다면 좋았을 것이다.

순진하게 생각하면 다음과 같은 것들이 필요하다. 사람들은 특히 극단적인 상황, 즉 행복과 비참의 시기나 풍년과 흉년의 시기에 냉정한 피를 유지하고 자신의 길을 꾸준히 가야 한다. 전과 똑같은 강도로 협력적이고 윤리적인 문화를 가꾸어가며 스트레스와 공격적인 경향을 강력하게 방어해야만 한다. 언제나 일정한 이성이 중요하다. 사치의 시대에 '배부른 생각'도 하지 말고 어려운 시기에 '배고픈 생각'도 하지 말아야 한다.

우리는 플라톤 이래로 인간의 네 가지 주요 덕목을 알고 있다. 바로 정의감과 현명함, 용감함 그리고 절제다. 우리는 온 마음으로(용감함) 현명한 길을 가야 할 것이다. 이때 항상 올바른 것을 알고(정의, 절대적으로 옳은 것), 언제나 정의와 가까이 있어서 중용의 도를 지켜야 한다. 이것을 현대의 전문용어로 말하면 알파파, 스트레스가 없는 상태, 지나치지 않음, 탐욕 없음, 노르아드레날린, 아드레날린이 없는 상태, 약탈이 없는 상태, 장기적인 사고, 항상적인 에너지, 진심으로 작업하기 등이다.

좋은 시기에 사람들이 '여유'를 느끼게 되면 모든 철학에 마음을 연다. 육체적인 상태가 그렇게 되는 것이다.

풍요로운 시기에는 도파민 혹은 엔도르핀 상태에서 정신에 지방질이 끼고 반마취 상태나 쾌락에 빠져 자신을 잊어버린다. 또한 배고픈 시기에는 아드레날린이 분비되어 위기 때 필요로 하지 않는 정신을 아예 차단해버린다. 우리 몸은 생존을 위해서 육체를 극단적으로 사용해야 할 때 아드레날린을 요구한다. 아드레날린은 무절제 그 자체다. 배부른 시기와 배고픈 시기에도 절제가 없다. 그러나 인간의 마음은 절제가 자리 잡는 곳이다. 마음이 없다면 인간은 무분별하게 행동한다. 사치의 시기에는 건방지고 탐욕적이며 경솔하다. 또한 어려운 시기에는 공격적이고 행동주의적이며 이기적이다.

덕목과 현명함, 마음, 믿음에 대한 지배는 건강한 육체적 상태와 떼어놓을 수가 없다. 인류가 조울증 증상을 보이거나, 초공격적hyperaggressive이거나, 나르시스적인 단계에 있다면 원칙적으로 올바른 행동이나 최선의 경제행위를 하는 것은 불가능하다. 아쉽게도 이런 이야기는 어떤 경제 이론에도 나와 있지 않다. 경제학 교과서는 경제에 참여하는 모든 경제주체의 '합리적 행동'을 전제한다. 그리고 경험적으로 시장에서 관찰된 행동 방식을 합리적으로 설명하려고 시도한다.

의미에 대해 생각하는 경제학이라면 인간을 가치 지향적으로 교육할 것이다. 철학적 의미에서 가치 있는 사람들의 사회라면 그 '디자인에서부터' 분별력 있고, 절제력이 있으며, 정의롭고, 용감하며, 약간은 현명할 것이다. 또한 철학적 의미에서 가치 있는 사회는 죄수의 딜레마를 알지 못할 것이다. 왜냐하면 그 사회는 비협조적인 이기주의의 포로가 되지 않기 때문이다. 이런 사회는 시장의 무절제함을 다시 부추기는 애덤 스미스의 '보이지 않는 손'이 필요하지 않을 것이다. 이처럼 가치가 있는 공동체에서는 요즘 경영학에서 다루는 대부분의 문제가 발생하지 않을 것이다.

과연 이런 사회가 있는가? 앞으로 생겨날 수 있겠는가? 작은 회사나 작은 법인, 마을 공동체 등에서는 가능하다. 그리고 '가치가 충만한' 대기업에서도 가능하다. 이런 기업은 자세히 살펴보면 대부분 덕목을 실천하고 직원들에게도 그것을 요구하는 현명하고 카리스마 넘치는 지도자가 운영하고 있다. IBM의 설립자인 토머스 왓슨도 역시 그러한 지도자였다. 내 책상에는 왓슨의 좌우명이었던 "생각하라!"와 윤리원칙이었던 "개인을 존중하라"라는 문구가 붙어 있을 정도로 아직도 그는 내 마음속에 살아 있다.

외트커, 오토, 디엠, 포르셰, 비엠더블유 등과 같은 회사는 오래전부터 번성해왔다. 무엇이 이들 기업을 지탱하고 하나의 목표 앞에 전념하도록 단결시키는 것일까? 이들 기업이 아직까지 번성하는 이유는 중요한 가치와 동료들을 버리고 그 대신 숫자와만 씨름하는 인력으로 대체시킬 것을 주장하는 고전주의적 경영방식이나 조직형태 때문이 아니다. 바로 공동의 정신과 마음, Y이론에 따른 인간에 대한 이해 덕분이다.

철학적 의미에서 가치 있는 조직들은 마음에 공동체 정신을 세운다. 그리고 진정한 공동체 정신은 높은 경제적 수익을 얻게 해준다. 공동체적인 마음의 모델은 주식 시세에만 광적으로 관심을 집중하는 현재의 지배적인 경영학과는 완전히 반대되는 것이다.

경제학은 부족한 재화를 최적으로 이용함으로써 인간의 재화에 대한 수요를 충족시킨다. 또는 사용 가능한 재화로부터 최선의 재화를 생산해낸다. 재화란 원유, 바람, 태양 에너지, 우라늄, 철, 물, 인간의 노동력 등을 말한다. 철학적 의미에서 가치를 지향하는 경제학이라면 분별 있고, 현명하고, 절제할 줄 알고, 올바른 것에만 제한적으로 행동할 것이다. 그렇다면 환경을 소모하지도 세계 평화를 해치지도 않을 것이다. 그리고 인간을 노동하지 못하는 장애자라고 모욕을 주거나 존엄성을 해치거나 권리를 빼앗지 않을 것이다. 이것은 오늘날 모든 경제학자가 동의하는 사항이다.

진정으로 가치 있는 경제학이라면 인간의 정신에도 상처를 주지 않을 것이다. 자연을 약탈해서 얻는 원유 혹은 석탄 같은 에너지를 재생할 수 있는 에너지(바람, 태양, 바이오 연료)로 대체하는 것처럼 우리의 심력과 심리적 에너지를 재생 가능한 자원으로 다뤄야 할 것이다. 우리는 인간을 아드레날린에 빠져 죽게 해서는 안 된다. 또한 사람들의 마음을 소진시키거나, 완전히 탈진시켜서 조기 퇴진을 강요하거나, 치매에 걸릴 때까지 혹은 그들이 도시를 떠나 저렴한 집으로 이주할 때까지 싸구려 일자리를 제공해서는 안 된다(이런 사례가 이미 있으니 내 얘기를 냉소적이라고 비난하지 않기 바란다).

근본적인 가치를 지향하는 경제학은 중요한 자원으로서 인간의 노동력을 다룬다. 그러나 경제학이 봉사해야 할 인간 자체는 소비되는 자원이 아니다. 경제학이 이성과 효율이라는 명목으로 인간을 소비하려 한다면 그것은 사람들을 비이성적이 되도록 강제하는 것이나 다름없다. 그렇게 되면 호모이코노미쿠스라는 사상은 완전히 우스꽝스러운 이론이 되고 만다.

여기에서도 중요한 것은 기준의 문제다. 모든 것의 기준은 인간이다(오늘날 모든 인간의 기준은 자신의 이윤이다). 인간에게 자원이 되는 부분은 어디까지인가? 인간은 어디까지 인간일 수 있는가? 여기에 대한 매우 구식이지만 철학적인 답을 말하겠다. "오라 에트 라보라Ora et labora, 기도하고 일하라." 원문을 모두 쓴다면 "오라 에트 라보라, 도이스 아데스트 진네 모라Ora et labora, Deus adest sine mora, 기도하고 일하라, 하나님이 지체 없이 임하신다"로 이 문구는 베네딕트 수도회의 규칙 중 하나다. 하나님과 세계! 인간과 노동! 노동과 의미! 필요한 것을 행하고, 존재하는 것! 우리는 언제나 경제를 위한 자원이면서 인간이었다. 이것을 어떻게 분리할 수 있는가? 양쪽 중 한쪽은 몇 퍼센트나 되는가? 우리는 자원이라는 존재와 인간이라는 존재를 하나의 '좋은' 노동에서 통합시키는 장치를 마련할 수 있을까? 이 모든 것을 아는 일이 절제다. 절제는 플라톤의 관점에서 올바른 기준에 대한 깊은 이해를 말한다.

경제 2.0,
경쟁을 넘어 협력으로

요즘 웹 2.0이라는 말이 유행이다. 그리고 앞선 생각을 하는 진정한 트렌드세터라면 이미 웹 3.0이 무엇인지도 알고 있다. 인터넷 2.0 혹은 월드와이드웹 2.0은 인터넷의 새로운 공동체적 이용에 대한 표현이다. 인터넷의 첫 번째 버전인 인터넷 1.0은 웹사이트에 자신을 보여주는 것이었다. 모든 기업과 많은 개인이 자신의 웹사이트를 갖고 있고, 그곳에서 자신을 보여주고, 자신에 관한 정보를 주며, 자신을 광고하고, 무언가를 판매한다. 나중에는 인터넷 서비스가 등장했다. 예를 들어 모두가 즉시 알고 싶어 하는 주가 서비스가 제공되었다. 또 인터넷 뱅킹이나 집 전화와 인터넷을 연결하는 서비스 등 셀프서비스를 제공하는 기업도 등장했다. B2B^{business to business}, B2C^{business to consumer} 등과 같은 단어가 이런 서비스를 분류한다. 기업들은 이를 이용해 서로 거래하거나 고객에게 서비스를 제공한다. 더 영리한 기업은 고객이 기업에게 서비스를 제공하게 하기도 한다. 첫 번째 인터넷 세대의 모든 서비스 모델은 한마디로 요약할 수 있다. "누군가가 무언가를 원한다." 즉 관심을 끌고, 일을 처리하고, 주문하고, 판매한다.

그런데 얼마 전부터 인터넷에 새로운 형태가 등장했다. 사람들은 이베이에서 필요 없는 물품이나 쓸모없는 선물, 다락에서 찾은 고물 등을 교환한다. 이들은 '이베이 공동체'라고 불린다. 많은 사람이 아마존에서 열정적으로 독후감을 쓰고 그 지식과 경험을 모두에게 제공한다. 플리커에서는 수백만 명이 휴가 때 찍은 자신들의 사진을 올린다. 유투브에서는 같은 일이 동영상으로 일어난다. 많은 사람이 연설이나 선언문을 팟캐스트에 올리기 시작한다. 비즈니스 네트워크나 대학생 네트워크, 중고등학생 네트워크 등은 이익공동체와 접촉하기 시작한다. 린덴랩^{Linden Lab}에서 제공하는 세컨드라이프에서는 새로운 세상의 가상 주민이 제2의 삶을 일군다.

인터넷 사전 위키피디아에서는 수십만 명의 사람이 자발적으로 내용을 채운다. 이 인터넷 사전은 점점 '공식적으로 정확한' 것으로 인정받는 사전들을 대체하고 있다. 극단적인 경우에는 인간의 모든 지식을 하나의 거대한 사전에 모아서 무료로 모든 사람에게 제공하려는 꿈이 진행되기도 한다. 사람들은 책 한 권을 전부 키보드로 쳐서 인터넷에 있는 구텐베

르크 프로젝트에 제공한다. 프로그래머들은 전 세계적으로 운영 시스템 리눅스에서 작업한다. 그들은 돈을 받지 않고 자유 시간에 일한다. 소스 공개 운동의 결과다. 누군가가 웹 2.0을 이야기하면 이러한 모든 발전 과정을 의미하는 것이다. 한마디로 말해서 웹 1.0이 '나'와 같다면, 웹 2.0은 '우리'와 같다.

사람들은 모든 국경을 넘어서 공동체^{communities}를 만들고 자원봉사를 한다. 그들은 과거에는 어쩌면 시민이 수십 년 동안 대성당에 쏟아부어야 가능했던 것들을 해내려는 일을 돕는다. 마을에 있던 우리의 공동체는 해체되고 대신 인터넷에서 새로운 공동체 세상이 생겨난 것이다. 우리는 무언가를 함께 한다. "우리는 무언가를 할 책임이 있다는 것을 함께 느낀다." 그 결과 전혀 보지 못했던 사람들이 가상의 친구가 되거나 진정한 친구가 되기도 한다.

그렇다면 인간의 네트워크에서 새로운 교회나 국가가 생겨날 수 있을까? "우리에게 오라. 그리고 세금 중 몇 퍼센트만을 우리에게 내라. 그러면 당신은 보험과 보호, 제한 없는 권리, 샤키라^{Shakira}의 음악뿐 아니라 무료로 자동차보험 혜택을 얻을 것이다." 하지만 말처럼 그리 쉽지만은 않을 것이다. 단지 진지한 예측 정도로만 받아들여주기 바란다. 가상 국가는 영국의 멤버십 클럽처럼 아무나 들어갈 수 없는 형태로 세워질 것이다.

가상의 세계인 세컨드라이프에서는 비디오게임처럼 이리저리 돌아다닐 수 있고, 대지와 옷을 사고팔 수 있고, '린덴 달러^{Linden Dollar}'로 지급할 수도 있다. 린덴 달러는 가상 통화지만 '이베이 환율 지표'에 교환비율이 실제 달러로 표시되어 있다. 린덴랩에서도 달러와 교환해서 린덴 달러를 구매할 수 있다. 그렇다면 린덴 달러는 진짜 화폐인가? 만약에 린덴 달러가 진짜 화폐처럼 기능을 한다면 린덴랩에서는 다른 은행처럼 중앙은행에다 화폐 잔고를 신고해야 할까? 혹은 최저지급준비금을 예치해야 할까? 린덴랩의 달러도 국내총생산GDP에 집계될까? 그렇다면 어느 나라에서 집계해야 할까?

어떤 일이 일어나는지 감이 잡히는가? 유사 민간 화폐가 형성되는 것인가? 그렇다면 모든 화폐를 민영화할 수 있을까? 국가도 역시 민영화해버릴 수 있을까? 우리에게 아직 국가가 필요한가? 아니면 웹 5.0을 넘어서도록 공동체만 조직되어야 할까? 과거에는 성스러운 것으로 선포했지만 이제는 사랑하지 않는(사실 우리는 선거에 잘 참여하지 않지 않은가) 민주주의가 해체될까?

그 범위는 무척이나 넓다. 하지만 앞으로는 새로운 기업이 고향이나 공동체 같은 것을 제공할 거라는 사실을 당신도 느끼고 있을 것이다. 이것은 완전한 방향 전환을 가져올 것이다. 실버타운을 생각해보라. 그들의 광고를 보자. "우리는 가장 효율적이고 가장 큰 아파트형 실버하우스입니다. 그렇기 때문에 싸구려 서비스를 제공하고 있습니다. 꼭 필요한 것만 제공하지요. 날씨나 여러분의 작은 고민 따위처럼 불필요한 대화는 하지 않습니다. 우리는 여러분을 귀찮게 하지 않고 타협 없는 고요함 속에 놓아둘 것입니다." 당신은 이런 곳을 원하는가? 과거에는 교회나 은행, 클럽 등이 고향의 역할을 했다. 그러나 이제 더는 그런 역할을 하지 못하고, 과거처럼 그렇게 하려는 의지도 없다. 우리는 이제 커피나 상담에 대한 대가를 높은 계좌이체 수수료의 형태로 내지 않지만 세컨드라이프에서 이리저리 돌아다니는 대가를 지급한다.

기업 2.0(웹 2.0 시대의 기업을 저자는 이렇게 표현했다-옮긴이)은 안락함, 친구, 이벤트, 즐거움, 의미, 비전, 공통점 등을 제공받는다. 그리고 우리 삶을 섬세하게 조절해준다. 우리는 우리가 원하는 우리 문화에 맞는 기업을 고른다. 우리는 각자 선택한 곳에서 우리끼리 머무른다.

'미래에 성공적인 기업은 어떤 형태일까?' 이에 대한 새로운 학문을 퍼뜨린 경영전문가들이 있다. 『키스톤 어드밴티지The Keystone Advantage』의 저자인 마르코 이안시티Marco Iansiti와 로이 레빈Roy Levien이다. 이들은 기업생태계 이론을 주장했는데, 생태계에서 여러 '승자'를 찾아내 사업 모델들과 비교했다. 자연에서 생태계는 어떤 모습일까? 생명체들은 상어가 많은 곳에서 잘 번식할까, 아니면 잠수한 사람들이 숨 쉬는 것을 잊어버릴 정도로 아름다운 산호초 군집지에서 가장 잘 번영할까?

마르코와 로이는 '틈새 기업niche player'이나 '지주와 지배자landlords & dominators', '키스톤keystones, 핵심종' 등 기업 네트워크의 다양한 역할에 대해서 설명한다. 첫 번째로 틈새 기업은 방해받지 않고 살아갈 수 있는 시장의 작은 구석에서 살아가는 기업이다. 예를 들어 전 세계적으로 1년에 몇 킬로그램만 사용되는 실험용 화학물질이 있다. 이것을 만들어낼 수 있는 기업은 세계시장의 선도자가 되지만 1년에 단 며칠 동안만 할 일이 있다.

두 번째로 지주와 지배자는 시장을 지배하는 기업이다. 그들은 지배 전략을 세우고 시장을 점령하고자 한다. 땅 혹은 시장을 차례로 점령한 그들은 팽창하면서 시장 지위를 확고하게 한다. 그들에게는 소유와 지배가 중요하다. 농부를 억압하고 세금을 거두는 지주처럼 말이다.

세 번째로 키스톤은 공동체를 세우고 관리하면서 네트워크를 연결하는 기업이다. 교회가 믿음을 위해, 그리고 컴퓨터 대기업인 IBM이 외부의 자유 개발자들이나 모든 파트너 기업을 위해 일하는 것과 비슷하게 키스톤 기업은 공동체를 돕는 중심이 되고자 한다(IBM을 홍보하려는 것이 아니다. 단지 우리가 전체를 매우 중요하게 여기며 IBM 역시 키스톤 역할을 하고 싶어 한다는 의미다). 키스톤 기업은 공동체에서 재산의 일부를 받는다. 그 대신 이 기업은 '공동체 구성원'에게 봉사하고, 하부구조를 제공하고, 공동의 도구를 준비하고, 교육을 제공하고, 정보를 주고, 공동체를 미래에도 존재할 수 있도록 하는 역할을 한다.

키스톤 기업은 세상을 조직하지만 그것을 소유하거나 지배하지 않는다. 이베이는 세상을 조직하지만 우리를 소유하지 않는다. 우리는 이베이의 고객이 아니라 이베이와 이베이 사용자들의 친구다. 키스톤 기업은 구소련이 아니라 베니스와 더 비슷하다. 키스톤 기업은 생태계에서 덩치가 매우 작은 생물체와 같다. 반대로 지주와 지배자는 전쟁용 코끼리만큼이나 덩치가 크고 둔하다.

나는 키스톤의 콘셉트가 경제 2.0의 기본 사상이 될 것이라고 생각한다. 왜냐하면 공동체의 장려라는 생각에 기반을 두고 있기 때문이다. 번영하는 공동체는 많은 돈을 번다. 많은 생명체가 살아가는 산호초 군집지와 비슷하다. 공동체 안에서 확고한 핵심 역할을 하는 사람도 역시 농부들을 거의 죽을 만큼 혹사시키는 고전적인 지주 기업만큼 잘살 수 있다(예를 들어 자동차 생산자는 최대한 많은 자동차를 판매하도록 계약 대리점에 압력을 가하면서 갈수록 더 적은 마진율만을 허락한다).

그렇다면 왜 경제 2.0은 더 일찍이 아니고 지금에야 나타났는가? 이는 인터넷이라는 기초기술혁신이 모든 공동체를 흔들어놓았기 때문이다. 세상은 이제 연결되어 있다! 모든 사람이 온라인상에 있다! 갈수록 많은 사람이 국가를 넘어서 일하고 있다. 그들은 더는 마을이나 가족의 생태계 안에서 살지 않는다. 단어 그대로 세계에서 살아가는 것이다. 그들은 새로운 고향과 공동체, 네트워크를 만든다. 이제 키스톤의 시대가 온 것이다. 이베이, 아마존, 구글, 위키피디아……

이제 경쟁이 아니라 협력이 중요하다. 아무도 특정한 성과를 내도록 강요하지 않는다(이베이는 누가 얼마를 원하든 모두가 팔 수 있게 한다. 이베이 자체적으로는 어떤 요구사항도 내세우지 않는다. 단지 계속해서 그들의 생태계를 위해 더욱 성능이 좋은 하부구조를 개발하고 제공한다. 이베이는 어떻게 잘 판매할 수 있는가를 가르쳐준다).

앞에서 나온 철학에 관한 절에서 내가 너무 이상주의자 같은 주장을 한다고 생각했을지도 모르겠다. 그러나 키스톤은 현실이다. 그렇지 않은가? 경제 2.0도 현실이다. 그리고 지난 몇 년 동안에 경제 2.0은 실제로 수십억 달러를 벌었다. 전쟁이 아닌 협력으로 말이다.

왜 우리는 은행보다
이베이를 더 신뢰할까?

그동안 내가 계속해온 질문이 있다. 경제 2.0 뒤에는 어떤 인간관이 숨어 있을까? 당연히 Y이론이다. 키스톤은 구성원을 장려하고 그들이 더 잘되도록 돕는다. 그렇다고 여기에서 순진한 낙관주의를 설파하면서 앞으로 Y형 인간과 전반적인 신뢰 문화로 완전히 전환될 수 있다고 예고하지는 않을 것이다. 나는 교회도 처음에는 신앙 공동체를 지원하다가 나중에는 지배자가 되어 정복전쟁을 벌이고 점령당한 사람들에게 강제로 세례를 받게 했을 뿐 아니라 종교재판도 했다는 사실을 잘 알고 있다. 세상을 확장해가는 시기의 혁신과 식민의 단계에서는 협력이 더 쉬울 수도 있다. 우리는 현재 이런 단계의 시작에 서 있다. "세계는 평평하다!" 한 베스트셀러 작가가 이렇게 주장한다. 시작기에 기업들은 마치 기독교의 원시공동체나 아미시 마을 사람들Amish people(현대 첨단 문명을 거부한 채 느릿느릿 살아가는 미국의 한 기독교 공동체-옮긴이)처럼 Y이론의 인간관에 집중한다. 하지만 성장하면서 계급이 도입되고 각각의 지도자는 권력과 엑셀 테이블의 순위를 두고 싸우는 수많은 경영자가 된다.

현재 경제 2.0은 갈수록 숫자만 세고, 관리하고, 명령하고, 끝없이 X형 인간을 만들어내고, 검사하려는 바보 같은 경영주의 때문에 고통받는다. 리더를 찾는 목소리가 점점 더 커지고 있다. 경영이 아니라 이끄는 것, 이 말이 요구하는 것은 정확하게 무엇일까?

사람들은 경영자에 대해 '오직' 관리만 하고, 더 나은 것을 모방하고, 성공전략을 복사하고, 시스템과 과정에만 집중하고, 변화해야 한다고 주장하면서도 현상을 방어하기만 하고, 끝없이 통제하고, 내용에 대해서는 어떤 관심이나 지식도 없고, 언제나 모든 것을 잘한다고 생각하는 사람들이라며 혐오스럽게 생각한다.

하지만 지도자에 대해서는 다르다. 지도자는 모든 것을 올바르게 한다고 생각할 뿐 아니라 올바른 일을 행한다고 믿는다. 그리고 새로운 것과 독창적인 것을 창조하고, 혁신적이고, 현 상태를 넘어설 것을 요구하고, 인간에 집중하고, 신뢰하고, 마음으로부터 열광해서 행동한다고 생각한다.

이러한 대비는 어디에서나 발견할 수 있다. 경제 2.0은 명확하게 리더, Y형 인간, 신뢰, 키스톤에서처럼 전체 공동체의 공동 운명에 기대를 걸고 있다. 리더는 진심으로 '우리는 같은 배를 탔다'고 생각한다. 그러면서 속으로 '일자리가 충분하게 있을 때까지만 그런 태도를 취하겠다'는 생각 따위는 하지 않는다.

왜 이베이가 이토록 성공을 거두는가? 이베이 역시 경매라는 아이디어가 천재적인 게 아니고 이미 많은 회사에서 하는 사업이라는 것을 잘 알고 있다. 그리고 사라져버린 경매회사도 수없이 많다. 결국 경매가 중요한 것이 아니다. 고객들은 신뢰하기 때문에 이베이로 오는 것이다. 그들은 평가 시스템의 신뢰점수를 믿는다.

나 역시 238회의 평가를 받았고, 100퍼센트 긍정적인 평가를 받았다. 나는 이 평가가 매우 자랑스럽다. 언젠가 실수로 제품 설명을 정확하게 하지 않은 물건을 판 적이 있었다. 그때 상대방의 정당한 항의를 받고 나도 모르게 얼굴이 빨개졌다. 그리고 내가 부정적인 점수를 받게 될 것이라고 생각했다. 나는 당장 구매자에게 수신자 부담으로 반송을 받거나 가격의 25퍼센트를 돌려주겠다는 제안을 했고 그는 내 제안을 받아들였다. 이 모든 것이 진정으로 중요하지 않을 수도 있다. 나는 쉰 살이 넘었다. 하지만 내 잠재의식 혹은 육체에 나의 좋은 명성이 어떤 의미가 있는지 당신은 이해하겠는가?

이베이 자체, 이베이의 성공 그리고 아마존의 중고서적 코너는 신뢰와 끊을 수 없는 관계를 맺고 있다. 우리는 이베이를 은행보다 더 신뢰한다. 과거에 은행은 일종의 고향 같았다. 그러나 이제 은행은 우리에게 압력을 가하는 대상이다. 그들은 내부적으로 이것을 '공격적 마케팅'이라고 부른다. 그들은 무언가를 원하면서 우리에게 소작료를 받으려는 지주가 되어버렸다. 주주 가치 중심의 사고는 모든 것을 잘라내고, 모든 것을 가져간다. 그리고 불신과 불타버린 대지만을 남겨놓는다.

반면 이베이는 과거 은행이 그랬던 것처럼 우리를 위해서 존재한다. 새로운 시대가 다시 신뢰와 리더십으로 돌아가고 있다. 우리 모두 그 시대가 더 나은 시대가 될 것이라고 느낀다. 그리고 철학자들은 왜 여전히 신뢰가 이용당하고 배신을 당해야만 하느냐고 묻는다. 주식시장에서 더 많은 이윤을 내기 원한다고 해서 이베이가 부당할 정도로 수수료를 인상할까? 구글이 언젠가는 지배자가 될까? 리더나 키스톤이 갑자기 지금만으로 만족하지 못하고 더 많은 것을 원하는 시기가 올까?

사회기반시설의 미래,
신뢰와 협력에 달렸다

경제 2.0은 완전히 새로운 하부구조를 많이 가져다줄 것이다. 예를 들면 환자를 위한 원격의료 시스템이 있다. 만약 수술을 받고 퇴원한 환자의 건강수치가 측정되고 저장되어서RFID 무선이나 휴대전화를 통해 병원으로 전달된다면 어떨까? 병원에서는 보내온 자료를 자동으로 평가한 다음 비정상이거나 위험한 상황이라면 환자에게 경고 메시지를 보낼 수 있다.

우리가 이러한 시스템을 세우려 한다고 가정해보자. 누가 자금을 부담할 것인가? 또 누가 운영할 것인가? 병원? 가능하지 않다. 노키아? IBM? 의료보험? 그리고 개인의 의료 관련 자료가 채취되어도 괜찮다고 생각하는가? 이런 일에는 법률가의 도움이 필요하다.

이제 엄청난 문제점이 보이는가? 일단 수천 명이나 되는 환자와 관계자들의 의견이 통합되어야만 한다. 하지만 그들은 서로 신뢰하지 못하므로 이익그룹 간의 전쟁으로 번져서 분열되고 말 것이다. 결국 아무 일도 일어나지 않을 것이다. 그러다 언젠가는 이베이-키스톤 같은 기업이 등장해서 이런 서비스를 제공하고, 환자들의 신뢰를 얻어서 수십억 유로를 벌어들이게 된다. 그리고 당신은 이렇게 말할 것이다. "사실 상당히 근거가 있는 아이디어였어!"

건강보험카드처럼 간단한 것도 도입하는 데 오랜 세월이 걸렸던 점을 생각하면, 불신의 분위기 속에서 원격의료 생태계를 건설한다는 것은 대단히 어려운 일이다. 나는 이러한 경제 2.0의 새로운 하부구조를 기업 간 서비스inter-enterprise service라고 부른다. 기업들 사이에는 새로운 네트워크와 생태계, 공동체가 수없이 생겨난다. 몇 년 안에 라디오 칩이라고도 부르는 RFID가 모든 제품에 부착될 것이다. 생필품에는 라벨이 붙여져 선반에서 유통기한이 지나면 신호를 보낸다. 양복에는 무선코드가 붙어서 진품임을 확인해주거나 짝퉁임을 알려준다. 냉장 진열대에 놓여 있는 불고기용 고기는 무선으로 몇 퍼센트의 고기가 포함되었는지 알려준다.

여기에 얼마나 많은 분야가 참여해야 하는지 대략이나마 상상할 수 있겠는가? 각각의 생산자, 컴퓨터 회사, 운송차량 회사, 물류기술이 총동원되어야만 한다.

항상 던져지는 질문은 '네트워크에 이 정도의 신뢰가 있다면 무언가를 공동으로 이뤄낼 수 있을까?' 하는 것이다. 언제나 죄수의 딜레마의 두려운 불신이 발목을 잡는다. "내가 저 케이크의 큰 조각을 먹을 수 있을까?"

"내가 이 새로운 하부구조에서 패배자가 되지는 않을까?" 모두 이런 것들을 두려워하기 때문에 아무런 행동도 취하지 않는다. 그리고 누군가가 '일종의 구글이나 이베이'와 같은 것을 열어서 신뢰를 얻을 때까지 수십 년 동안 지루한 협상만을 계속할 뿐이다.

당신은 이러한 사고사슬을 통해 경제 2.0이 왜 그렇게 시작되기가 어려운지 이해할 것이다. 현존하는 대기업도 지주와 지배자로서 전혀 신뢰를 얻지 못하고 있다. 이들은 사울이 바울이 된 것처럼 변했어야 한다. 하지만 그런 일은 낙타가 바늘구멍을 통과하는 것보다 더 어려운 일이다. 그렇기 때문에 모든 것이 완전히 새롭게 태어난다. 현존하는 구조들은 배타적이고 지배와 피지배로 나뉠 뿐 세상을 아우르는 신뢰의 네트워크란 존재하지 않는다. 그렇기 때문에 오늘의 기업들은 내일의 승자가 되지 못한다. 어쩌면 살아남지 못할지도 모른다. 그들은 죄수의 딜레마 속에서 '잘못 최적화'되었다.

중용의 경영학,
카이젠

앞에서 설명한 키스톤과 경제 2.0은 기초기술혁신 이후에 시작될 수 있는 전형적인 형태다. 새로운 기업 네트워크는 인터넷이 발명된 후에야 생겨날 수 있었다.

그러면 이미 완전하게 자리를 잡은 기업들이 이성을 보호하는 현명한 지도자의 지배를 받지 않고도 신뢰의 문화를 세울 수 있을까? 물론 가능하다. 도요타는 거의 60년 전부터 카이젠을 통해 전 세계에 보여주고 있다. 앞에서 언급했던 1984년의 논문(「자동차의 미래」)이 발표된 이후로 카이젠식 사고방식은 모두에게 공개되었다. 어떤 컨설턴트라도 그에 대해 다룬 수많은 책을 읽고 기업 고객에게 카이젠을 가르쳐줄 수 있다.

그동안 많은 경영자와 기업들이 카이젠을 복제하려고 시도했다. 하지만 어디에서도 성공한 사례를 보지 못했다. 일본 기업들도 가능하지 않았다. 심지어 자동차 회사 개발부서에서 일하는 엔지니어들이 도요타 자동차를 사서 분해해보는 '분해팀'을 운영하고 있을 정도다. 그들은 조립방식에서 자신들의 능력으로는 불가능한 품질에 놀라움을 금치 못한다. 도요타는 자동차산업에서 활동한다. 자동차시장은 오래전부터 포화 상태여서 할인전쟁과 인수합병전이 치열하게 치러지고 있다. GM, 다임러벤츠, 폴크스바겐, 크라이슬러, 피아트와 같은 큰 기업들이 계속해서 손실을 기록한다. 그 속에서 도요타는 흔들림 없이 세계시장에서 선도자의 길을 가고 있다.

그렇지만 모든 것이 매우 단순할 수 있다. 여기에서 다시 한 번 설명하겠다. 카이젠은 Y이론의 인간관과 품질에 대한 장기적인 집중, 작업할 때 보여주는 최고 규율의 혼합체다. 그런데 서구의 자동차 기업들이 다운사이징과 감량경영으로 사치 시기에 배가 불러버린 자신들의 노폐물을 제거하는 작업을 했을 때 긴축과 효율에 대한 너무나 강력한 압력이 가해져서 그 작업이 원래 목표보다 훨씬 멀리까지 진행되어버렸다. 이성을 되찾겠다고 너무 빠르게 달려가다가 그만 목표를 지나쳐버리고 결국은 사막까지 도달해버린 것이다.

카이젠은 안전하고, 청결하고, 표준화된 일자리에 있는 의욕이 넘치는 직원들을 원한다. 여기서 중요한 요구사항은 체계적인 작업과 구조화된 진행, 질서, 규율이며 이 사항들은 지속적으로 확인된다. 사람들이 제대로 하는가? 그들이 작업과 직장에 일체감을 느끼는가? 체계적으로 일하는가? 기계의 상태는 좋은가? 노동환경은 적절한가? 그리고 도요타에서는 3무를 경계한다.

- 무다muda, むだ: 낭비
- 무리muri, むり: 기계와 직원에 대한 과부하
- 무라mura, むら: 공정의 고르지 못함, 불균형, 불협화음

여기서 낭비는 초과생산, 의미 없는 과다처리, 지나치게 높은 자재비율, 불필요한 이동과 움직임, 대기시간, 단순한 실수 등이다. 카이젠을 짧게 정의하면 낭비를 없애고, 과부하를 없애고, 동기부여된 직원을 존중하고, 계속해서 배우며 노력하고, 제품과 생산과정을 매일 조금씩 개선하는 것이다. 즉 카이젠은 절제, 중용과 같은 의미다. 낭비도 없고, 사치도 없다. 그러나 과부하 역시 없다. "딱 중심에 머문다."

이 사상에서 서양 기업들은 무엇을 배웠을까? 당신이 누군가에게 현재 임의의 대기업이 가진 가장 큰 문제점이 무엇이라 생각하느냐고 묻는다면 다음과 같은 대답이 돌아올 것이다. 전체적인 오버프로세싱이나 환상적인 관료주의, 과도한 노동 부담, 탈진에 이를 정도의 스트레스, 형편없는 생산, 직원 교육의 퇴보, 직원들의 의욕이 역사상 최악으로 떨어진 점 등등.

이런 문제들은 모든 '사치'를 제거하고, 지방질을 잘라내고, 모든 것을

최소한으로 만들어버리려는 일방적인 압박의 결과다. 이런 조치는 카이젠에 완전히 반하는 것이다. 피가 튀고 기계가 멈출 때까지 진행된 인간과 기계에 대한 서양식 압박은 우리를 구석으로 몰아버렸다. 카이젠은 이러한 일들을 요구한 적이 없다. 그런데 오직 압박만 할 뿐 과부하를 금지하는 조항은 잊어버리는 일이 어떻게 발생할 수 있었을까?

과부하는 거의 신성시되었다! 고객들이 콜센터에 전화를 걸었을 때 줄기차게 기다릴 수밖에 없었던 것은 의도된 일이었다. 경영자들은 너무나 바빠서 이야기를 할 수도, 중요한 결정을 내릴 시간도 없었다. 직원들은 언제나 다음 회의를 위한 프레젠테이션 자료를 만들었다. 그러나 회의 다음에는 어떤 일도 발생하지 않았다. 이 모든 것이 낭비였다. 부서 간의 다툼, 이득을 보려는 흥정, 재차 확인하지 않으면 아무 일도 하지 않는 까닭에 해야만 하는 수많은 확인 전화, 이런 것들이 결국은 과도한 스트레스가 되어 대기업의 발목을 스스로 잡아버리는 결과를 낳았다. 그런데도 현재의 대기업들은 오직 한 가지 만병통치약만을 알고 있다. 직원들에 대한 압박 강화, 긴축 조치, 대량해고, 노동시간 연장, 임금 삭감 등이 그것이다. 세상은 이미 오래전부터 이성의 중심을 지나서 더욱 빠른 속도로 실수를 만회하고자 반대 방향으로 질주하고 있다.

그러나 카이젠의 기본 원칙을 보라. 거기에는 오직 사람들이 일을 보통으로 잘할 것을 권하고 있을 뿐이다. 명백하게 이것 하나다. 도요타는 이것이 가능할 뿐 아니라 대단히 성공할 수 있다는 사실을 보여준다.

세상의 모든 경영자가 콘퍼런스에서 도요타에 관한 연설을 들었는데도 왜 그들은 이처럼 장기적이고 고집스러운 작업을 따라 하지 않는 것일까? 사실 도요타 경영자들은 그렇게 많은 돈을 벌지 않는다. 유능한 왕이 신하들보다 너무 차이 나게 높이 올라가지 않는 것과 같은 이유에서다. 반면에 어떤 이들은 오직 혼자만을 위해서 돈을 번다. 이들은 수많은 패배자 중에서 외로운 승자일 뿐이다. 왜 그렇게 많은 가난한 사람들이 오랫동안 로또에 매달리면서도 장기적이고 고집스럽게 일하지는 않는 것일까? 수없이 많은 패배자 중에서도 언제나 한 명의 메가 잭팟 당첨자는 있는 법이다. 이런 대부분의 사람은 죽기 싫다는 희망으로 살아간다. 하지만 도요타에서 사람들은 보통 노동으로 살아간다.

CHAPTER 10

균형을 향하여

오늘날 대부분의 경영기법은 '경쟁과 투쟁'에 초점이 맞춰져 있다. 바로 그러한 특성 때문에 현재의 경영기법은 스스로 호황을 만들어낼 능력이 없다. 우리는 경제의 꾸준한 발전을 위한 사고, 즉 공동체가 투쟁하는 경제나 호황 상태의 경제 열기를 가라앉히고 지속적이고 느리게 진행하는 경기 상승을 추구하는 사고가 필요하다.

●● 　　　이 책에서 우리 생각의 흔들림에 관해서 다뤘다. 경제가 좋아지느냐 나빠지느냐에 따라서 우리가 관심을 보이는 중점이 달라진다. 경기가 좋아질 때는 걱정이 없고 미래에 대한 믿음을 갖는다. 반면에 경기 하강기에는 두려움을 느끼고 조심스러워진다. 내면으로부터 우리 사고의 대상이 상황에 따라 다른 느낌을 갖게 되는 것이다. 어떤 때는 호화로운 별장을 짓고, 또 어떤 때는 홍수에 대비한 댐을 짓는다. 그때마다 가장 필요하다고 생각하는 것에 신경을 쓸 뿐이다. 우리는 그렇게 생각한다. 그러나 실제로는 우리의 뇌가 그렇게 변하는 것이다. 우리가 휴식을 취할 때는 생각을 거의 차단한다. 하지만 스트레스와 아드레날린 상태에서는 각자의 성격과 형편에 따라 공격적인 맹수 혹은 두려움에 떠는 토끼로도 변할 수 있다.

우리 스스로 우리를 변화시킨다. 우리의 뇌는 스위치를 전환한다. 지킬 박사에서 하이드로 바뀌는 것이다. 우리는 양에서 늑대로, 천당에 있는 조화로운 사람에서 생존을 위한 전사로 바뀐다. 평생 경제학 교수로 지낸다 해도 우리는 호모이코노미쿠스가 아니다. 지금까지 여러 번 애기했지만 다시 한 번 강조하겠다. 우리는 상황에 따라 자신을 변화시킨다. 우리의 생각이 상황에 따라 다른 방향을 향하는 것이 아니라 생각 자체가 변화한다.

사람들은 사정이 나빠졌을 때 보통은 사정이 좋아질 때까지 서로 더 많이 돕고 단결하는 것이 최선이라고 생각할 것이다. 하지만 막상 스트레스 상태에서는 이런 생각 자체를 잃어버리고 자기 자신만을 챙기기에 바쁘다. 나는 이런 사실을 설명하는 데 늘 어려움을 겪는다. 그리고 이렇듯 도덕적으로 들리는 문장에 "그래, 그래"라는 건성의 대답을 듣는 데도 익숙해 있다. 그렇기 때문에 이 책에서 아드레날린, 노르아드레날린, 에도르핀, 세로토닌 등을 장황하게 설명하고 경기의 상승과 하락에 따라 생화학적 의미에서 우리는 전혀 다른 사람이라는 사실을 보여줬던 것이다. 우리의 뇌파는 스트레스 상태에서는 고요히 명상할 때보다 주파가 훨씬 더 높다. 우리 스스로 경제적 사정에 따라 달라지는 것이다. 우리는 평화의 뇌와 전쟁의 뇌를 갖고 있고 또한 공동체의 뇌와 퇴출경쟁의 뇌를 갖고 있다. 주식시장의 분위기도 같은 방식으로 설명할 수 있다. 좋은 날에 우리는 미래를 신뢰하는 사람으로서 생각하고 행동한다. 반면에 좋지 않은 날에는 재산의 일부분을 겁에 질려서 내던져버린다. 즉 도피하는 것이다. 이런 각각의 결정은 우리의 각각 다른 뇌가 내린다. 종교와 철학에서는 오래전부터 평정심을 가진 사람이 신의 뜻에 맞는 사람이라는 사실을 알고 있었다. 어떤 상황에서도 희망과 믿음을 유지하는 사람, 노르아드레날린의 힘과 에너지가 결코 떠나지 않는 사람, 스트레스에 빠지지 않고 믿음을 놓지 않는 사람, 위기의 순간에 다른 사람의 편에 서며 증오나 전쟁이나 폭력 또는 맹목으로 반응하지 않는 사람 등이다. 우리에게 가르쳐야 할 이런 항목이 오늘날 학교에서도 가르쳐야 할 것들이다.

그러나 경제학은 좋은 시기에는 '신중하고 조심스러운 경영'을 호소하고 이미 검증된 그리고 '관습적' 경영을 중시하다가 어려운 시기에는 분노해서 '적응', '유연성', '재빠른 반응', '도발적 행동', 다른 기업의 희생을 통한 시장점유율의 정복을 요구한다.

이렇게 경제학은 의식적이고 의도적으로 사람들 뇌를 지배하는 분위기에 편승한다. 그러나 사람들은 항상 돈을 벌어야 하는 운명이기는 하지만 아주 어려운 시기에는 아무리 노력해도 마음처럼 잘되지 않는 그런 시기도 있다는 말은 해주지 않는다. 단지 적은 수의 경제학자들만이 성경에 나오는 이집트의 요셉처럼 좋은 시기와 나쁜 시기에 구분 없이 똑같이 이성적일 것을 주문한다.

현재 우리의 행동은 호황기에는 부채를 통한 낭비적인 삶 그리고 불황기에는 '신빈곤'으로 특징지어진다. 우리는 풍년에 흉년을 대비하는 균형 잡힌 행동을 하려고 하지 않는다. 풍년에는 '배부른 사고' 속에서, 흉년에는 '배고픈 사고' 속에서 반응한다. 나는 이러한 사고방식을 이 책에서 자세히 묘사했다. 아울러 왜 경제에 반복해서 과도하게 긴 불황과 호황이 오는가에 대한 원인을 설명했다. 경제를 호황과 불황으로 이끄는 것은 재난과 신세계의 발견을 제외하면 극단적인 기초기술혁신이다. 나는 대형 산불로 완전히 불타서 숯이 되어버린 옐로스톤 공원의 나무들 사이로 모든 종류의 새로운 생명들이 번창하는 것처럼 기초기술혁신은 언제나 새로운 시작을 만들어낸다고 주장했다.

또한 '일반적'인 경제학적 시각과 이론이 대부분 호황기 혹은 불황기의 일방적인 시각이라는 사실과 그럼으로써 '경기 흐름에 순행하는' 해석을 제공하고 경기 흐름을 증폭시키는 경영방식을 요구한다고 비판했다. 이런 관점은 트렌드로 이익을 취하고, 달리는 기차 위로 뛰어오르려고 시도하는 경기 순응적 투자자들의 태도와 똑같다. 오늘날 대부분의 경영기법은 '경쟁과 투쟁'에 초점이 맞춰져 있다. 바로 그러한 특성 때문에 현재의 경영기법은 스스로 호황을 만들어낼 능력이 없다. 하지만 우리 경제는 이런 비이성적인 경영기법과는 상관없이 결국 아시아와 인터넷 붐 덕분에 호황이 찾아오고 다시 거품 넘치는 성장과 사치의 시대로 넘어가게 될 것이다. 그렇다고 우리에게 필요한 것이 다른 많은 사람이 요구하는 '반순환적 사고'는 아니다. 우리에게는 경제의 꾸준한 발전을 위한 사고, 즉 공동체가 투쟁하는 경제나 호황 상태의 경제 열기를 가라앉히고 지속적이고 느리게 진행하는 경기 상승을 추구하는 사고가 필요하다. 이런 사고는 인플레이션 시기에는 받아들여진다. 그렇다면 왜 다른 시기에는 안 될까?

기초기술혁신은
축복이자 저주

꾸준하게 흐르는 이성을 희망하는 것은 단지 꿈에 불과한 것일까? 경제적 의미에서도 삶의 공동체로 이해되는 사회는 없는가? 무언가에 이바지하려 하고 공동체에서 존중받는 삶에 즐거움을 느끼는 '프로테스탄트' 노동윤리가 관통하는 사회는? 서로 잘 알고 존중해주는 초기 기독교 공동체나 작은 회사가 규모만 키운 것 같은 사회는? 여러 민족이 모여 하나의 이상적인 세계로 느껴지는 스위스 같은 나라는? 그리고 도요타와 같은 회사들이 하나의 공동체로 되는 세상은 꿈일까?

요셉이 이집트에서 수년 동안에 해냈던 것처럼 장기적으로 세상 전체를 이성적인 중간 상태로 유지시킬 수 있을까? 학문 자체에 균형적인 시각을 주문하는 진지한 경제학은 없을까? 협력에 대한 집단적 책임과 느슨해지지 않는 끈기를 이론 자체에 포함하는 경제학은 없을까?

현대 경영학은 변화에 더 관심이 많다. 변화가 있는 곳에서 경영학은 새로운 사업의 골드러시 분위기를 냄새 맡는다. 장기적인 부유함의 시기로 이끌어주는 세상의 규칙적인 변화가 실제로 존재한다.

전력 공급, 전화 보급, 자동차 혹은 인터넷 등은 고대해 마지않던 경제의 호황을 이끈다. 이러한 혁신은 종종 경제적 풍경을 근본부터 새롭게 변화시킨다. 이런 변화를 보면 학자들이 다양한 시대의 도시 혹은 성의 유적지를 발굴하는 고고학의 발굴층을 연상하게 된다. 전기가 있는 곳과 없는 곳에서의 삶은 완전히 다르다. 자동차의 경우도 마찬가지다. 인터넷도 곧 모든 걸 완전히 새롭게 만들 것이다.

기초기술혁신은 경제 발전에 새로운 시작을 만든다. 이런 새로운 시작은 세계대전이 끝난 후와 비슷하게 극단적이다. 낡은 모든 것이 새로운 것을 위해 자리를 비켜야만 한다. 나는 이 책에서 트랙터의 도입으로 농촌의 특성과 모든 일자리가 사라져버린 농업을 예로 들었다. 농업은 오늘날 반산업적으로 경영되고 있다.

새로운 기초기술혁신의 파괴적 성격은 언제나 그 초창기부터 길 위의 시위대에 의해서 큰 소리로 확인되었다. 그러나 이러한 부정적 성격은 새로운 것에 취한 사람들에 의해서 잔인하게 그리고 미련하게 무시되었다. 1980년대에 컴퓨터가 대량실업을 만들어낼 것이라는 시위가 있었다. 그들의 의견은 존중받기보다는 비웃음을 샀다. 우리는 오늘날까지도 과거 기초기술혁신의 폐해에 대한 엄청난 금액의 대가를 치르고 있다. 우리는 탄광산업과 농업에 보조금을 지원하고 있고, 곧 원자력발전소의 사후 피해에 대한 보조금도 지급하게 될 것이다. 두드러지게 나타나는 기후 변화는 유례가 없을 정도로 커다란 액수의 자본을 잡아먹을 것이다. '에너지'가 우리의 환경을 파괴한다.

우리는 '인터넷' 세상으로 도피해 자신을 구하려 한다. 기초기술혁신은 저주이자 축복이다. 혁신은 우리 삶에 커다란 변화를 가져다준다. 경제에도 마찬가지다. 첫 번째 단계에서 혁신은 생존을 위해 투쟁하는 낡은 것들을 파괴한다. 그러고 나면 새롭게 빛나는 세상이 생겨난다.

기초기술혁신이 보여주는 2개의 얼굴은 다양한 경제 단계의 변화를 가져다준다. 낡은 것이 파괴되는 시기에는 배고픈 사고의 단계를 경험하고 스스로 생존투쟁 상황에 있다고 느낀다. 그리고 새로운 것을 건설하는 시기에는 전반적인 부유함으로의 전환기를 즐기고 배부른 사고 속에서 비교적 '행복하다'고 느낀다.

이러한 관점에서 봤을 때 우리 삶의 근본적 변화 속에서 진정으로 '중용의 가능성'이 있을까? 큰 혁신의 시기가 지속적으로 불변하려는 모든 노력을 날려 버리지 않을까? 금 채굴꾼들의 러시를 무엇으로 막을 것인가? 다시 한 번 우리는 매 경기의 국면마다 국가가 사려 깊은 지도력을 발휘하는 것이 거의 불가능하다는 사실을 본다. 모든 경기 변화를 지나면서도 자신에게 충실한 도요타가 실제로 있지 않았다면 우리는 완전히 절망했을지도 모른다. 그러나 도요타는 말 그대로 '불가능이란 없다'는 사실을 가르치고 있다.

IBM의 기술담당이사였던 나에게 자주 던져지는 질문이 있었다. "아주 멋지고 새로운 기초기술혁신을 어떻게 하면 자주, 그리고 연속적으로 발명할 수 있을까?" 이러한 질문은 그럴 희망이 있는 한 많은 컨설턴트와 연구부서에도 던져질 것이다. 그럴 때 나는 배고픈 사고는 새로운 특수기능과 최적화를 위해서 좋은 무기가 될 수 있지만 세계적 차원의 기초기술혁신을 만들어내지는 못한다고 대답한다. 배고픈 사고는 자신에 대한 것에만 제한된 사고방식이다. 즉 너무나 국부적이다. 반면에 혁신가들은 더 나은 세상을 꿈꾼다. 그들은 포괄적인 사고를 한다. 나는 이런 생각을 갖고 배고픈 사고를 하는 사람들을 만난다. 그러면 그들 대부분은 이마에 인상을 쓰면서 이렇게 묻는다. "그것이 경쟁자에 비해서 나에게 어떤 이익을 가져다줍니까?" 이런 사람들은 생각이 너무 짧기 때문에 세계적 혁신을 가져올 수 없는 것이다.

경제학과
국면적 본능

혁신 또는 전쟁은 경제에 지진과 같은 변화를 몰고 온다. 세상은 컴퓨터와 인터넷에 의해서 기계 제작과 자동차 시대라는 배부른 단계로부터 떨어져 나왔다. 수백만 개의 일자리가 파괴되고 가치가 절하되었다. 20년이 넘는 세월 동안 경제는 필요한 변화의 짐을 짊어지고 있다. 그 짐들이 전부 소화된 다음에는(나는 바로 지금이 그 시기라고 믿는다) 갑자기 경제가 호황의 단계로 접어들 것이다.

이때가 되면 지금까지 생각해왔던 모든 것이 다시 갑자기 거의 반대 방향으로 변화한다. 나는 이것을 (원초적 본능에서 따온) 국면적 본능이라고 부른다. 상승과 하강의 공기가 다른 육체, 다른 심리적 변화를 불러오기 때문에 모든 것이 변한다. 모든 사람과 경영자들의 육체는 시기에 따라 변화한다. 현재와 같은 불황기의 끝 무렵에 우리 육체는 아드레날린을 배출한다. 그리고 풍부한 이윤이 보장된 새로운 세계를 건설하러 간다. 두려움은 이제 사라진다. 실업이나 직장폐쇄, 조기퇴직 바람 같은 것에 더는 위협받지 않는다. 파산이나 재앙도 없다. 불황이 인간 대중을 소모해버렸다. 그들은 우울증과 결핍증에 시달렸고, 오랫동안 교육을 받지 못했거나 일찍 퇴직당했다. 이제 다시 노동력이 필요하다! 이제 다시 좋아질 것이다!

과거처럼 모두를 위한 일자리가 다시 생겨난다는 의미는 아니다. 어제가 간단하게 다시 돌아오지는 않는다. 어제와 같지 않은 내일이 온다. 새로운 호황은 이전 호황과는 다르다. 트랙터의 발명 이후에 무너져버린 농업은 다시는 과거의 중요한 의미를 되찾을 수 없을 것이다. 현재 일어나는 자동차산업의 위기 이후에 제작기계산업은 다시는 과거의 중요한 의미를 복구할 수 없을 것이다. 우리는 오늘부터 모든 기계에 더 많은 전자기기와 지능을 집어넣을 것이다. 미래의 제작기계 생산에는 엔지니어보다는 프로그래머가 앉아서 똑똑한 기계를 위한 운영체계를 설계하고 있을 것이다. 얼마 지나지 않아서 모든 기계는 특정한 목적을 가진 컴퓨터와 같아질 것이기 때문이다.

이제 다른 세상이 생겨난다. 노동시장도 과거와 같은 형태로 회복되지 않는다. 다른 질의 노동자들이 필요하다. 예를 들어 '인터넷과 힌두어'에 대한 지식이 있는 사람이 필요할지도 모른다. 현재 우리는 IBM에서 다시 최고의 인재를 둘러싼 전쟁이 시작되고 있음을 본다. 우리는 '어제'의 최고가 아니라 내일의 세상을 위한 최고를 원한다. 그런 인재는 높은 임금으로 유혹해야 한다. 그리고 그들은 멋진 작업조건이 준비되었을 때만 회사로 온다.

다시 모든 것이 변한다. 커피머신을 들여오고 작업에 여유가 생긴다. 새로운 세계에서는 싸구려가 아니라 다시 최고가 승리를 거둔다. 구매자들은 싸구려에서 눈을 돌려 품질을 추구한다. 앞에서 이미 설명한 바와 같이 이 시기에는 배고픈 사고에서 배부른 사고로 방향이 바뀐다.

뇌는 생화학적으로 다른 상태로 바뀐다. 본능은 "조심해! 경계해! 반격해! 값을 깎아! 강력하게 흥정해!"라고 더는 말하지 않는다. 이때의 본능은 "친절해라. 발명해라. 긴장을 풀어라. 고객에게 친절해라. 그의 비위를 맞춰라"라고 이야기한다.

'상승'과 '하강' 사이의 전환이 우리 육체에서 발생한다. 근본적인 본능의 변화인 것이다. 두려움과 자신감이 차례로 교차한다. 우리는 아직도 두려움을 갖고 있다. 왜냐하면 우리가 내일의 세계에 속할 수 있을지 아직 확실하게 믿을 수가 없기 때문이다. '인도인'과 '중국인'들은 좋은 어제를 갖지 못했다. 그래서 우리가 여전히 변하지 않은 어제로의 귀환에 대한 희망을 붙잡고 있는 동안 그들은 완전한 목적의식을 갖고 내일을 향해 나간다. 이 모든 현상에 대해서 사람들은 항상 이렇게 표현한다. "머리에서 무언가가 바뀌어야만 한다!" "의식 변화가 일어나야만 한다!" "국민이 진실을 이해해야만 한다!"

하지만 본능은 그렇게 쉽게 뒤집어지지 않는다. 사치에 빠진 사회는 매우 어렵게 이성을 되찾고 나중에는 엄청난 두려움에 휩싸이게 된다. 두려움이 바닥까지 내려가고 나서야 다시 자신감을 얻는다. 한 사회의 집단적인 육체적·심리적 변화에는 시간이 필요하다. 신경이 예민해진 주식 시장의 딜러에게서는 순간순간 혹은 최소한 하루 만에 이리저리 바뀌는 생각이 전체 사회적인 차원에서는 경우에 따라서 수년이 걸리기도 한다. '마지막 사람까지 이해한 다음에' 변화가 가능하다.

이러한 뇌의 변환은 경제학에서는 다루지 않는다. 경제 이론들은 주로 수학적 혹은 논리적으로 구성된다. 이때 경제학자들은 시장에서의 세력인 기업과 고객이 언제나 논리적으로 생각하고, 합리적으로 행동하고, 생각을 변환시키지 않는다고 가정한다(국면적 본능의 의미에서 볼 때는 명백한 오류다!). 이러한 가정에서 경제 이론은 경제주체의 필연적인 행동을 유추해낸다.

경제학자들은 자신들의 수학적 모델을 갖고 논리적으로 작동하는 경제에서 무엇이 일어날 것인가를 계산하고 예측한다. 이런 이론은 실제로 무엇이 일어나는가에 대해서는 당연히 알지 못한다. 경제학자들의 이러한 방법론은 날씨 예측을 가능하게 하는 수학적 기상 모델을 개발하는 기상학자의 방법론과 비슷하다. 그러나 기상학자는 자연법칙을 연구하지 인간을 연구하지는 않는다. 날씨는 매우 복잡하지만 충분히 논리적이고 이성적이다. 하지만 사람들은 '논리적'이지 않다.

그런데 경제학자들은 마치 기상학자들이 자연법칙을 연구하는 것처럼 행동한다. 그들은 인간이 합리적으로 생각하는 호모이코노미쿠스라고 가정한다. 이 가정이 맞는다면 기상학자들과 같은 방법론은 가능하고 의미 있는 일이다. 그러나 경제는 본능과 관계가 있다! 배고픈 뇌와 배부른 뇌, 현명한 뇌와 조급한 뇌. 기본적으로 지속적인 이성이라는 단순한 가정을 하는 경제학은 낡았다.

나는 인간이 완전히 설명 불가능한 존재로 남아야만 하고 경제적 전개를 언제나 이해할 수 없어야 한다고 주장하는 것이 아니다. 인간을 자신의 효용을 최대화하려는 합리적인 컴퓨터로 이해할 필요가 없다는 점을 강조하려는 것이다. 컴퓨터공학에서는 튜링 기계$^{turing\ machine}$라는 개념이 있다. 이것은 계산방식에 따라 다른 상태를 가정할 수 있는 컴퓨터다. 인간도 어딘가 이와 비슷하지 않은가?

사람들은 상황에 따라서 '협력적' '투쟁적' '우울한' '쾌활한' '열광적인' '실망한' '파괴적' '건방진' '자유분방한' 상태로 변할 수 있다. 그리고 실제로도 그렇게 변한다. 그러나 이러한 각각의 상태마다 그들한테서는 완전히 다르게 짜진 프로그램이 작동한다! 각각의 상황에 따라 그들은 다른 것(힘, 명성, 감성, 고통, 즐거움, 성공)을 극대화시킨다. 즉 화폐자산만을 지배적으로 극대화시키려 하지 않는다. 사람들은 동물한테서 공격성, 짝짓기, 두려움, 안정감 등을 관찰한다. 그러한 현상들이 인간에게는 훨씬 더 섬세하게 세분화되어 있다. 그렇다면 경제는 '지배적인' 분위기를 통해서 설명될 수 있을 것이다. 주식시장에서는 이미 시장 참여자의 '낙관주의와 비관주의 비율'을 갖고 그 비율에 따라서 황소^{bull}(낙관적)와 곰^{bear}(비관적) 이라는 상징으로 표현한다. 여전히 부족한 것은 사람들이 다양한 상태에서는 단순히 다른 기본 가정만이 아니라 다른 방법론 혹은 투쟁방식 그리고 특히 완전히 다른 목표를 갖게 된다는 경제에 대한 이해다. 완전히 달라지는 것이다! 과거 동유럽 경제권은 수십 년 동안 공산주의 이데올로기 혹은 우주선 개발 기술이 서구권보다 더 뛰어나다는 것을 증명하려는 목표를 갖고 있었다. 이런 것들은 돈과는 전혀 상관이 없다. 그렇지 않은가? 각각의 다른 '본능' 상태에서는 다른 목표를 향한 다른 작동방식이 중요해진다.

경제주체들의 과반수가 다른 상태, 다른 의견, 다른 목표로 전환하면 규칙적으로 지나친 행동들이 나타난다. 왜냐하면 과반수는 대부분 빠르게 도그마에 빠져서 과반수 상황을 '유일하게 진실한' 것으로 이해하기 때문이다. 이러한 지나침은 종종 조롱거리로까지 상승했다가 내면으로부터 몰락한다. 우리는 이것을 몰락, 혁명, 크래시, 거품의 붕괴 등으로 부른다. 불황기에는 다시 새로운 대중적 분위기가 씨를 뿌린다. 그리고 다른 방향으로, 다른 방법론을 갖고, 다른 목표를 향해 전진한다.

나는 이 자리에서 무절제한 상황까지 오지 않도록 이렇게 정신없이 아래위로 진동하는 현상을 약화시킬 수는 없을까라고 묻는 것이다. 또한 합리적 호모이코노미쿠스가 아닌 본능에 따라 변하는 인간을 더욱 합리적인 인간으로 절제시킬 수는 없을까라고 묻는다.

다시 말해서 나는 이런 질문을 던지는 것이다. 중간의 길은 있는가? 우리가 커다란 노력을 한다면 경제를 현명하게 중간에서 유지할 수 있는가? 사치의 광란과 두려움에 의한 발작을 피할 수 있는가? 그러기 위해 인류가 정신적·심리학적 의미에서 한 단계 더 발전할 수 있는가?

> 어떻게 하면 경제를 합리적인 선상에서 유지할 수 있을까? 이것이 나에게는 경제학의 핵심 문제다.

자, 그런 질문들을 안고 나는 경제학 교과서를 펴서 첫 페이지의 첫 줄을 읽는다. "우리는 경제주체들이 모두 합리적으로 행동한다고 가정한다." 고전주의 경제학자들은 문제의 해결책을 전제로 한다. 그리고 그런 가정에서 다시 몇 개의 결론을 연역해낸다. 그 결론들이 과연 현명한 것일까?

경영 철학의
세대 교체

각각의 시기마다 '합리적' 사고를 이끌어가는 사람은 여러 사람 중에서도 그 시기를 주도하는 경영자들이다. 도요타의 경영방식을 '감량경영'이라 생각하는 거대한 오해가 생긴 이후부터 서구 경제는 합리화와 긴축에 매달려왔다. 그리고 새로운 긴축 라운드마다 눈에 확 들어오기는 하지만 사실은 전혀 쓸모없는 개념들이 도입되었다. 감량경영, 전사적 품질관리(도요타는 이 개념을 고품질 생산이라고 이해한 반면에 배고픈 서구의 사고는 통제와 동의어로밖에 생각하지 못했다), 벤치마킹, 목표 협상, 인센티브 시스템, 완전한 활용률, 저스트 인 타임 등등.

앞에서 그중 몇 개의 방법론을 소개했다(이 모든 방법론이 배고픈 사고로부터 나왔다!). 아울러 각각의 이유도 설명했다. 모든 '서양식 개선'은 레몬시장으로 귀결된다. 고객은 자동차, 휴대전화, 은행 펀드, 전기요금 등을 대하면서 정글과 같은 가격제도에 대해 호소한다.

현재의 경영자는 현재의 본능 단계에 딱 맞는 그런 경영자다. 그들은 극단적으로 탐욕스럽고, 에너지가 넘치며, 무자비하게 실천하고, 빠르게 살인 집행을 할 수 있다. 그들은 개별적인 운명에 대해서는 거의 배려하지 않으면서 승자의 냉정함으로 수천 명에 달하는 직원의 고통을 지고 간다. 이에 대해서는 이미 설명했다. 내가 하고 싶은 말은 경영자들도 본능의 주류들을 정확하게 반영한 초상이라는 점이다. 그들은 이 경제적 시기에 생각할 수밖에 없는 것을 생각한다.

현재 지배적인 경영자는 바로 전에 지배했던 '사치 시기의 폭군'을 퇴위시켜야만 한다. 왜냐하면 그들은 일반적으로 '사고를 전환하는 능력이 없다'고 판명되었기 때문이다.

세계가 인터넷의 전 세계적인 네트워크와 브릭스 국가의 호황, 성장하는 가상세계를 통해서 완전히 다른 방향으로 움직인다면 세계 경제도 다른 상태로 변화하고, 다른 진실이 유효하며, 다른 방법론이 필수가 되고, 다른 목표가 추구된다. 특히 새로운 진실을 신뢰성 있게 대변할 수 있는 새로운 리더가 요구된다.

당신은 다가오는 변화의 키워드가 들리지 않는가? 감성지능, 숫자 경영을 대신할 고품격 리더십, 구두쇠를 대신할 기업가! 이런 키워드는 무자비하게 효율만 강제하고 최고경영자의 임금을 제외한 모든 것을 절약하려는 현재의 경영자에 대한 깊은 부정을 표현한 것이다. 이처럼 효율이 목적인 시대는 이미 불신임을 받고 있다. 이윤이라는 신성한 목표는 기업의 사회적 책임에 대한 뜨거운 토론 앞에서 흔들린다.

내일의 지도자 그룹은 다르게 행동해야만 한다. 우리는 Y형 인간의 세계에서 움직일 수 있고, 감성지능이 있으며, 팀에 채찍질을 하기보다 열광시킬 수 있는 지도자가 필요하다. 고전주의적인 의미의 효율적인 생산과 X이론의 세계는 아마도 대부분의 아시아 국가로 수출될 것이다. 컨베이어벨트 위의 X이론적 세계는 컨베이어벨트와 함께 사라질 것이다.

경제 리더는 더 많은 디자인, 더 복합적인 해결책, 예술적 형태, 생산의 미학, 고객 서비스에 중점을 둔 서비스를 도입할 것이다. 돈은 다른 사고방식과 방법, 시각 혹은 진실을 갖고 벌게 될 것이다. 선진국은 Y이론의 세계로 이동해 세계 경제를 위한 문화제국을 건설할 것이다. 예를 들면 '아르마니 디자인, 메이드 인 싱가포르', '가상 세계, 메이드 바이 스필버그' 등이다.

이러한 변화는 너무나 거대해서 낡은 세계의 경영자가 (생산, 재무, 인사, 판매, 마케팅, 개발) 통합과 디자인, 세계적 네트워크의 세상 속에서 계속한 자리를 차지할 수 있을지에 대해 진지한 의문이 든다. 그 변화가 너무 커서 대부분의 경영자는 물러나야만 할 것이다. 나는 독자들이 흥분한 목소리로 인간은 누구나 적응하고 변화할 수 있다고 주장할 것임을 알고 있다.

그러나 과거에 편안했던 시절의 경영자들이 강력하게 조치를 취하지 않아서 해고되어야만 했던 일을 기억하는가? 왜 그들은 무자비하게 조치를 취하지 못했을까? 그들은 '모두를 위한 복지'라는 문구가 깃발을 날릴 때 오직 극단적인 위기 상황에서만 직원들을 해고할 수 있는 경제 상황에서 성장했기 때문이다. 이러한 경제 상황 뒤에는 (Y형) 인간, 문화, 기업의 목적에 대한 거대한 철학이 숨어 있다. 나는 이러한 경영자를 몇 명 알고 있다. 그들은 직원들을 해고할 수 있었지만 그렇게 하려고 하지 않았다. 그들 마음이 그렇게 할 수 없었기 때문이다. 그들의 윤리관이 그런 조치를 허락하지 않은 것이다. 그들은 다운사이징이라는 생각이 너무나 끔찍해서 그런 것과는 전혀 상관하고 싶어 하지 않았다. 그리고 이렇게 말했다. "나는 그런 것들과 나를 일체화하고 싶지 않았다." 그들은 저항하고 주저했다. 결국 그들에게 직원들을 해고하라는 무자비한 명령이 내려왔고 그들은 한낱 허수아비 신세로 전락해버렸다. 그리고 '온실 속의 경영자'라는 모욕적인 별명을 얻고 비난받았다.

현재 다시 모든 것이 변하고 있다. 오늘날의 경영자들은 경제를 단기 이윤이라는 끔찍하게 과장된 목표로 몰아갔다. 그들이 만든 거품도 꺼져버렸다. 우리는 그들을 통해 모든 금융기법이 사용되었음을 본다. 그러나 장기적인 금융기법들은 방치되었다. 현재 우리는 선박, 유전탐사, 정유공장 등이 부족하다. 산업기반시설은 낡았고, 고속도로 다리는 곧 무너질 것만 같다. 상황이 바뀌자 기존 경영자들이 전혀 다른 시각에서 욕을 먹고 있다. 그들은 구두쇠, 출세주의자, 메뚜기 떼, 착취자 등으로 불린다. 새로운 시대는 그들에게 감성지능과 다른 사람의 영혼과 공감할 수 있는 능력을 요구한다. 투쟁의 시대에 강자 중의 강자로 살아남은 사람들에게 이런 일이 가능할까? 레슬링 선수가 갑자기 풍수지리를 배울 수 있을까? 내 대답은 전부 다 그럴 수는 없다는 것이다. 더 솔직히 말한다면 그리 많지 않은 사람만 가능할 것이다.

그런데도 기업 지도층에서는 실패할 것이라는 모두의 우려 속에서도 용감하게 현재의 경영자들을 재교육하려고 한다. 현재 각종 콘퍼런스에서는 감성지능, 개성 형성, 네트워크 형성, 고품질, 혁신, 가상 세계, 기업가정신, 기업 설립, 팀 구성, 카이젠, 도요타(사실은 현재 도요타조차 원래의 도요타로 남는 데 어려움을 안고 있다) 등을 강의한다. 나에게는 이런 전환에 대한 눈물겨운 호소가 꼭 교회에 가는 것과 비슷하다는 생각이 든다. 기존의 경영자들은 콘퍼런스에서 지금 막 유행하는 것들에 대한 정보를 얻고 가끔은 감동받기도 한다. 하지만 그들은 다음 월요일에는 다시 예전처럼 일한다.

친애하는 독자들이여! 그대들 중 다수는 인간이 변화할 수 있다고 주장하겠지만 이런 경영자들은 콘퍼런스를 다녀온 다음에 거의 아무것도 하지 않는다. 오늘날의 경영자들은 새로운 것에서 너무나 멀리 떨어져 있다. 그렇기 때문에 적응할 수가 없는 것이다. 예전에 '온실 속의 경영자'에게 해고를 강요했던 것처럼 앞으로 한동안 그들에게 '친절할 것'을 강요해야만 한다. 그리고 그들은 언젠가는 떠나야만 한다.

콘퍼런스와 교육 프로그램이 늙은 리더 그룹을 바꾸지는 못한다. 하지만 새로운 그룹에 용기를 준다. 그들은 이미 교육 프로그램이 원하는 그런 사람들이다. 이 새로운 그룹에게 비록 오랫동안 구세대들이 권력을 잡고 있기는 하지만 그대들이 "옳다"라고 확신을 주는 것이다. 그리고 서서히 기업문화가 다시 새로운 Y이론 방향으로 전환한다. "이윤을 내야 해. 다른 것은 소용없어. 이 사실은 절대 변하지 않아." 구세대가 고개를 흔들면서 하는 말이다. "정말 희망이 없어. 우리가 옳지만 힘이 없어. 이렇게 해서는 아무것도 변하지 않을 거야." 신세대도 불만을 토로한다. 양측 모두 현재 일어나는 변화를 보지 못하는 것이다.

그러나 지금까지 나는 이리저리로 변화하는 것들에 대해 설명했다. 그리고 사실은 얼마나 빠르게 모든 것이 변하는지, 심지어 반전하는지를 보여줬다. 모든 것이 빠른 속도로 변화한다는 사실을 인식하려면 사람들은 자기 자신으로부터 그리고 자신의 본능으로부터 또한 현재 자신의 육체적 상태로부터 벗어나야만 한다. 당신도 한번 시도해보겠는가? 모든 것을 다시 한 번 20년 단위로 머릿속에서 비교해보라.

경제는 어디로
가야 하는가

전체 경제는 원래 공동체 전체가 적절한 부를 누리며 살 수 있게 인간 분업을 조직하도록 고안되었다. 주어진 자원으로 최대한의 재화를 생산해야 하는 것이다. 원칙적으로는 경영의 발전을 통해서 우리 모두 주 30시간만 일해도 충분한 부를 누리며 살 수 있다. 아무런 걱정이 없고 모두 평화로울 것이다.

그런데 왜 수십 년 동안 지속되는 위기가 생길까?

각각의 기초기술혁신 이후 우리는 세상 전체를 다시 세운다. 모든 길을 뜯어내고 전선을 깐다. 그러고는 텔레비전, 난방, 전화를 설치한다. 도시고속도로와 지하철을 건설하고, 다시 터널과 보행자 전용 도로를 건설하고, 그다음에는 도시 외곽 고속도로 나들목에 거대한 쇼핑몰을 짓는다. 우리는 사무실을 없앤다. DSL을 통해서 집에서도 일할 수 있기 때문이다. 몇 년이 지나니 회사 직원들끼리 아무도 누가 누군지 모른다. 그래서 그들은 다시 사무실로 돌아와야만 한다. 그러나 참, 사무실을 없애버렸지. 새로 지어야 한다. 빠른 변화 때문에 투자도 빠르게 수익을 내야만 한다. 세상이 빠르게 변하면 기업은 훨씬 더 많은 수익을 내야 한다. 기업은 자금을 다시 회수해야 한다. 당장에! 하지만 조금 느려진다면 더 적은 수익으로도 충분할 것이다. 그렇지 않은가? 모든 것을 회수하는 데 더 오랜 시간이 걸려도 될 것이다.

수십 년마다 세상을 완전히 새롭게 만드는 데 얼마나 많은 비용이 들까?

기초기술혁신이 일어날 때마다 낡은 것은 죽어버리고 세상은 막다른 골목에 몰린다. 생존전쟁이 불타오른다. 모든 낡은 것이 죽는다면 어떤 통신사, 어떤 은행, 어떤 보험사가 마지막까지 살아남을까? 이러한 죽음은 사람들을 이기적으로 만든다. 사람들은 홀로 남겨지고 그렇기 때문에 혼자만을 위해 행동한다. 얼마 되지 않는 승자가 모두의 불행 위에 부를 쌓아올린다. 순진한 관점에서 본다면, 죄를 짓는 것이다.

수십 년 동안 지속되는 비협력적인 죄수의 딜레마 때문에 드는 비용이 얼마나 될까?

호황이 진행될 때마다 낭비가 자리 잡는다. 새로운 세상은 극히 호화롭게 치장된다. 엄청난 돈이 '멋'을 위해서 마구 뿌려진다. 하지만 짧은 시간이 흐른 뒤에 새로운 기초기술혁신이 오고 모든 것이 다시 치워져야 한다(휴양병원을 세워라! 저렴한 치료를 위한 구조조정! 모든 것을 포기하고 팔아버려라!), 사치 바람이 거세면 거셀수록(초호화 은행 건물, 대궐 같은 보험사) 더 많이 죽어야 한다. 금방 몰락할 대단한 것에 모든 돈을 투자한 사람들은 사실 죄를 짓는 것이다. 그리고 사치 시기에는 우리 모두 그렇게 한다.

영원할 줄 알았는데 몇 년 뒤에 아무것도 아닌 것으로 밝혀진 것에 지출한 비용은 얼마나 될까?

오늘날의 경제는 복지가 아니라 새로운 사업, 성장 등을 극대화시킨다. 우리는 계속해서 새로운 것을 세운다. 그 과정에서 과거에 이뤄냈던 것들의 대부분은 파괴되거나 자산으로 성장하지 않고 단순하게 소비되어버린다. 우리는 앞으로 나가지도 않으면서 엄청나게 누린다. 커다란 수레바퀴가 돌아가고 거의 멈춰 서지 않는다. 경제는 너무나 엄격한 형식을 취하고, 우리를 광적으로 몰아붙인다. 엄청나게 많은 것에 변화를 주려 하지만 사실 대부분은 그 자리에서 몸만 돌리고 있을 뿐이다.

우리의 경제는 끊임없이 성장한다. 이것이 우리가 다람쥐 쳇바퀴에서 새롭게 만들어내는 것이다. 그러나 우리의 복지도 함께 성장하는가? 우리의 안락함은? 우리의 건강은?

우리는 자신이 무엇을 원하는가에 대한 새로운 생각이 필요하다. 나는 한 가지를 원한다. '인간 공동체-전체를 부양하는 경제, 그 안에서 공동의 운명을 느끼는 공동체'다. 경제는 많은 부분이 개별적 인간의 분업 위에 세워진다. 그렇지만 하나의 문화에서 만들어내는 공동 성과이기도 하다. 경제 단계의 부침으로 말미암아 가장 큰 피해와 남용이 온다. 경기 상승기에 사람들은 기업과 공동체를 착취한다. 그들은 파업을 통해서 임금 인상을 강요하고 커다란 공약을 내건 당을 선출함으로써 국가의 서비스를 강요한다. 경기 하강기에는 강자가 이성과 효율이라는 이름으로 약자들의 것을 빼앗고 그들을 빈곤하게 만들고 심지어 굶주리게 한다. 불경기에는 강자가 공동체 문화를 파괴한다. 이러한 극단적인 부침이 문화와 부를 파괴하고 다시 세운다. 우리는 어떻게 하면 경제를 지속적으로 발전시킬 것인지 생각해야만 한다. 공동체는 투쟁을 억제하고 사치를 분명하게 거부할 수 있을 만큼 윤리적으로 충분히 강력해야 한다.

그래도 우리는 인플레이션과 같은 것들이 무의미한 변동에 이바지한다는 사실을 배웠다. 그래서 세계 공동체로서 우선 인플레이션을 배격하고 다시는 그것이 불붙지 못하게 하기로 결정했다. 하지만 충분하지 않다. 더 배워서 국가 부채, 윤리, 아드레날린 수치, 정치인의 공약 등과 같은 여러 요소들의 변동도 억제해야 한다. 그리고 돈이 많거나 잘생겨 보이는 사람이 아니라 성실하고 능력 있는 사람이 우리의 지도자가 되도록 힘써야 한다.

우리는 모두 현재의 불편한 처지가 진정으로 우리 자신에서 비롯했음을 이해해야 한다. 그리고 사치의 정점에 내리막이 있다는 사실 또한 이해해야 한다. 부침은 악이다! 우리는 에너지와 즐거움이 가득한 상태로, 평탄하게 그리고 모두 함께 걸어가야 한다.

< 옮긴이의 글 >

불황의 시대,
우리에게 꼭 필요한 메시지

경제학을 전공한 사람이건 그렇지 않은 사람이건 간에 경제학이라는 학문을 생각하면 머리가 아파지게 마련이다. 그 이유에 대해서는 많은 의견이 있을 수 있겠지만 역자의 의견으로는 주류 경제학이 갖고 있는 전제의 비현실성과 경제 시기마다 다르게 보이는 이론이나 처방 때문이라고 생각한다.

최근 들어 주류 경제학의 기본 전제인 호모이코노미쿠스, 즉 인간은 경제적 이익을 추구하며 자신이 (최소한 경제적인 문제에 관해서는) 원하는 것이 무엇인가를 정확하게 알고 있다는 가설을 부정하는 저서와 이론들이 활발하게 발표되고 있다.

호모이코노미쿠스라는 가설을 따른다면 인간은 무한하게 이기적이며, 충분한 정보만 주어진다면 컴퓨터처럼 정확하게 자신의 이익과 효용을 추구해야 한다. 그러나 거창하게 자본주의의 역사를 섭렵해보지 않더라도 우리 사회를 조금만 둘러보면 이런 가설이 매우 불안한 지반 위에 서 있다는 것을 알 수 있다.

인간은 언제나 이익만을 추구하지는 않으며 사회적 정의감과 자비심이 있고, 때로는 남을 위해 자신의 이익을 포기하는 희생정신도 있음을 우리 모두 알고 있다. 하지만 유독 경제학에서만은 이런 사실을 이론에 접목시키는 것을 어려워하고 있다.

전통 경제학에서는 인간에 대한 요소를 호모이코노미쿠스라는 전제에 묶어놓고 나머지는 들여다볼 수 없는 블랙박스로 치부해버렸다. 그러나 심리학, 뇌 연구, 사회학, 실험경제학 등이 발달하면서 이제 경제학에서도 인간의 내면을 들여다보기 시작했다. 그러면서 지금까지는 경제학에서 명쾌하게 해명하지 못하던 문제들을 경제학이라는 틀 속에서 해석하려는 움직임을 보이고 있다. 그리고 이러한 노력이 많은 진전을 가져온 것도 사실이다.

독자들이 경제학을 어렵게 생각하는 또 다른 이유는 당파성 때문이다. 경제학자 혹은 경제를 다루는 사람들은 자신의 관점, 자신이 속한 학파 또는 경제 시기에 따라 각기 다른 말들을 쏟아내 놓는다. 오죽하면 "경제학은 상반되는 이론을 가지고 노벨상을 받은 유일한 학문이다" 혹은 "경제학자들은 지난 다섯 번의 불황을 일곱 번이나 정확하게 예측했다"라는 비아냥거림이 나왔겠는가?

이 책의 저자는 경제학의 이런 현상에 주목한다. 특히 경기의 상승과 하향 국면마다 달라지는 인간의 심리나 그와 다르지 않은 학자들의 문제를 다루고 있다. 경기가 좋을 때는 모두 너그럽지만 너무나 너그러워서 과소비와 사회복지에 기생하는 사람들과 도덕적 해이가 늘어나고, 불황의 시기에는 너무나 긴축을 강조한 나머지 경제 상황을 더욱 악화시키는 현상을 이야기한다.

사실 누구나 마음속으로 느끼고 있었을 이런 현상을 공공연하게 문제로 제기한 사람은 역자가 알고 있는 한 없었던 것 같다. 그리고 이런 주장은 정통 경제학자의 입에서 나오기는 매우 어려울 것이라고 생각한다. 다행스럽게도 이 책의 저자는 수학을 주전공으로 공부한 사람이다. 그리고 거대한 다국적 기업 IBM에서 근무해 실물경제에 익숙하다. 그렇기 때문에 그는 경제 시기마다 다른 경제학의 분위기와 처방 그리고 부작용에 대해서 문제를 제기한다.

이 책이 더욱 값진 이유는 지금까지 아무도 주장하지 않았고, 주장한다고 해도 쉽게 받아들여지지 않을 것 같지만 현대 자본주의를 살아가는 우리에게 꼭 필요한 메시지를 보내고 있기 때문이다.

즉 경기는 순환하는 것임을 명심하고 경기가 좋을 때 과소비를 하거나 도덕적 해이에 빠지지 마라. 또한 경기가 어려운 시기라고 지나치게 비인간적인 태도를 취하지 마라. 그렇지 않으면 경기순환의 쓰나미는 자본주의 사회에 커다란 재앙을 가져다줄 것이다.

성숙한 자본주의 사회라면 이런 고민을 함께하고 비록 소수의 의견일지라도 계속해서 문제제기를 하는 현명한 사람의 메시지에 귀를 기울여야 할 것이다.

안성철

호황 vs 불황

ⓒ 군터 뒤크

2017년 4월 28일 초판 1쇄 발행
2023년 4월 15일 초판 4쇄 발행

지은이 군터 뒤크
옮긴이 안성철
펴낸이 류지호
편집 이상근, 김희중, 곽명진 **· 본문 디자인** 홍경숙

펴낸 곳 원더박스 (03150) 서울시 종로구 사직로10길 17, 301호
대표전화 02) 720-1202 **· 팩시밀리** 0303-3448-1202
출판등록 제2022-000212(2012. 6. 217)

ISBN 978-89-98602-50-5 〔03320〕